教育部人文社会科学重点研究基地北京外国语大学中
"2011计划"——中国文化"走出去"协同创新中心

王文斌　徐　浩　主编

2015

中国外语教育
年度报告

外语教学与研究出版社
FOREIGN LANGUAGE TEACHING AND RESEARCH PRESS
北京 BEIJING

图书在版编目 (CIP) 数据

2015 中国外语教育年度报告 / 王文斌，徐浩主编 . –– 北京：外语教学与研究
出版社，2016.11
ISBN 978-7-5135-8246-9

I . ① 2… II . ① 王… ② 徐… III . ① 外语教学 – 研究报告 – 中国 – 2015
IV . ① H09

中国版本图书馆 CIP 数据核字 (2016) 第 278622 号

出 版 人　蔡剑峰
责任编辑　毕 争
执行编辑　解碧琰　蔡 喆
封面设计　孙敬沂　平 原
出版发行　外语教学与研究出版社
社　　址　北京市西三环北路 19 号（100089）
网　　址　http://www.fltrp.com
印　　刷　三河市北燕印装有限公司
开　　本　650×980 1/16
印　　张　21.5
版　　次　2016 年 11 月第 1 版 2016 年 11 月第 1 次印刷
书　　号　ISBN 978-7-5135-8246-9
定　　价　63.90 元

购书咨询：（010）88819929 电子邮箱：club@fltrp.com
外研书店：http://www.fltrpstore.com
凡印刷、装订质量问题，请联系我社印制部
联系电话：（010）61207896 电子邮箱：zhijian@fltrp.com
凡侵权、盗版书籍线索，请联系我社法律事务部
举报电话：（010）88817519 电子邮箱：banquan@fltrp.com
法律顾问：立方律师事务所　刘旭东律师
　　　　　中咨律师事务所　殷 斌律师
物料号：282460001

编委会

目　录

第一章　总报告[1]

本章拟概括并剖析 2015 年我国外语教育领域全局性的热点问题，尤其对高中课标修订与高考外语改革、外国语言文学类专业本科教学质量国家标准的解读与推进、高校综合语种学科建设与教育改革、高等职业外语教育的改革与发展、外语教师教育与发展等方面进行专题介绍。最后，基于对现实情况的掌握，分析我国外语教育中的三个突出矛盾，并尝试提出宏观、中观和微观三个层面的建议。

一、高中课标修订与高考外语改革

2015 年，高中课标修订受到极大关注。"核心素养"成为高中英语课程改革的焦点。高中课标修订工作依据《教育部关于全面深化课程改革　落实立德树人根本任务的意见》[1]，即"要充分认识全面深化课程改革、落实立德树人根本任务的重要性和紧迫性，准确把握全面深化课程改革的总体要求，着力推进关键领域和主要环节改革，切实加强课程改革的组织保障；要着力研究制定学生发展核心素养体系和学业质量标准"。

正在修订中的高中英语课标根据上述精神和要求，将课程的总体目标从原来的综合语言运用能力转变为包括语言能力、文化品格、学习能力、思维品质四个核心素养在内的英语学科核心素养。在学习内容上，强调将知识学习与技能发展融入主题、语境、语篇和语用之中，促进文化理解和思维品质的形成，引导学生学会学习，指向核心素养的培养。在学习方式上，将走向整合、关联、发展的课程，实现对语言的深度学习（即语言、文化、思维的融合）。这不仅对一线教学提出了新的要求，更是对整个基础外语教育体系的建设和完善带来了新的挑战和机遇。

2015 年，高考综合改革进一步推进和深化。在《国务院关于深化考试招生

1　本章作者：王文斌、徐浩，北京外国语大学。

制度改革的实施意见》及相关配套文件颁布的基础上，各地改革措施和试点措施不断推出，取得进展。31 个省份均已颁布方案或启动了方案的研究、研制工作 [2][3]。2015 年，河北、广东、甘肃、江西、宁夏、江苏、青海等地已正式向社会公布了本地的招考制度改革方案，部分省份也已将改革方案提交教育部，等待批复。其中，河北、广东、江苏、青海等地明确将 2018 年作为高考综合改革的启动年份，2021 年高考正式实行新的高考综合改革方案。宁夏、甘肃等地则将高考综合改革的启动时间推迟一年，定在 2019 年，新高考方案首次开考时间为 2022 年。高考全国卷的使用工作也在推进中。辽宁、江西、山东于 2015 年已使用全国卷；另有 8 个省份已申请自 2016 年起使用全国卷。

值得注意的是，统一高考的语文、数学、外语科目不变、分值不变，不分文理科，外语科目提供两次考试机会。但在 2015 年上海市发布的 2016 年春季高考的试点方案中，统一文化考试采用与高中学业水平考试接轨的方式，考试科目为语文、数学、外语三门科目，总分为 400 分。其中，语文、数学两科目总分各为 150 分；外语直接使用高中学业水平考试的成绩，分值为 100 分 [4]，即比语文、数学低 50 分。

二、外国语言文学类专业本科教学质量国家标准的解读与推进

教育部高等学校大学外语教学指导委员会（简称大外教指委）启动了《大学英语教学指南》的制订工作。在需求多样化、条件差异化的基本国情背景下，大外教指委分别描述了三个等级目标：基础目标、提高目标和发展目标。基础目标针对大多数非英语专业学生；提高目标针对英语基础较好、英语需求较高的学生；发展目标则面向部分学有余力的学生。此次制定的指南，强调各高校的课程灵活性和开放性 [5]。同时，大学英语课程可分为通用英语、专门用途英语、跨文化交际英语课程三个大类，各类课程比例的确定也充分体现高校的自主权。这一改革方向充分反映和尊重大学外语教学的实际情况和不同地区、不同学校、不同学生的实际需求，避免了整齐划一、一刀切的取向。

2015 年，高校各语种外语专业也在围绕外语专业本科教学质量国家标准来开展各项改革，较 2014 年有显著推进，同时也为《外国语言文学类专业本

科教学质量国家标准》出台奠定了较好的基础^[6]。英语类专业方面，各院校以《英语类专业本科教学质量国家标准》的解读与贯彻为主要议题，较为全面地探讨了国标框架下英语类专业的培养目标、培养模式、培养特色、课程建设等问题，不断加深了对国家标准内涵和学校标准要素的理解。"教育部高等学校翻译专业教学协作组工作会议及第十一届全国翻译院系负责人联席会议"也于2015年召开。与会专家对《翻译专业本科教学质量国家标准》进行了解读，并着重探讨了翻译本科专业的建设和发展[7]。商务英语专业方面，相关研讨也围绕《商务英语专业本科教学质量国家标准》展开，尤其聚焦了推动商务英语课程教学创新这一核心议题。[8]

三、高校综合语种学科建设与教育改革

区域研究和国别研究成为俄语学科发展新的增长点。2015年，教育部印发《国别和区域研究基地培育和建设暂行办法》的通知[9]。国别和区域研究基地是高校整合资源对某一国家或者区域的政治、经济、文化、社会等开展全方位综合研究的实体性平台。许多高校的俄语学科纷纷加大区域研究和国别研究力度，积极推进"智库"建设，更加重视重点国家、重点区域、重点内容的研究，竭力为国家制定发展战略、为制定政策措施提供智力支持、决策咨询、理论探讨和实践分析。目前中国建有兰州大学中亚研究中心、北京外国语大学中东欧研究中心、北京师范大学俄罗斯研究中心、上海外国语大学俄罗斯研究中心、华东师范大学俄罗斯研究中心、清华大学中俄战略研究所、四川大学当代俄罗斯研究中心、黑龙江大学俄罗斯语言文学与文化研究中心、黑龙江大学俄罗斯研究所、北京大学当代俄罗斯研究中心、北京大学俄罗斯文化研究所、浙江大学俄罗斯语言文化研究所、新疆大学中亚研究院、宁夏大学中俄西夏学联合研究所、青岛科技大学俄罗斯经济研究所、延边大学俄罗斯远东问题研究所等多家俄罗斯研究机构。

中德合作办学项目中德语教学的模式和方法是2015年在德语教学界热议的话题。中德两国经贸等领域的密切合作需要大批拥有良好德语语言能力的复合型、国际化应用技术人才。国内许多高校主动与德国高校联合办学，开启了

国际化人才培养的模式。合作办学的毕业生需具备良好的德语语言能力，是跨学科的复合型人才，语言学习既是学习的目标之一，也是获取专业知识的媒介。有学者 [10] 建议，德语语言教学应始终贯穿整个学习过程，在基础德语学习的过程中也要注重专用语的学习，将日常德语和专业德语相融合，使学生尽早接触专业德语，更好地掌握基础专业词汇，熟悉德式的课堂用语，从而加深对专业知识的理解，提高课堂的学习效率，取得预期的学习效果。

2015 年，阿拉伯语专业在提高人才培养质量方面继续展开努力探索。不少阿语专业开始实施修订后的新版本科人才培养方案。与老版培养方案相比，新版在学分分布、课程设置方面有一些微调，更加注重课程的连贯性与整体性，注重学生语言综合运用能力的提高和知识面的拓展，注重实践教学。有些高校通过狠抓低年级教学的方式，夯实学生的语言基本功，为学生在高年级通过自主学习，提升语言能力、拓宽专业知识面、提高社会适应性和应变能力、拓宽就业渠道打下坚实基础。

日语专业也在课堂教学改革和创新培养模式方面开展了相关工作。2015年，教学改革仍然是广大日语教育工作者关注的焦点。课堂教学方面，日语教育更加注重学生的主体性，在积极导入参与型、任务型教学法等理念下更加注重内容学习；积极运用网络、计算机、移动平台、移动终端等多媒体手段开展教学，以改进外语教学环境。培养模式创新方面，日语界关于复合型人才的探讨，呈现出如下特点：积极探讨 IT、商务、财经等领域的日语复合人才培养；探究产学融合的日语人才培养机制或针对当地人才市场需求调研，为地方性本科院校的日语人才培养提供策略；开始积极关注独立学院日语专业的发展。

四、高等职业外语教育的改革与发展

截至 2014 年 [11]，我国高等职业教育规模稳步发展，全国共有高职（专科）院校 1,327 所，占据全国 2,529 所普通高校的一半以上；在校生 1,006.6 万人，占整个高等教育规模的 40%；组建了覆盖国民经济各门类的 62 个行（专）业教学指导委员会。

因此，高等职业外语教育的改革和发展成为整个高等职业教育进一步发展和提高的关键因素之一。最值得一提的是，教育部职业院校外语类专业教学指导委员会于 2015 年完成了高等职业学校外语类专业目录的修订工作 [12]。外语类专业总数由原来的 27 个调减到 16 个，保留 14 个、更名 1 个、合并 11 个。在此基础上，教指委会同行业专家编写了外语类专业简介，包括专业代码、专业名称、基本修业年限、培养目标、就业面向、主要职业能力、核心课程与实习实训、职业资格证书举例、衔接中职专业举例、接续本科专业举例等。2015年 10 月教育部正式印发《普通高等学校高等职业教育（专科）专业设置管理办法》和《普通高等学校高等职业教育（专科）专业目录（2015 年)》，具有十分重要的意义。

五、外语教师教育与发展

2015 年，外语教师教育与发展继续受到关注，相关活动丰富、充实。高等外语教师方面，北京外国语大学、外语教学与研究出版社、上海外国语大学、上海外语教育出版社等单位继续主办系列外语教师教育与发展研修活动，为全国各地高校外语教师的教学和科研能力的提升提供了平台。2015 年，北京外国语大学中国外语教育研究中心和外语教学与研究出版社共同组织的"高等学校外语学科中青年骨干教师高级研修班"打造"线上—线下立体式研修课堂"，线上线下结合，短期长期结合，以更丰富便捷的方式满足全国各地教师研修的不同需求。全年共 29 期，主题含 4 个类别：教学方法、科研方法、语言技术和专业能力。全新的微课设计、翻转课堂和大数据时代的外语教学等主题，以小专题、微课程的形式在线进行；课程设计与教学方法、学术期刊论文写作与发表、语料库在外语教学与研究中的应用等主题则结合教学科研的新发展和教师的新需求不断调整内容，切实提升高校教师开发课程、发掘资源、结合教学进行科研的能力，为科研团队建设及外语院系的发展提供支持。

基础外语教师方面，国培计划、歆语工程等教师培训项目于 2015 年进一步开展。同时，教育部教师工作司也正式启动了中小学幼儿园教师培训课程标准的研制工作。其中义务教育英语学科教师培训课程标准的研制工作由北京外国语大学负责，协同人民教育出版社课程教材研究所、北京市海淀区教师进修学校、北京市东城区教师研修中心、北京市西城区教育研修学院、西北师范大学、苏州市教师发展中心等多家研究、培训机构，合力开展工作。研制项目负责人为北京外国语大学校长助理、中国外语教育研究中心主任王文斌教授，来自北外、华东师大、南京师大、华南师大等单位的30余位专家、学者、教研员和一线优秀教师先后参加了研制工作。

六、问题与建议

我国外语学习者人数众多，为了满足各个层次的外语学习需求和人才培养要求，各级政府和社会各界都在外语教育体系建设和外语课程改革中付出了持续的努力，也取得了显著成绩。但我们也面临着相当多的问题和挑战。突出矛盾主要有：第一，我国外语教育还缺少一个顶层设计，统筹兼顾缺席；第二，高校外语教育与基础外语教育依然脱节，欠缺一条龙式的对接，彼此依然各行其是；第三，有效的外语政策与规划尚未到位，具有前瞻性的外语语种布局尚未提到议事日程；第四，外语教育质量尚不能完全满足国家和个人的急迫需求，外语教学效率亟待进一步提高；第五，外语教育体系存在结构失衡问题，语种数量和分布的问题随着我国国际战略的推进愈发突出；第六，我国外语教育的支持系统尚不完善，师资、教材、测评等各方面的资源和技术力量均存在不同程度的短缺。因此，我们需在今后的建设和发展中，通过进一步深化综合改革，着力解决上述质量、结构和支持系统方面的突出问题。当然，这首先需要在思想意识上正视并纠正目前存在的一些偏见，如高等外语教育和基础外语教育存在高低之分。

具体的改革建议涉及三个层面。首先，宏观层面，建议更加重视外语教育政策方面的规划，尤其需要重视习得规划，而非仅仅重视教育规划，同时应辩证地借鉴国际经验，构建有中国特色的政府性和／或学术性的规划机构和／或组织。第二，中观层面，建议更加关注不同区域和行业的特点和不同需求，开展分类指导，更多推出"核心—扩展"型的多维指导性标准，既坚决实现统一的底线标准，又兼顾各地各行业的不同特点，实现规范性与自主性的有机结合。第三，微观层面，应着力从教师、教材和测评三个角度开展改革推进的工作。外语教师的语言能力应得到更多的重视，尤其是应进一步探索、研制入职的门槛标准，在资格准入上做些试点；职前教育也应开展实践教学方面的综合改革，并加强理论和对策性研究；职后教育则应更加注重在职教师学习系统的重构和学习方式的革新。另外，教材建设方面，可探索创建外语教材编写的研究生专业或方向，以培养更为专业化和可持续发展的教材编写队伍。

[1] 中华人民共和国教育部，2014，教育部关于全面深化课程改革 落实立德树人 根 本 任 务 的 [OL]，http://www.moe.edu.cn/publicfiles/business/htmlfiles/moe/s7054/201404/167226.html（2016 年 1 月 23 日读取）。

[2] 中国新闻网，2016，多省份招考制度改革方案出炉 明确高考改革时间表 [OL]，http://news.xinhuanet.com/politics/2016-03/06/c_128776470.htm（2016 年 3 月 9 日读取）。

[3] 光明网，2016，北京中高考改革方案已提交教育部 [OL]，http://politics.gmw.cn/2016-01/21/content_18594435.htm（2016 年 1 月 23 日 读取）。

[4] 中国教育在线，2015，2016 年上海春季高考方案公布：文化考试＋自主测试 [OL]，http://gaokao.eol.cn/shang_hai/dongtai/201511/t20151109_1335566.shtml（2016 年 1 月 23 日读取）。

[5] 王守仁，2015，当代中国语境下个性化英语教学的理念与实践 [J]，《外语与外语教学》（4）：1-4.

[6] 上海师范大学外国语学院，2015，外国语学院教师参加"质量与特色"《英语类专业本科教学质量国家标准》全国研讨会 [OL]，http://wyx.dzu.edu.cn/xbxw/html/962.html（2015 年 12 月 30 日读取）。

[7] 教育部高等学校英语专业教学指导分委员会，2015，教育部高等学校英语专业教学指导分委员会 2015 年工作总结 [OL]，http://elt.gdufs.edu.cn/info/1015/1114. htm（2015 年 12 月 30 日读取）。

[8] 外教社高等英语教学网，2015，"全国高等学校商务英语专业院系负责人联席会议"在上海对外经济贸易大学召开 [OL]，http://hee.sflep.com/index.php?option=com_content&view=article&id=189:2015-12-21-05-06-55&catid=1: research&Itemid=7（2015 年 12 月 30 日读取）。

[9] 中华人民共和国教育部，2015，教育部印发的《国别和区域研究基地培育和建设暂行办法》的通知 [OL]，http://www.moe.edu.cn/publicfiles/business/htmlfiles/moe/s7068/201502/183702.html（2015 年 12 月 30 日读取）。

[10] 郑彧，2015，中德合作办学项目的专业德语教学探索 [M]，《科教文汇》2 月（上）：211-214.

[11] 数据来源：http://www.moe.gov.cn/srcsite/A03/s180/moe_633/201508/t20150811_199589.html（2016 年 3 月 20 日 读 取 ）；http://www.moe.gov.cn/jyb_xwfb/gzdt_gzdt/s5987/201509/t20150915_208334.html（2016 年 3 月 20 日 读 取 ）；http://www.moe.gov.cn/jyb_xwfb/moe_176/201511/t20151123_220559.html（2016 年 3 月 20 日读取）。

[12] 中华人民共和国教育部，2015，教育部关于印发《普通高等学校高等职业教育（专科）专业设置管理办法》和《普通高等学校高等职业教育（专科）专业目录（2015 年)》的 通 知 [OL]，http://www.moe.edu.cn/srcsite/A07/moe_953/201511/t20151105_217877.html（2015 年 12 月 30 日读取）。

第二章 高等外语教育

第一节 英语

一、大学英语[1]

1. 教学改革

近年来，随着我国经济的快速增长，社会对大学生英语能力的要求不断提高，大学英语课程从目标设定到课程设置，从教学方法到课程评价等都需要进一步改革。为此，教育部高等学校大学外语教学指导委员会启动了《大学英语教学指南》（以下简称《指南》）的制订工作。关于《指南》的制订原则，王守仁指出，作为一个幅员辽阔、人口众多、发展不平衡的大国，多样化是我国国情的一个基本特征。就英语教育本身而言，由于各区域发展不平衡，需求程度不同，也必须充分考虑差异，体现多样化，实施个性化教学[1]。在宏观层面，九年前制定的《大学英语课程教学要求》就曾提出"个性化教学"的理念，并设置三个层次教学要求，但教学目标是大一统的；新研制的《指南》对此进行了修改调整，分三个等级目标，即基础目标、提高目标和发展目标；在三级目标体系中，基础目标是针对大多数非英语专业学生的英语学习基本需求确定的，提高目标是针对入学时英语基础较好、英语需求较高的学生确定的，发展目标是根据学校人才培养计划的特殊需要以及部分学有余力学生的多元需求确定的。"各高校可以根据实际需要，自主确定起始层次，自主选择教学目标。

---

1 本部分作者：王海啸、王文宇，南京大学。

致谢：感谢全国大学英语四、六级考试委员会金艳教授，大学外语教学指导委员会或外语专业委员会的余渭深教授、李霄翔教授、吴亚欣教授、徐志英教授、樊葳葳教授、吴松江教授、王健芳教授、崔敏教授、李正栓教授、李旭教授、马占祥教授、周玉忠教授等，相关省、市、自治区的大学外语教学研究会以及外语教学与研究出版社、高等教育出版社、上海外语教育出版社、部分高校大学英语教学院系等为本部分内容提供信息。

分级目标的安排为课程设置的灵活性和开放性提供了空间，有利于实施满足学校、院系和学生个性化需求的大学英语教学"[1]。在学校层面，根据《指南》设计具有个性化的课程体系。大学英语课程大致可分为通用英语、专门用途英语、跨文化交际英语课程三个大类，各类课程比例并不固定，由各高校根据实际需求（学生英语水平、院系专业需要）自行确定。在课堂层面，实施个性化教学策略，必须关注学习者的个体差异，同时也要注意发挥教师的主导作用，体现教师的个性，促成生成性课堂教学。教师在充分了解学生的情况下，融合自己的教学思路、经验和能力，对教学过程各个环节不断进行完善和改进，形成具有个人独特性的教学风格。

"评价与测试"是《指南》的一个重要组成部分。为了进一步明确大学英语课程评价与测试的改革方向，教育部高等学校大学外语教学指导委员会评价与测试组在全国21所高校中开展了改革需求问卷调查，了解教师和学生对大学英语课程评价与测试改革的看法，为制订《指南》的评价与测试部分提供依据[2]。此次调查共采集到571名教师和1,266名学生的有效答卷。调查表明，大学英语教师赞同校本评价，认为校本评价可以为课程体系反馈信息并促进课程发展；教师高度认可形成性评价和常态化评价数据库的作用，也赞同开展其他多样化的评价，认为其有利于院校之间互相学习，提高评价的公平公正性，鼓励院校建设有特色的课程等。在评价内容方面，教师高度赞同对课程设计、教学安排、教学质量、教师发展等课程要素的评价，即课程评价是对课程各要素的全面评价。教师和学生高度赞同共同基础测试和其他多样化测试，教师的赞同度比学生更高。在各种方式的测试中，教师和学生对专业机构设计实施的全国统考赞同度最高，对高校自主测试赞同度偏低，对两者结合的方式赞同度中等。以上调查表明，大学英语课程评价与测试改革的总体方向是构建大学英语课程综合评价体系，从"对课程的评价"转向"促进课程的评价"；同时，不断完善大学生英语能力共同基础测试，开发更加丰富多样的其他形式测试，发挥测试对教学的正面反拨作用，从"对学习的测试"转向"促进学习的测试"。

另外，赵雯等[3]对大学英语语言能力标准的研究与实践进行探讨，以期进一步从理论、方法和实践上完善《指南》的研制工作。他们首先介绍语言能力标准研制的背景，并系统回顾了国外语言能力标准的发展历程及其代表性的标准，指出国外对于语言能力标准的研制分别经历了基于"专家经验"、"实践者认知"和"学习者表现"三个阶段，目前已进入到基于"语料库"的学习者区别性语言特征研制阶段。国内对于大学英语语言能力标准的研制，经过半个多世纪的探索与研究，也相应地经历了上述三个研制阶段。因此，依据专家经验来建构理论框架，依据实践者的认知来完善等级描述语和描述参数，依据学习者的语言能力和在交际情境中的交际语言行为，开展基于语料库的大学英语语言能力标准的研究，进而发展出基于国际通用的语言能力框架的更为具体的大学英语语言能力标准的描述和语言特征参数，将是大学英语语言能力标准研制的必然趋势。

　　除了以上宏观层面的研究，在学校层面进行的大学英语教学改革探讨与实践也如火如荼。裴霜霜[4]从教育哲学，尤其是认知发展课程观角度，讨论在新形势下改革大学英语课程开设的理据、定位和大学英语的教学内容等问题。她认为，改革时期大学英语课程仍应从人本主义哲学思想出发，以培养"全人"为目标，"人文性"与"工具性"相互交融。进行课程设计时，应根据学生的语言水平和层次差异，做到基础英语、外语通识教育与专门用途英语和双语课程相结合，按层次、按阶段培养。张为民等[5]提出，构建大学英语教育体系应依据外语学习规律、大学教育特点以及各高校对人才培养的要求，体现英语学习与通识培养和专业培养相结合、课内教学与课外环境相匹配、语言工具性与人文性相兼顾等特点。据此，他们构建了清华大学本硕博一体化的英语教育体系，旨在实现英语学习的持续性和针对性，满足不同教育阶段学生对英语的不同需求，为学生的跨文化交流、人文素养提升以及专业发展提供支撑。赵婉秋等[6]探讨听说课与读写课语言技能与教学主题分割在现有大学英语教学课时较少条件下所产生的弊端，主张听说与读写语言技能融合，通过更集中的主题训练解决学习者主题输出能力的不足的问题。技能与主题融合的教学不仅能提升学习者同主题的输出水平，同时也可以提升学习者用英语思考的能力。他们建议在大学英语教材编写过程中将视听说教材与读写译教材按相同主题配套编写，力争二者内容最大限度的融合。孟冬梅[7]以激励理论和认知理论为依据，摒弃传统教学设计模式中以知识传递为显性中轴的外在输入式设计思路，采用以动机激励为主线的动机内化式设计模式，在外语习得过程中进行多层面激励策略的介入来改善语言学习情感障碍、引发学习者的学习积极性，使外语习得由静态转化成为多层次的动态学习活动，在互动中完成学生社会化与个性化的统一，学习与实践的统一。通过两年的实验，证明该激励教学设计的实践具有显著效果。

在具体课程改革上，周旭、杨士焯[8]从翻译写作学新视角入手，以翻译写作学理论为指导，提出二语写作教学新模式。他们认为，二语写作与翻译（汉译外）相似，二语写作中含有隐性的翻译行为，该行为有助于二语写作。在教学上，教师应当指导学生正确地处理母语思维。英语写作的教学应重新制订教学计划，科学分配学时，将汉译英技巧培养与二语写作能力培养恰当结合，才能更有效地消除学生的畏难感，提高二语写作水平。陈东岚[9]将语言意识理论和传统语块教学法相结合，尝试在语言意识驱动下拟定新模式的语块教学法，并在教学实践中展开研究。实验对 100 名非英语专业在校大学生开展两种不同模式的大学英语写作教学，对比 200 篇作文总分和单项分，并作相关分析。研究发现，通过提高学习者的语言意识，实验组学习者语言输出的质量更高，能较长久地具有接近本族语的英语输出能力。因此，强调语言意识的语块教学法具有一定教学实践意义。张伶俐、汪卫红[10]对英语通用语（English as a Lingua Franca，简称 ELF）理论研究成果进行了系统梳理，进而探讨了 ELF 理论与大学英语教学的关联，并且尝试以大学英语听说教学为例，从教学目标、教学内容、教学方法和教学评估四个方面阐述了如何实施基于英语通用语理论的教学，以期优化大学英语教学效果，全面提升我国大学生在国际交流中英语口语表达的有效性。

此外，随着信息技术的发展，在线教学资源日趋丰富，翻转课堂近年来逐渐成为教育界关注的一个热点。翻转课堂可利用现代信息技术提供语言输入供学生自主学习，为课堂输出活动的开展提供了更多机会，在促进提升大学英语教学绩效方面具有极大潜力。但大学英语翻转课堂该如何设计和开展，目前还处在探索阶段。李京南、伍忠杰[11]汇报了一项大学英语翻转课堂的教学设计与实践。问卷和访谈显示翻转课堂教学模式得到学生高度认可，翻转课堂设计带来的读写练习量、及时反馈和深入讨论促进了学生的语言习得和思维发展，网上学习材料方便学生自主学习，协作输出提高了学生参与度。同时，研究发现大学英语的网络课程应该如何设计、制作，网络课程如何与实体课堂有机结合，还需在实践中进一步探索。翻转课堂的根本优势不在于技术的应用，而更多体现在技术发展带来的整体教学模式的改进。只有从目标、内容、呈现方式和评价等各方面对大学英语课程进行更深入的研究，利用网络技术所支撑的实体课堂的优势对大学英语课程进行重新设计，才能更好地解决大学英语教学的绩效问题。沈瑛、盛跃东[12]探讨基于 Dewey 的实践性探究理论构建的探究社团体系（Community of Inquiry）及其应用于大学英语翻转课堂构建的科学性，并以探究社团体系三个核心因素为基准解构大学英语翻转课堂各个环节和构成要素，优化大学英语翻转课堂教学。他们认为，基于探究社团体系的大学英语翻转课堂教学是教学相长、师生共进的过程，有利于学生合作式或协作式学习，有利于学生之间以及学生与教师之间进行互动、探究问题并获取知识，能够提升知识内化，增强学习效果，同时有助于科学整合计算机信息技术与大学英语教学，促进大学英语教学与外部环境和谐共进。

2. 学术会议

2015 年 11 月 6 日至 8 日，南京大学、高等教育出版社国际语言研究与发展中心以及亚洲英语教师协会（Asia TEFL）联合举办的"第十三届亚洲英语教师协会国际学术研讨会"在南京国际青年文化中心举行。近千名会议代表来自 30 多个国家和地区，在三天的会议期间，就"创造英语教育的未来——机遇与方向"这一主题展开了探讨。我国英语教育测评专家广东外语外贸大学副校长刘建达教授、美国应用语言学专家 Susan M. Gass 教授、新西兰语言教育专家 Lawrence Jun Zhang 教授、美国语言测试专家 Antony John Kunnan 教授、韩国外语教育专家 Jihyeon Jeon 教授和亚洲计算机辅助英语教学协会前任会长马来西亚教育技术应用专家 Siew Ming Thang 教授等作主旨发言。亚洲英语教师协会国际学术研讨会是目前亚洲外语教学类研讨会中规模最大的高水平国际学术会议。历次会议有力地推动了亚洲外语教学与科研的发展，加强了全亚洲外国语言学与应用语言学界教师、学者和同行间的学术交流和沟通理解，提高了教师教学研究的理论水平和实践能力。2015 年 11 月 5 日，南京大学大学外语部与高等教育出版社国际语言研究与发展中心还在南京大学仙林校区举办了以外语测试素养提升为主题的会前工作坊。近百名会议代表参加了会前工作坊。

2015 年间，由大学外语学术团体、院校、教育部高等学校大外教指委以及国内各大外语类出版社组织主办了多个大学英语学术会议。下面是部分此类学术会议的介绍（以举办时间为序）。

1）2015 高等学校大学英语教学改革与发展学术研讨会

教育部高等学校大外教指委与高等教育出版社于 2015 年 3 月 27 日至 29 日在武汉联合主办"2015 高等学校大学英语教学改革与发展学术研讨会"。大外教指委英语组 40 余名委员以及来自国内 500 多所院校的大学英语教学专家、学者、院校领导、骨干教师近 1,000 人共同探讨新时期我国大学英语教学改革发展大计。大会围绕即将颁布的《大学英语教学指南》，全面解读在新的历史时期如何深化大学英语教学改革，打造分类卓越的大学英语课程体系和人才培养机制，建设促进课程发展的教学评价新思维，倡导以新的教学方法与手段，结合信息技术的应用，锻造"以学习为中心"的大学英语教育教学新生态。大会组织了主题报告 1 场、专题报告 8 场、专家论坛报告 20 场、专项论坛报告 5 场。会议期间，大外教指委英语组全体委员还围绕《大学外语教学研究》期刊的建设展开专项研讨。

2）第五届全国大学英语院长 / 系主任高级论坛

2015 年 4 月 9 日，由大外教指委、杭州师范大学外国语学院、上海外语教育出版社共同主办的"第五届全国大学英语院长 / 系主任高级论坛"在杭州召开。论坛旨在探讨《大学英语教学指南》制定背景下大学英语教学的新趋势、新方向，关注《大学英语教学指南》制定背景下专业英语、学术英语领域的动态，讨论相关课程设置、教学模式等一线教师共同关心的课题，共有近 600 位英语院系负责人出席了论坛。论坛邀请了大外教指委主任委员王守仁教授和副主任委员金艳教授、向明友教授等讲解《大学英语教学指南》的制定原则、思路和框架。主办方还邀请了上海交通大学外国语学院杨惠中教授和杭州师范大学外国语学院副院长李颖副教授分别阐述学术英语与大学英语教学及大学英语"翻转课堂"的软资源建设。

3）全国高等学校大学英语教学创新与发展研讨会暨《新视野大学英语》（第三版）出版发布会

由外语教学与研究出版社主办的"全国高等学校大学英语教学创新与发展研讨会暨《新视野大学英语》（第三版）出版发布会"于 2015 年 4 月 10 日在青岛举行，来自全国 900 多所高校的 1,300 多位外语教学负责人和教师出席了大会，大会主题为"外语教育之'道'与'器'"。大外教指委主任委员、南京大学王守仁教授在发言中介绍了《大学英语教学指南》中对教学提出的更高、更新要求。上海交通大学郑树棠教授带领的专家团队领会《大学英语教学指南》精神，编写出《新视野大学英语》（第三版）全新立体化系列教材。郑树棠教授在报告中指出，《新视野大学英语》（第三版）基于大学英语教学的现状，以通用英语课程为对象，针对《大学英语教学指南》的"基础目标"、兼顾"提高目标"的教学要求编写而成，强调系列教材之间的整体性和系统性。

4）全国高等学校大学英语教学创新与发展研讨会暨《新一代大学英语》出版发布会

由外研社主办的"全国高等学校大学英语教学创新与发展研讨会暨《新一代大学英语》出版发布会"于 2015 年 4 月 25 日在西安举行，来自全国的近 600 位大学英语教学负责人和教师共同对话大学英语教育的新理念，探讨提升教学质量的新途径。大外教指委主任委员、南京大学王守仁教授在主旨报告中通过分析即将颁布的《大学英语教学指南》的研制背景和主旨内容，强调了大学通用英语课程的育人价值及其对国家发展和人才培养的重要意义。北京外国语大学学术委员会主任文秋芳教授阐述了"产出导向法"，指明在二语习得中，产出是更为重要的学习目标、更能激起学习者学习的兴趣，而输入为产出提供知识内容、语言表达和语篇结构，是学生完成产出任务的重要基础，同时她指出，《新一代大学英语》正是为践行"产出导向法"而编写，体现了教学新思路。复旦大学外国语言文学学院副院长季佩英教授和西安外国语大学副校长姜亚军教授分别分享了《新一代大学英语 综合教程》和《新一代大学英语 写作教程》的编写思路与原则。顺承教材的出版，江南大学董剑桥教授、西北工业大学王倩老师则从数字教育的角度切入，就教师培养与教学方法创新、学生发展与数字平台共建两个议题与参会者进行了富有实践意义的探讨。

5）第三届全国外语测试学术研讨会

"第三届全国外语测试学术研讨会"于 2015 年 10 月 17 日至 18 日在重庆邮电大学举办。研讨会由《外语测试与教学》编辑部，全国大学英语四、六级考试委员会，高校外语专业教学测试专家咨询组以及上海外语教育出版社联合主办，由重庆邮电大学外国语学院承办。主要议题包括语言测试的研究方法、教师评估素质和课堂评估的建构、外语测试改革、测试效度研究、测试反拨效应等内容。会议分大会主旨报告和分会专题报告。

6）语言与跨文化交际国际学会 2015 年年会

2015 年 11 月 27 日至 29 日，"语言与跨文化交际国际学会（International Association for Languages and Intercultural Communication，IALIC）2015 年年会"在北京大学召开。会议主题是"跨文化交际与社会实践—对话视角与未来走向"。年会由北京大学外国语学院及语言与跨文化交际国际学会联合主办，北京大学外国语学院外国语言学及应用语言学研究所承办，外研社、北京大学出版社协办，有来自中国、美国、英国、日本等 18 个国家的约 140 名代表参加。年会共举行了四场主旨报告。

7）许国璋先生百年诞辰纪念活动

2015 年 11 月 15 日，北京外国语大学举行许国璋先生百年诞辰纪念活动，纪念在我国外国语言研究和外语教育领域作出巨大贡献的著名教育家、语言学家许国璋教授，纪念活动包括"许国璋外国语言研究奖"启动会、外国语校长论坛、学术论坛、"许国璋语言高等研究院"揭牌仪式等。国内外的 300 余名专家学者参加了纪念活动。

"许国璋外国语言研究奖"旨在鼓励本领域学者潜心探索，推动我国外语界学术进步。该奖是面向全国外国语言研究和外语教育研究学者的科学研究奖，凡是公开发表的外国语言研究、外语教育研究方面的学术专著和论文均可参评。会上将第一届"许国璋外国语言研究奖—终身成就奖"颁发给北京大学胡壮麟先生、北京外国语大学胡文仲先生和广东外语外贸大学桂诗春先生，以表彰三位学者的杰出贡献和学术影响。

纪念活动中还举行了北京外国语大学"许国璋语言高等研究院"揭牌仪式，聘任北京外国语大学学术委员会主任文秋芳教授为院长。

8）第五届全国英语演讲与写作教学学术研讨会

2015 年 12 月 12 日至 13 日，来自全国各地 150 多所高校的 300 余名外语演讲与写作教学专家、高校外语教师及外语演讲与写作研究爱好者齐聚北京，参加"第五届全国英语演讲与写作教学学术研讨会"。研讨会由中国人民大学外国语学院、中国外语演讲与辩论教学研究专业委员会及外研社共同主办，围绕"英语演讲与写作教学的新趋势与新方法"这一主题，邀请国内外演讲与写作教学领域专家做主旨报告与专题发言，并设置不同主题的分会场，为专家和教师提供了互动交流的机会与平台。研讨会邀请国际演讲教学与研究权威专家威斯康星大学麦迪逊分校 Stephen Lucas 教授、北京外国语大学副校长孙有中教授、中国人民大学外国语学院副院长贾国栋教授以及浙江大学外国语言文化与国际交流学院院长何莲珍教授作了主旨报告。

除以上全国性会议外，2015 年还有一些与大学英语教育相关的地方性或区域性学术会议，它们主要包括：

由重庆科技学院和高等教育出版社于 2015 年 5 月 16 日至 17 日在重庆举办的"大学英语教学信息化发展与改革论坛"。来自川渝地区本科院校的 100 多位大学英语教学负责人参加会议。会议邀请大外教指委副主任委员余渭深教授、重庆大学外国语学院书记欧玲教授、电子科技大学伍忠杰教授、重庆科技学院全东教授围绕《大学英语教学指南》的解读、"项目式教学法"、"翻转课堂的设计与实施"、数字化教学平台的应用等主题作专题报告。

为更好地应对互联网时代大学英语教学的新变化，推动东北三省大学英语教学改革，高等教育出版社于 2015 年 5 月 16 日在哈尔滨举办"新时期大学英语改革与课程建设研讨会"。会议邀请大外教指委秘书长、南京大学王海啸教授，哈尔滨工程大学陆军主任，南开大学大外部副主任简悦博士就大学英语应用能力培养、"项目式"教学、思辨能力培养等主题作专题报告。来自东北三省的 100 多名院系负责人参加会议。

3. 专业活动

2015 年 4 月 16 日至 5 月 31 日，中国高校英语写作教学联盟和北京语言智能协同研究院指导的"百万同题英文写作"活动举行，该活动由句酷批改网主办，当当网和网易有道协办。活动收集到了来自全国 31 个省市地区 2,792 所学校超过一百万篇学生作品，形成一个中国英语学习者同题语料库，并发布了《百万同题英语写作大数据报告》。该项活动是覆盖多学段、多地区的英文学习者和教学者的特色线上学习、交流活动，用在线写作＋智能实时反馈的创新形式激发学生英文学习兴趣、提升学生语言应用能力、展现学生个性风采，实现"共建共享学生英文写作大数据、助力外语教学改革创新"。

由南京大学大学外语部举办的第二届"应用语言学前沿论坛"于 2015 年 7 月 6 日至 10 日在南京大学举办。论坛的主题聚焦在心理语言学和二语习得两个领域中理论、研究设计及相关工具的应用，形式为主题讲座、针对性研讨与工作坊。

由高等教育出版社、国际语言研究与发展中心、东南大学教师发展中心联合主办的"2015 高等院校大学英语暑期讲习班"于 2015 年 7 月 19 日至 21 日在厦门举办。讲习班邀请了大外教指委副主任委员李霄翔教授、余渭深教授，秘书长王海啸教授，电子科技大学伍忠杰教授团队，南京大学、重庆大学、东南大学教学团队，同与会的 1,000 多名大学英语教师围绕"项目式英语教学"展开深入交流。讲习班采用"以 PBL 教 PBL"的方法，通过专家报告、小组活动、成果展示、点评交流等不同形式，从参会教师需求出发，启发、鼓励老师们尝试 PBL 教学方法，提升学生的英语应用能力。

2015 年 11 月 2 日至 5 日，"2015 年全国高校英语写作教学与研究开放周"在吉林大学举行。活动由中国英语教学研究会写作教学与研究专业委员会主办，吉林大学公共外语教育学院和高校外语教育研究中心承办，来自新西兰奥克兰大学、北京外国语大学、复旦大学、四川大学、厦门大学和华中科技大学等国内外 40 余所高校的近 200 名专家教师共赴盛会。开放周依托吉林大学公共外语教育学院英语写作教学团队，采取专题发言、开放课堂、说课评课和教学研讨等多种形式，向与会嘉宾展示了包括微课、慕课、学术写作、中外合作在线教学、大班教学等面向非英语专业大学生和研究生的多样化写作教学形式；并邀请了国内外知名专家学者同与会者共同探讨高校英语写作教学与研究中的相关问题，取得了积极的效果并收到良好的反馈。

2015 年间，有不少地方性学术机构或团体也举办了一系列专业活动，主要如下。

湖北省高等教育学会大学外语教学专业委员会于 2014 年 12 月 26 日在黄冈师范学院召开了常务理事会会议。2015 年 4 月 17 日至 18 日，云南省大学外语教学研究会举办了主题为"新时期云南省高校外语教学改革与发展方向"的学术年会。"江苏省首届民办高校及独立学院外语教学研讨会"于 2015 年 4 月 19 日在三江学院召开。2015 年 4 月 22 日至 24 日，闽、黔、琼、桂、粤、滇、渝七省、市、自治区大学英语教学研讨会在重庆大学举行。2015 年 4 月 24 日至 26 日，由河北省高校外语教学研究会主办，河北外国语职业学院与北京文华在线科技发展有限公司联合承办的"大数据背景下外语教学改革研讨会暨河北省高职院校外语教学工作会"在河北外国语职业学院召开。2015 年 4 月 26 日湖北省独立（民办）学院外语教学工作会议在湖北商贸学院召开。2015 年 5 月 16 日至 17 日吉林大学公共外语教育学院暨高校外语教育研究中心举办了"2015 年高等学校研究生英语教学研讨会"。2015 年 5 月 16 日至 17 日"山西省外语教学委员会年会暨山西省高等教育学会外语专业委员会年会"在阳泉举行。2015 年 5 月 27 日"江苏省首届外语微课大赛颁奖及江苏省高职在线课程联盟启动会"在东南大学举办。2015 年 6 月 5 日至 6 日，福建省大学外语教学研究会在福州举办"第一届微课大赛及福建省大学外语数字化教学研讨会"。2015 年 6 月 5 日至 7 日，"贵州省高等院校外语教学研究会 2015 年学术年会暨学术研讨会"在贵阳市召开。2015 年 6 月 6 日，"内蒙古自治区高等教育学会外语教学研究分会第六届理事代表大会"在呼和浩特市举行，全区各高校外语学院、系、部和国际教育学院的理事代表 59 人出席会议。"河北省高校外语院系部负责人联席会议"于 2015 年 8 月 8 日至 10 日在河北北方学院召开，全省共有 100 多位外语学院（部、系）负责人参加了本次会议，会议还邀请了三位专家作主旨报告。吉林省大学外语教学研究会于 2015 年 8 月 21 日在通化师范学院召开"2015 年吉林省大学外语教学研究会年会"。2015 年 10 月 28 日，"天津市大学外语教学高峰论坛"在天津大学举行。河北省大学外语教学研究会和高等教育出版社于 2015 年 11 月 27 日至 28 日联合举办了"河北省高等学校外语微课设计与应用研讨会"。吉林省大学外语教学研究会于 2015 年 11 月 29 日在吉林省长春市举办"大数据背景下外语教学改革研讨会暨吉林省高校外语教学工作会"。2015 年 12 月 20 日，湖北省高教学会大学外语教学专业委员会在武汉大学外国语学院召开了"大学英语课程改革研讨会"、"湖北省独立（民办）学院外语教学研讨会"和"湖北省高等学校研究生英语教学研讨会"。2016 年 1 月 9 日，"重庆市大学外语教学研究会 2015 年年会"在重庆科技学院举行。

为提高全国大学英语教师的教学与研究水平，北京外国语大学中国外语教育研究中心、上海外国语大学中国外语教材与教法研究中心、高等教育出版社国际语言研究与发展中心、全国高校教师网络培训中心等机构都积极举办各类面向大学英语教师的研修班。研修主题大多涉及外语教学研究能力提升、研究项目申报与论文写作、外语测评、教学方法与信息技术应用等。

除在以上国内或境内的教师培训之外，高等教育出版社国际语言研究与发展中心与美国哥伦比亚大学教育学院、波士顿大学教育学院、官方授权的雅思培训机构 ihLondon（International House London）合作，在北京、纽约、波士顿、伦敦等地举办了 5 期全国高校外语教师高级研修班，旨在帮助外语教师在教学理念、教学方法和教学研究能力等方面得到切实的提高。

4. 其他活动

由中国高等教育学会与高等教育出版社联合主办，大外教指委、教育部高等学校外语专业教学指导委员会（以下简称外指委）、中国职业技术教育学会教学工作委员会共同协办的"第一届中国外语微课大赛"，于 2015 年 3 月收官。大赛共收到 2,308 件以个人或团队名义参赛的作品，参赛教师人数约

2,800 人，其中大学英语组作品 728 件，参赛教师约 1,000 人。最终大赛组委会评选了 54 件本科英语组全国获奖作品，其中一等奖 8 件、二等奖 24 件、三等奖 54 件。"第二届中国外语微课大赛"于 2015 年 7 月启动。

2015 年 5 月 18 日，由团中央学校部、全国学联秘书处、北京外国语大学主办，外研社及中国教育电视台承办，京东图书独家冠名的第十八届"外研社·京东杯"全国大学生英语辩论赛在北京举行。来自华北、华南、华东、华西、华中、东北六大赛区的两百余名精英辩手，经过校选赛、地区赛的层层选拔，齐聚北京市大兴区外研社国际会议中心参加最后比赛。经过激烈的角逐，外交学院代表队成为全国英语辩论赛冠军，清华大学代表队位列第二，同时获得季军的是广州大学代表队和上海财经大学代表队。另有东北大学秦皇岛分校李煜、王晓霞，北京航空航天大学向为，澳门大学郭燕，四川大学李嘉欣、张敏等 6 名选手获得了最佳辩手称号。

2015 年 5 月至 11 月，外研社联合大外教指委、外指委共同举办了"外研社杯"全国英语演讲大赛、写作大赛和阅读大赛。自 2002 年第一届"外研社"演讲大赛成功举办迄今，已历经 14 年岁月。而在 2015 年，三大赛事合并为"大学生英语挑战赛（UChallenge）"，为全国大学生构筑一个展示外语能力、沟通能力与思辨能力的综合平台。2015"外研社杯"全国英语演讲大赛包括地面赛场和网络赛场两种形式。"地面赛场"比赛方式与往届相同，每复赛区前 3 名选手（全国共 90 名）参加全国决赛。"网络赛场"在大赛官网进行，除通过"地面赛场"获得决赛资格的选手外，所有符合大赛参赛资格的选手均可报名参赛。在"网络赛场"评选中，排名前 30 的选手（名额不作区域限定）有资格参加全国决赛。主办单位还邀请港、澳、台地区的选手参赛，与"地面赛场"的 90 名选手、"网络赛场"的 30 名选手共同角逐大赛冠、亚、季军。2015 年 12 月 5 日至 11 日，"外研社杯"大学生英语挑战赛决赛在北京外研社国际会议中心举办。经过 7 天的激烈角逐，大赛桂冠终有所属。

2015 年 6 月至 11 月，外研社、大外教指委、外指委共同举办了外研社"教学之星"大赛，主题为"微课与翻转课堂"，探索微课的设计、制作及其在"翻转堂"教学模式中的应用。大赛分为初赛、复赛和决赛三个阶段。初赛为全国网络公开赛，复赛以外研社"全国高等学校英语教学发展与创新研修班"为依托，共举办11场，教师采用现场讲课形式，展示在"翻转课堂"中应用"微课"的新型教学模式，其中每场决出的2名冠军参加2015年外研社"教学之星"大赛决赛。

2015年12月11日，"外研社杯"全国英语演讲大赛、写作大赛、阅读大赛决赛颁奖仪式与2015"外研社杯"全国高职高专英语写作大赛、2015外研社"教学之星"大赛全国总决赛颁奖仪式同时举行。闭幕式现场，外指委秘书长、北京外国语大学副校长孙有中教授在致辞中向所有的参赛选手及指导教师表示热烈祝贺，鼓励大家享受、分享英语演讲的乐趣。随后，大赛组委会副主任、北京外国语大学王文斌教授发表讲话，他指出阅读能够陶冶情操，具有深远意义。写作大赛决赛评委、南京师范大学田朝霞在发言中简要回顾了"外研社杯"写作决赛赛况，并向大家提出了新的期望。北京外国语大学校长彭龙在闭幕致辞中特别指出，此次外研社"大学生英语挑战赛"演讲、写作、阅读三赛并行，是传统与未来的对话，为参赛学生提供更为广阔的平台，并利用新媒体手段，线上线下联动，为培养未来世界的成功者奠定了坚实基础。

2015年举办的其他地方性赛事主要包括：5月30日，湖北省25所独立学院参加了在湖北商贸学院举行的首届湖北省独立学院大学生英语辩论赛。2015年3月，贵州省举办了全省大学生英语读报大赛以及贵州省第二届年联盟杯写作大赛，两项赛事分学校初赛和省级决赛两个阶段行进。河北省举办了全省高等学校第十六届"世纪之星"外语演讲大赛，全省近440名选手参加复赛。

5. 重要考试

大学英语四、六级考试是教育部主管的一项全国性的教学考试，是依据教育部颁布的《大学英语课程教学要求》等制定的，具有常模参照性质的大规模、标准化考试。该项考试自1987年起实施，在考试形式、考试内容、考试实施和分类报道等方面都经历了多次重大改革，已成为具有重要社会影响、在世界上规模最大的一项英语教学考试，产生了良好的社会效益。按照常规，2015年6月和12月各举行了一次四级考试和六级考试。参加考试的总人数分别为7,503,140人和7,911,479人，其中报考四级的总人数为9,622,458，报考六级的总人数为5,792,161人。考生群体包括研究生、本科生和专科生，本科生为考生主体。表2.1和表2.2为参加2015年6月和12月考试的本科生人数及各分项分和总分平均分的情况。

表2.1　2015年6月大学英语四、六级考试概况（本科生）

年次	级别	人数	听力	阅读	翻译和写作	总分
2015年6月	四级	3,703,709	130	136	125	392
2015年6月	六级	2,578,459	118	145	109	373

表2.2　2015年12月大学英语四、六级考试概况（本科生）

年次	级别	人数	听力	阅读	翻译和写作	总分
2015年12月	四级	4,165,758	130	138	126	395
2015年12月	六级	2,443,694	121	149	109	381

自2015年11月起，原大学英语口语考试（CET-SET）改为大学英语六级口语考试（CET-Spoken English Test Band 6，简称CET-SET6或"六级口试"），同时新增大学英语四级口语考试（CET-Spoken English Test Band 4，简称CET-SET4或"四级口试"）。四级口试和六级口试均采用机考，每年各举行两次。四级笔试成绩在425分及以上的考生具备报考四级口试的资格；六级笔试成绩在425分及以上的考生具备报考六级口试的资格。

四级口试的模拟考官及试题呈现在计算机屏幕上，试题材料采用文字或画面提示（图画、图表、照片等）。考生由计算机系统随机编排分组，两人一组。考生在计算机上进行考生与模拟考官、考生与考生之间的互动。考试包含四项任务，总时间约15分钟。考试按以下步骤进行（见表2.3）：

表 2.3　大学英语四级口语考试的考试任务及步骤

任务	任务名称	考试过程	答题时间
热身	自我介绍	根据考官指令，每位考生作一个简短的自我介绍。考试时间约 1 分钟。	每位考生 20 秒（两位考生依次进行）
任务 1	短文朗读	考生准备 45 秒后朗读一篇 120 词左右的短文。考试时间约 2 分钟。	每位考生朗读 1 分钟（两位考生同步进行）
任务 2	简短回答	考生回答 2 个与朗读短文有关的问题。考试时间约 1 分钟。	每位考生 40 秒（两位考生同步进行）
任务 3	个人陈述	考生准备 45 秒后，根据所给提示作陈述。考试时间约 2 分钟。	每位考生 1 分钟（两位考生同步进行）
任务 4	双人互动	考生准备 1 分钟后，根据设定的情景和任务进行交谈。考试时间约 4 分钟。	两位考生互动 3 分钟

四级口语考试的成绩分为 A、B、C 和 D 四个等级。表 2.4 为参加 2015 年大学英语口语考试的考点数、考生人数及得分情况。

表 2.4　2015 年大学英语口语考试概况

考次	考点	人数	成绩			
			A	B	C	D
2015 年 5 月（原 CET-SET）	63	37,317	1,144	18,623	17,070	480
2015 年 11 月（CET-SET6）	74	32,189	724	14,170	16,872	423
2015 年 11 月（CET-SET4 试点）	6	1,589	12	288	1,130	159

6. 专著、辞典、教材出版

2015 年出版的大学英语方面的部分专著与辞典有：《中国大学英语课堂小组互动模式研究》（世界图书出版公司，寇金南著）；《文化差异与商务英语语篇建构》（中国书籍出版社，林英玉等著）；《文化差异之美——跨文化交际研究》（吉林大学出版社，王冬梅等著）；《国际化创新型外语人才培养教材体系构建研究》（上海外语教育出版社，庄智象、孙玉、严凯、谢宇等著）；《大规模英语考试作文评分信度与网上阅卷实证研究》（上海外语教育出版社，王跃武著）；《面向大学英语教学的通用计算机作文评分和反馈方法研究》（上海外语教育出版社，葛诗利著）；《新世纪汉英百科大词典》（上海外语教育出版社，戴炜栋主编）；《新世纪汉英多功能词典》（上海外语教育出版社，张健主编）；《大学英语学习词典 App》（上海外语教育出版社）。

2015 年间出版的重要教材主要如下。外语教学与研究出版社：《新视野大学英语（第三版）》与《新一代大学英语》两套大学英语教材；专门用途教材"学术英语：技能类"教材，包括《学术英语听力》《学术英语口语》《学术英语情境口语》《学术英语阅读》《学术英语写作》《学术研究与论文写作》六个分册；"博雅学科英语"系列：《文学》和《西方文明》两个分册。上海外语教育出版社：新世纪大学英语系列教材（第二版）、《学术英语视听说》《长篇阅读》；全新版大学英语（第二版）《长篇阅读》；专门用途英语课程系列：《学术英语演讲》《学术英语讲座》《学术英语写作》《市场营销英语》《传媒英语》《工程英语》《计算机英语》《科技英语》《科技英语口译》《人力资源英语》《空乘英语》等；跨文化交际英语课程系列：《跨文化交际英语阅读教程》。高等教育出版社的《新编实用英语基础教程》等。华东师范大学出版社的《创新大学英语读写教程》系列教材。

《大学外语教学研究》（集刊第 1 辑）于 2015 年 12 月发刊并由高等教育出版社正式出版发行。该刊是由大外教指委、高等教育出版社国际语言研究与发展中心共同主办，全国大学英语四、六级考试委员会协办的大学外语教学与研究学术期刊。该刊旨在为广大大学外语教师和科研人员搭建成果展示和交流的平台，引领大学外语教学发展方向，促进大学外语教学的变革，提升大学外语教学与研究整体水平。刊物设有"语言政策"、"教学理论与实践"、"测试与评估"、"教材研究"、"信息技术应用"、"教师发展"、"国外外语教学"、"学术会议综述"、"书刊评介"、"观点争鸣"、"课堂设计"等栏目，同时也欢迎其他学科（如教育学、心理学、社会学等）专家学者对大学外语教学的真知灼见，以推进我国大学外语教学改革与研究向纵深发展。

针对"十二五"期间，特别是近年来信息化教学发展以及大学英语教学改革的新变化，结合国家精品开放课程建设工作的组织实施，高等教育出版社率先尝试研发依托国家精品开放课程的新形态课程教材——"爱课程·教材"。在教材形态上，"爱课程·教材"利用二维码技术，将静态纸质教材内容与动态课程资源相关联，互动性强；此外，"爱课程·教材"还依托课程平台，成为教师和学生获取相关音频、视频、自测、教案、拓展阅读、学生作品等教学资源的入口，提供课程的增值。2015 年已经出版了北京交通大学国家级精品开放课程的课程教材《英语国家社会与文化教程》与《商务英语教程》。

内蒙古自治区高等教育学会外语教学研究分会出版了第十一期《外语教学与辅导》。

7. 科学研究项目

2015 年，多项由大学英语教师主持或与大学英语教学改革相关的项目得到了国家社科基金或教育部人文社科课题的资助。为了促进大学英语教学研究，部分省市还在国家级、省级社科项目和教育规划项目之外，为大学英语教学专门设立研究项目。如湖北省教育厅、福建省教育厅联合上海外语教育出版社，河北省教育厅联合河北省高校外语教学研究会和外研社，重庆市高等教育学会、高等教育出版社国际语言研究与发展中心联合河北、江苏、广东、内蒙古等十几个省、市、自治区的教育厅、教育科学研究院开展高等学校外语教学研究项目。这些项目的设立对推动全国大学英语教学改革，提升大学英语教师的专业能力和研究能力起到重要作用。

[1] 王守仁，2015，当代中国语境下个性化英语教学的理念与实践 [J]，《外语与外语教学》(4)：1-4。

[2] 金艳、何莲珍，2015，构建大学英语课程综合评价与多样化测试体系：依据与思路 [J]，《中国外语》(5)：4-13。

[3] 赵雯、金檀、王勃然，2015，大学英语语言能力标准的研制——理论、实践及启示 [J]，《现代外语》(2)：102-111。

[4] 裴霜霜，2015，从教育哲学角度看改革时期大学英语课程目标和教学内容的设置 [J]，《外语教学理论与实践》(4)：59-63。

[5] 张为民、张文霞、刘梅华，2015，研究型大学英语教育体系的构建与探索——以清华大学为例 [J]，《现代外语》(2)：93-101。

[6] 赵婉秋、初彤、梁汇娟，2015，后方法论视域中大学英语教学语言技能融合模式探索 [J]，《外语学刊》(1)：124-126。

[7] 孟冬梅，2015，激励式立体化英语教学模式的探究与实践 [J]，《外语电化教学》(1)：50-56。

[8] 周旭、杨士焯，2015，翻译写作学视角下二语写作教学新模式 [J]，《外语教学》(11)：53-57。

[9] 陈东岚，2015，语言意识驱动下的语块教学法在大学英语写作教学中的运用 [J]，《外语学刊》(2)：112-115。

[10] 张伶俐、汪卫红，2015，英语通用语理论观照下的大学英语听说教学研究 [J]，《外语电化教学》(7)：29-34。

[11] 李京南、伍忠杰，2015，大学英语翻转课堂的实践与反思 [J]，《中国外语》(11)：4-9。

[12] 沈瑛、盛跃东，2015，基于探究社团体系的大学英语翻转课堂教学 [J]，《外语界》(4)：81-89。

二、英语专业 [1]

本部分综述 2015 年我国高校英语专业教育现状，主要内容包括：(1) 英语专业改革情况；(2) 招生及就业形势；(3) 学术研讨会；(4) 学生赛事；(5) 英语专业四、八级重要考试情况；(6) 专著、辞典、教材出版；(7) 科学研究项目。

1. 改革情况

2015 年，英语专业主要活动围绕《英语类专业本科教学质量国家标准》（以下简称新国标）的解读和推进展开。

2015 年 3 月 19 日至 22 日，"第九届全国英语专业院长 / 系主任高级论坛" 以 "《英语类专业本科教学质量国家标准》的解读与贯彻" 为主要议题，邀请了全国各高校英语专业教学负责人就国标框架下当前英语类专业的培养目标、培养模式和特色、课程建设等课题进行了专题性的研讨 [1]。2015 年 10 月 30 日至 31 日，上海师范大学召开的 "质量与特色"《英语类专业本科教学质量国家标准》全国研讨会更是加深了对国家标准内涵和学校标准要素的理解，兼顾了人才培养质量和特色，进一步为《外国语言文学类专业本科教学质量国家标准》出台做了铺垫。[2]

为了推进新国标在翻译专业的发展，2015 年 6 月 12 日至 13 日，"教育部高等学校翻译专业教学协作组 2015 年工作会议" 及 "第十一届全国翻译院系负责人联席会议" 在天津召开。与会专家们对即将颁布的《翻译专业本科教学质量国家标准》进行了解读，着重探讨了翻译本科专业的建设和发展。[3]

商务英语专业方面，"2015 年全国高等学校商务英语专业院系负责人联席会议" 于 2015 年 12 月 12 日在上海召开。会议围绕即将颁布的《商务英语专业本科教学质量国家标准》展开，学者们就如何在新形势下推动商务英语课程教学创新作了深入的研讨。[4]

---

1 本部分作者：陈则航、丁雪阳，北京师范大学。

2. 招生及就业情况

英语专业招生和就业方面有两个突出特点。一是外语专业迅速扩张。除303 所独立院校之外，全国现有普通本科高校 1,145 所，其中 994 所设有英语专业，比 2005 年增加 204 所。翻译和商务英语两个本科专业的专业点分别迅速增加到 106 个和 146 个。随着外国语言文学类专业布点数量的直线上升，外语类专业的绝对招生人数也在持续增长，外国语言文学类专业在校本科生人数已达 81 万。[5]

二是英语专业的就业情况依然不容乐观。根据历年报考人数、报录比统计，外国语言学与应用语言学长期居于考研十大热门专业之列。然而，就业难度最大的十大专业中，英语专业却也榜上有名 [6]。近两年，英语专业虽然不在全国就业率较低的 15 个专业之列，但仍在河北、山西、内蒙古、吉林、浙江、湖南、广西、云南、甘肃九个省和自治区被亮红灯 [7]。在《2015 年中国大学生就业报告》中，本科英语专业仍然成为 2015 年中国大学毕业生黄牌本科专业。

3. 学术会议

2015 年我国英语教育界为推动英语专业教学改革召开了多场不同类别和级别的学术会议，现按主题简要汇报各个会议的主要目的和成效。

1）新国标和教学改革

（1）第九届全国英语专业院长／系主任高级论坛 [1]

2015 年 3 月 19 日至 22 日，"第九届全国英语专业院长／系主任高级论坛"在昆明举行。论坛由教育部外指委、云南师范大学与上海外语教育出版社联合主办。论坛以"《英语类专业本科教学质量国家标准》的解读与贯彻"为主要议题，深入研讨了英语类专业教学质量国家标准的具体内容与实施办法，对我国英语类专业的长远发展具有重大的意义和深远的影响。

（2）《英语类专业本科教学质量国家标准》全国研讨会 [2]

2015 年 10 月 30 日至 31 日，由上海市外文学会、上海师范大学外国语学院与教育部外指委协同《外语电化教学》、《当代外语研究》等杂志联合举办的

"质量与特色"《英语类专业本科教学质量国家标准》全国研讨会在上海师范大学召开。全国130多所英语专业院校的230多位院长、专业负责人、教学骨干270余人出席会议。大会围绕英语专业、商务英语专业和翻译专业的建设与发展展开讨论,加深了对国家标准内涵和学校标准要素的理解,兼顾了人才培养质量和特色,为《外国语言文学类专业本科教学质量国家标准》出台作了较好铺垫。

（3）第四届中国外语战略与外语教学改革高层论坛[8]

2015年12月4日至6日,由上海外国语大学《外国语》编辑部和北京师范大学外文学院联合主办的"第四届中国外语战略与外语教学改革高层论坛"在广西师范大学召开。专家们分别以"中国英语教育教学的转型"、"外语学科的危机、机遇、转型和系统知识体系的建设"等为主题进行了发言。专家们表示,随着教育部"外语高考改革方案"、"英语专业国家标准"等一系列政策与标准的出台,外语学科教学必将面临改革,但提高教师自身的教学水平、狠抓教育质量仍是重中之重。

（4）教育部高等学校英语专业教学指导分委员会2015年全体会议暨英语专业人才培养方案研讨会[9]

为进一步推进英语类专业教学改革,完善人才培养方案,"教育部高等学校英语专业教学指导分委员会2015年全体会议暨英语专业人才培养方案研讨会"于2015年12月25日至26日在广东外语外贸大学国际会议厅召开。与会专家总结2015英语专业教学指导分委员会、商务英语专业与翻译专业的主要工作,各类院校分别就英语专业人才培养方案作了简要汇报。会议布置了2016年的工作要点,指出英语院校层次各异,要注意"国标"的针对性、分层指导、分类指导、将通才教育与学院特色相结合。

2）英语专业学科建设与改革

（1）第十届中国英语教育及教学法论坛

2015年4月24日至26日,"第十届中国英语教育及教学法论坛"在宁波大学举办。来自全国200余所高校的300多名外语学院院长、英语系主任、教研室主任和一线教师参加了会议。[10]

会议期间，专家学者对《英语专业本科教学质量国家标准》、《商务英语专业本科教学质量国家标准》、《翻译专业本科教学质量国家标准》作了专题报告和解读，从国家发展战略和政策层面探讨了我国英语专业、商务英语专业、翻译专业的教学整体布局、定位和发展方向。[11]

（2）全国高等学校英语专业教学创新与发展研讨会

4月10日由教育部外指委、北京外国语大学、外语教学与研究出版社共同举办的"全国高等学校英语专业教学创新与发展研讨会暨《大学思辨英语教程》首发仪式"在青岛举行。5月9日，由教育部外指委英语专业教学指导分委员会、广东外语外贸大学和外语教学与研究出版社共同举办的"全国高等学校英语专业教学创新与发展研讨会暨《新交际英语》出版发布会"在广州举行。来自全国各高校的一千多名外语院系专家、教师共同探讨新时期英语专业教学创新与发展的模式。

（3）2015全国外语院校英语专业联席会 [12]

2015年5月16日，由教育部外指委英语专业教学指导分委员会主办、四川外国语大学英语学院承办、外研社协办的"2015全国外语院校英语专业联席会"在四川外国语大学召开。来自全国16所外语院校英语院系的院长、系主任等30多名专家学者出席了会议。

大会主题为"英语专业能力培养：理念与操作"。大会系统地梳理和总结了英语专业学科和专业建设的现状和发展趋势，广泛而深入地探讨了跨文化能力、国际化人才、英语专业教学改革等命题，对推动英语专业学科建设的健康发展产生了积极影响。

（4）全国高校英语专业本科写作教学与研究开放周

2015年5月20日至23日，由中国英语教学研究会写作教学与研究专业委员会常务理事会主办、北京外国语大学英语学院写作教研室承办、中国外语教育研究中心和外研社协办的首次"全国高校英语专业本科写作教学与研究开放周"举办，共有来自全国各地80余所高校的150位教师参加。开放周的一大特色是设置了开放课堂，北外英语学院的20名写作教师展示了自己的真实课堂。参会教师走进北外英语学院的教室，亲自观察教学设计、师生表现，这种零距离的观察与体验为参会教师拓宽了视野、激发了思考。

（5）2015 年全国师范院校外语学院（系）院长（主任）联席会议 [13]

2015 年 8 月 13 日，由教育部外指委英语分委会主办的"2015 年全国师范院校外语学院（系）院长（主任）联席会议"在内蒙古师范大学召开。共有来自全国 22 个省、市、自治区的 37 所高校的 68 名代表出席了会议。

会议围绕"新形势下师范院校外语专业人才培养"这一主题，就师范类院校外语专业人才培养目标与课程体系建设、人才培养模式、课堂教学改革与创新等内容进行了专题研讨。会议期间，与会代表还就外语教育的国际化与本土化、大数据时代下的外语教育技术等热点话题进行了深入交流和探讨。

（6）第五届全国民族（地区）院校外国语学院院长论坛 [14]

2015 年 10 月 31 日，"第五届全国民族（地区）院校外国语学院院长论坛"在延边大学召开，来自全国各地的 18 所民族（地区）院校的 70 多名院长、书记、系主任、研究所负责人、骨干教师参加了此次论坛。主旨发言阶段，专家就外语类专业教学改革措施以及实践探索方面进行了报告。分组讨论阶段，与会代表们深入探讨了民族（地区）院校外语教育教学，围绕新时期少数民族（地区）外语教育发展战略和外语类专业建设与教学改革两个核心议题进行了热烈的讨论。

（7）北京市高校英语类专业群年会暨两委会全体会议

2015 年 12 月 18 日，由北京市高校英语类专业群专家委员会、教学协作委员会主办，北京外国语大学、首都师范大学、外研社协办的"北京市高校英语类专业群年会暨两委会全体会议"召开，来自北京市 30 余所高校的近百名参会代表围绕"北京市高校英语类专业群核心课程建设与资源共享"这一主题进行了广泛而深入的探讨。与会代表聚焦英语专业、商务英语专业和翻译专业的核心课程设置与建设理念，并沟通分享了各高校在课程建设方面的优质资源与教改经验。

3）翻译专业学科建设与改革

（1）全国翻译专业学位研究生教育指导委员会

由全国翻译专业学位研究生教育指导委员会主办，南京师范大学承办的"全国翻译专业学位研究生教育指导委员会"2015 年工作会议及全国翻译专业学位研究生教育 2015 年年会于 4 月 10 至 12 日在南京师范大学仙林校区召开。本次教指委工作会议重点探讨 MTI 专项评估工作，以"加强质量控制，提升 MTI 办学水平"为主题，聚焦 MTI 教育的改革与发展。

（2）第十一届全国翻译院系负责人联席会议[3]

2015 年 6 月 12 日至 13 日，由教育部高等学校翻译专业教学协作组主办的教育部高等学校翻译专业教学协作组 2015 年工作会议暨第十一届全国翻译院系负责人联席会议在天津召开。协作组成员、翻译本科院校负责人 160 余人参加了会议。

本次会议主题为"翻译本科专业教学质量国家标准的实施"。与会专家们对教育部将于今年发布的《翻译本科专业教学质量国家标准》进行了解读，着重探讨了翻译本科专业的建设和发展。

（3）首届翻译人才发展国际论坛[15]

2015 年 12 月 12 日至 13 日，由中国外文局、中国翻译研究院主办的"首届翻译人才发展国际论坛"在北京举行。来自联合国秘书处、国际口译协会、国际翻译院校联盟、美国蒙特雷高翻学院、巴黎第三大学高翻学院、莫斯科大学高翻学院，以及外交部、中国外文局等多所组织机构的 350 余位嘉宾参加了论坛。

论坛以"翻译人才与终身教育"为主题，分设四个分论坛，全面覆盖了翻译专业人才成长发展各阶段的热点难点问题。嘉宾们通过集中深入的探讨与交流，为加快我国翻译专业人才队伍建设、加强高端应用型翻译人才培养提供了工作思路和参考路径。

4）商务英语专业学科建设与改革

（1）第二届全国商务英语语言学研讨会[16]

2015 年 9 月 18 日至 20 日，由中国海洋大学主办的"第二届全国商务英语语言学研讨会"在青岛举行，来自全国 40 多所高等院校的 100 多名专家学者参加了会议。大会邀请了国内外知名专家进行主旨发言。参会代表分别针对商务英语语言学的研究方法及应用、商务英语教学与人才培养和国际商务跨文化研究等进行了研讨。

（2）2015 年全国高等学校商务英语专业院系负责人联席会议 [4]

2015 年 12 月 12 日，由教育部高等学校商务英语专业教学协作组主办的"2015 年全国高等学校商务英语专业院系负责人联席会议"在上海召开。来自全国高校 380 余名院系负责人、专家和教师代表参加了会议。

会议围绕即将颁布的《商务英语专业本科教学质量国家标准》展开，就《国标》的制定、实施与商务英语专业课程质量建设邀请了教育部高等学校商务英语专业教学协作组专家作大会发言。此外，会议上还进行了开放教学，并就"商务英语专业本科教学质量标准"、"商务英语专业培养方案与课程体系"等专题进行了研讨。

5）语言学与英语教学方面的研究与讨论

（1）"韩礼德—韩茹凯语言学国际基金"成立报告会暨第 14 届功能语言学学术研讨会

2015 年 4 月 23 日，"韩礼德—韩茹凯语言学国际基金"成立仪式在北京师范大学举行。基金成立的目的在于奖励前沿语言学研究成果，开设系列前沿学术讲坛，建设相关学术资源库，开展不同语言学学派之间的对话，鼓励后学，产出高端成果，推动系统功能语言学在国际范围内的继续发展。基金启动仪式之后，召开"第 14 届功能语言学学术研究会"。研究会由中国英汉语比较研究会功能语言学专业委员会主办，北京师范大学外国语言文学学院、功能语言学研究中心和香港城市大学联合承办，会期 4 天，来自国内外的数十所高校与会代表近 300 人，其中 145 位代表作了发言。

（2）首届高校专业英语教学与研究国际研讨会 [17]

2015 年 5 月 29 日至 31 日，"首届高校专业英语教学与研究国际研讨会"在对外经济贸易大学召开。来自国内外 56 所高校的 106 位教师和学生代表参加了大会。会议主旨发言内容涉及学术英语、法律英语、商务英语、商务英语专业国家质量标准等诸多方面。另外，与会代表就专门用途英语教学法、专门用途语言研究和专门用途语言教师发展研究等主题进行了讨论。

（3）第八届英语作为通用语国际研讨会[18]

2015 年 8 月 25 日至 27 日，由北京外国语大学中国外语教育研究中心、中国英语教学研究会、外研社共同主办的"第八届英语作为通用语国际研讨会"在北京国际会议中心召开。

该研讨会是首次在中国内地举办，吸引了来自中国、英国、美国、芬兰、奥地利、日本等 23 个国家以及地区各高校共 153 位代表参加。大会主题是"英语作为通用语概念及教学探讨"，参会代表就"英语作为通用语概念探讨"、"描述英语作为通用语"、"英语作为通用语研究方法"等多个议题展开了深入、热烈的讨论。

（4）第四届中国专门用途英语（ESP）国际研讨会暨第七届亚洲专门用途英语国际研讨会[19]

2015 年 9 月 25 日至 27 日，"第四届中国专门用途英语国际研讨会暨第七届亚洲专门用途英语国际研讨会"在中国石油大学举行，来自国内外 158 所高校的 230 多位专家教授、青年学者齐聚一堂，围绕"亚洲专门用途英语教学与研究：回顾与展望"的主题，探索专门用途英语教学与研究，以应对高等教育国际化和经济全球化给英语教学带来的挑战。

（5）第十三届亚洲英语教师协会国际研讨会[20]

2015 年 11 月 6 日至 8 日，"第十三届亚洲英语教师协会国际研讨会"在南京召开。本届大会由南京大学和国际语言研究与发展中心共同主办，主题为"开创亚洲英语教学的未来——机遇与方向"。与会代表来自 30 余个国家和地区，共 1,000 余人，包括 400 多名外籍代表和 600 多名中国教师，是亚洲地区英语教师的一次大会。

除主旨发言外，每天的分会场有 20 多个小组、近 200 人次进行论文宣讲和交流活动，主题包括政府部门在英语教育方面的政策与举措、英语高等教育状况等各个方面。

亚洲英语教师协会国际研讨会是目前亚洲外语教学类研讨会中规模最大、学术水平最高的国际学术会议。

（6）2015 中国英语教学研讨会[21]

2015 年 11 月 7 日至 8 日，由中国英汉语比较研究会英语教学研究分会主办、上海交通大学外国语学院承办、外研社协办的"2015 中国英语教学研讨会"在上海交通大学外国语学院举办。会议主题为"新形势下外语教学面临的挑战与机遇"。来自各地的 150 余名外语教师、专家、学者参加了此次会议。会议为期两天,共有 4 个主题发言、4 场专题讨论、14 场分组发言及小型圆桌研讨。

（7）第六届全国外语教师教育与发展学术研讨会 [22]

2015 年 11 月 13 日至 14 日,由中国英汉语比较研究会外语教师教育与发展专业委员会主办、云南师范大学外国语学院承办、外研社协办的"第六届全国外语教师教育与发展学术研讨会"在云南师范大学召开。近 300 名教师、专家、学者参加了本届会议。

会议主题为"外语教师教育与发展研究的国际视野与本土探索",主要议题包括"全球化视野下的外语教师专业发展"、"教师培养机制 / 专业发展规划对比研究"等 9 个方面 [23]。会议上多元学术观点对话、互动,本土探索成果丰硕,充分展示了我国外语教师教育研究与实践所取得的巨大成就,并将更好地促进和推动中国外语教师教育研究与发展。

6）文学与翻译方面的教学与研究

（1）第五届英美文学国际研讨会 [24]

2015 年 4 月 24 日至 25 日,由上海外国语大学英语学院和文学研究院主办的"第五届英美文学国际研讨会"在上海外国语大学召开。来自海内外 328 名学者参加了会议。

研讨会主题为"历史书写与文化阐释",10 多位国内外知名教授作了主题发言。除此之外,参会学者分为 13 个小组就多个文学主题进行了深入细致的交流和探讨。

（2）中国外国文学学会英语文学研究分会第四届年会 [25]

2015 年 6 月 13 日至 14 日,由中国外国文学学会英语文学研究分会主办、《外国文学》期刊和外研社协办的"中国外国文学学会英语文学研究分会第四届年会"在北京湖北大厦举行。来自国内外 154 所高校的 309 名专家学者、教师和博士生参加了会议。

与会代表从政治、历史、全球化、种族等研究视角对英国、美国、加拿大、澳大利亚等国文学进行了深入研讨。论文的研究领域也涵盖了族裔研究、生态研究、比较研究等议题。

（3）中国外国文学学会英国文学研究分会第十届年会暨学术研讨会[26]

2015年10月16日至19日，由中国外国文学学会英国文学研究分会主办，山东大学外国语学院协办，外研社、外教社、高教社、南开大学出版社协办的"中国外国文学学会英国文学研究分会第十届年会暨学术研讨会"在山东大学举行。全国约120家高校、科研机构和出版社的400多名代表参加了会议。

除主题发言外，与会代表分小组对流散、族裔文学、性别书写、戏剧等12大类专题进行了交流和讨论。

（4）中美诗歌诗学协会第四届年会[27]

2015年11月28日至29日，"中美诗歌诗学协会第四届年会"在山东师范大学召开。国内外共150多名专家学者参加。

年会特别设置了英语诗歌与儒家思想、英语诗歌与齐鲁文化、诗歌中的战争与创伤等议题，充分体现出诗歌和诗学的社会意义和人文价值。先后有12位中外学者作了大会主旨发言、150余位代表参加了10场小组发言和三场专题研讨。

（5）第三届英汉文化对比研究高层论坛暨海峡两岸跨文化研究学术研讨会[28]

2015年12月5日至6日，由中国英汉语比较研究会主办的"第三届英汉文化对比研究高层论坛暨海峡两岸跨文化研究学术研讨会"在厦门召开。来自全国各地的百余名专家学者参加了会议。会上，与会代表分语言学组、文学与文化组、翻译实践组、翻译理论及语言教学研究组四个小组进行了学术讨论。

（6）第六届海峡"两岸四地"翻译与跨文化交流研讨会[29]

由台湾长荣大学主办的第六届海峡"两岸四地"翻译与跨文化交流研讨会于2015年6月24日至26日在长荣大学召开。会议主题为"翻译与跨文化交流：对话与沟通"。大陆、台湾、香港、澳门以及海外华人中擅长翻译及跨文化研究的专家学者120余人参会。专家们围绕翻译理论研究的回望与前瞻、翻译理论与翻译实践研究等七项议题进行了主题演讲和专题讨论。

（7）第三届全国语料库翻译学研讨会 [30]

2015 年 11 月 7 日至 8 日，由北京外国语大学中国外语教育研究中心主办的"第三届全国语料库翻译学研讨会"在湖南省南华大学举行。来自全国各地语料库翻译学领域的 120 余位专家和中青年学者与会。会议围绕各型语料库的研制与应用、基于语料库的语言文体研究等七个议题展开。除主旨发言外，与会代表围绕议题进行了分组发言。会议检阅了国内近年来语料库翻译学研究的成果，对于推动我国语料库翻译学的发展具有重要意义。

4. 学生赛事

1）第 20 届"21 世纪·可口可乐杯"全国英语演讲比赛 [31]

2015 年 3 月 22 日，由中国日报社、可口可乐大中华区联合主办的第 20 届"21 世纪·可口可乐杯"全国英语演讲比赛在河南大学落幕。大赛自 2014 年 5 月份启动以来，经互联网选拔赛、校园选拔赛、电话口试和地区决赛等几个阶段，有 64 名选手进入全国决赛。决赛历时 3 天，最终，来自澳门大学的李珊珊获得了冠军。

2）第六届"《英语世界》杯"翻译大赛

由商务印书馆《英语世界》杂志社主办的第六届"《英语世界》杯"翻译大赛于 2015 年 5 月至 7 月举办 [32]。大赛参赛人数又创新高，达到 6,179 人，大赛陪审团队以盲审方式对复审稿件独立打分审阅 [33]。最终评出一等奖 1 名、二等奖 2 名、三等奖 3 名、优秀奖 45 名。[34]

3）第十八届"外研社·京东杯"大学生英语辩论赛 [35]

第十八届"外研社·京东杯"全国大学生英语辩论赛由团中央学校部、全国学联秘书处、北京外国语大学主办。2015 年 5 月，辩论赛总决赛在外研社大兴国际会议中心拉下帷幕。经过激烈的角逐，外交学院代表队获得冠军。

4）第四届全国口译大赛 [36]

2015 年 5 月 27 日至 31 日，由中国翻译协会、中国对外翻译有限公司主办的第四届全国口译大赛（英语）同传邀请赛和交传总决赛在北京外国语大学举行。经过 48 位选手的激烈角逐，来自对外经济贸易大学的方磊和北京外国语大学的孙琰分别荣获同声传译和交替传译的冠军。

5）"外经贸杯"2015 未来国际商务英语谈判精英赛 [37]

2015 年 10 月 17 日至 18 日，由中国管理现代化研究会国际商务谈判专业委员会和教育部高校商务英语专业教学协作组主办的"外经贸杯"2015 未来国际商务英语谈判精英赛在对外经济贸易大学举行。来自 13 所高校的 14 支代表队参加了比赛。最终，北京外国语大学代表队、对外经济贸易大学代表队等四支代表队获得一等奖。

6）第三届全国商务英语实践大赛全国总决赛 [38]

2015 年 11 月 27 日，第三届全国商务英语实践大赛总决赛在广东外语外贸大学举行。大赛由教育部高等学校外指委英语分委会、中国国际贸易学会国际商务英语研究会主办。最终，来自湖南大学的团队获得了冠军。

7）2015 外研社"大学生英语挑战赛"暨"外研社杯"全国英语演讲大赛、写作大赛、阅读大赛决赛 [39]

2015 年 12 月 5 日至 11 日，由外研社和教育部高等学校大外教指委、教育部高等学校外指委英语分委会联合举办的 2015 外研社"大学生英语挑战赛"暨"外研社杯"全国英语演讲大赛、写作大赛、阅读大赛决赛在北京外研社国际会议中心举办。来自全国 30 个省、市、自治区及港澳台地区的选手参加了竞技。最终，清华大学的陈麒羽、湖州师范学院的林远展以及河北师范大学的郝鸿涛分别荣获本次演讲大赛、写作大赛和阅读大赛的冠军。

8）第六届海峡两岸口译大赛 [40]

2015 年 12 月 12 日，第六届海峡两岸口译大赛"思必锐杯"大陆区总决赛在对外经济贸易大学举行。大赛由对外经济贸易大学英语学院主办。大陆区决赛共有 29 名选手参加。比赛分为"主旨口译"、"对话口译"和"会议口译"三个环节。最终，来自北京外国语大学的选手祁天和来自厦门大学的选手刘婧共同荣获大陆区冠军。

5. 重要考试

　　全国高校英语专业四级考试和全国高校英语专业八级考试是英语专业学生在本科阶段需参加的两项重大考试。2015 年，全国专四通过率为 51.79%，相较于去年的 50.43% 有所提升。全国专八通过率为 39.85%，相较于去年的 42.76% 略有下降。

6. 专著、辞典、教材出版

1）专著出版

　　2015 年各大出版社都出版了不少高质量的学术专著，笔者仅列出一些代表作，以便读者对本年度学术专著的出版概况有个大致的了解。

表 2.5　学术专著的出版（按出版社拼音顺序排列）

序号	出版社	书名	作者 / 编者 / 译者
1	北京大学出版社	英语语言研究	韩礼德（作者）何伟（译者）
2	北京大学出版社	语篇语义框架研究	高彦梅
3	北京大学出版社	英语专业基础内容依托教学改革研究	常俊跃
4	北京语言大学出版社	中国现代文学期刊中的外国文论译介及其影响：1915—1949	沈素琴
5	北京语言大学出版社	中国学生英语会话互动特点研究——中国与澳大利亚大学生英语会话对比分析	刘连娣
6	东南大学出版社	后方法时代英语教学原理与实践	郑玉琪 侯旭
7	对外经济贸易大学出版社	中国女作家作品英译（1979—2010）研究	付文慧
8	复旦大学出版社	语法—翻译教学法面面观	肖辉

（待续）

（续表）

序号	出版社	书名	作者/编者/译者
9	复旦大学出版社	翻译家巴金研究	向洪全
10	复旦大学出版社	翻译史研究	王宏志
11	复旦大学出版社	知识创新理论框架下的商务英语学习研究	赵珂
12	复旦大学出版社	共生翻译学建构	刘满芸
13	南京大学出版社	翻译批评研究	刘云虹
14	南京大学出版社	翻译哲学导论	蔡新乐
15	南开大学出版社	英语话语标记使用的习得研究	刘滨梅
16	清华大学出版社	亚太跨学科翻译研究（第一辑）	罗选民
17	清华大学出版社	女性城市书写：20世纪英国女性小说中的现代性经验研究	尹星
18	清华大学出版社	委屈求传：早期来华新教传教士汉英翻译史论 1807—1850	邓联健
19	上海交通大学出版社	学术英语教学与评估：理论与实践研究（英文版）	邹文莉 高实玫
20	上海交通大学出版社	英汉学术语篇比较与翻译	杨新亮 熊艳
21	上海交通大学出版社	基于语料库的中国英语学习者英语口语中语用标记语研究	王丽
22	上海外语教育出版社	美国文化史纲	王恩铭
23	上海外语教育出版社	历史语言学视野下的英汉语序对比研究	刘晓林
24	上海外语教育出版社	翻译与文化主流：互动与共生	胡庚申
25	上海外语教育出版社	现代外语教学多维研究	王铭玉

（待续）

（续表）

序号	出版社	书名	作者/编者/译者
26	上海外语教育出版社	外语出版研究	庄智象
27	上海外语教育出版社	外语教育探索	庄智象
28	四川大学出版社	隐喻的态度意义：基于英语诗歌语篇的系统研究	牟许琴
29	商务印书馆	第二语言习得概论	罗德·埃利斯 牛毓梅
30	商务印书馆	翻译漫谈	庄绎传
31	商务印书馆	二语习得与学习词典研究	章宜华
32	外语教学与研究出版社	促进学习：二语教学中的形成性评价	罗少茜 黄剑 马晓蕾
33	外语教学与研究出版社	外语教学定量研究方法及数据分析	秦晓晴 毕劲
34	外语教学与研究出版社	英语词汇教学与研究	马广惠
35	外语教学与研究出版社	语言测评实践：现实世界中的测试开发与使用论证	Lyle Bachman Adrian Palmer
36	外语教学与研究出版社	有声思维在外语教学研究中的应用	郭纯洁
37	外语教学与研究出版社	应用语言学中的复制研究	Graeme Porte
38	外语教学与研究出版社	翻译学理论系统整合性研究	曾利沙
39	外语教学与研究出版社	外语教学中的科研方法（修订版）	刘润清

（待续）

（续表）

序号	出版社	书名	作者/编者/译者
40	外语教学与研究出版社	中介语语言学多维研究	文秋芳（主编）杨连瑞（作者）
41	外语教学与研究出版社	翻译之艺术	张其春
42	外语教学与研究出版社	托马斯·品钦小说研究	王建平
43	厦门大学出版社	转喻的修辞批评研究	李克
44	中国人民大学出版社	现代外语教学与研究（2015）	吴江梅 彭工 鞠方安
45	中国社会科学出版社	话语交流中的动态认知	廖德明
46	中国社会科学出版社	当代美国修辞批评理论与范式研究	邓志勇
47	中国社会科学出版社	外语教学与研究	宁一中
48	中国社会科学出版社	英汉翻译过程中的难译现象处理	张焱
49	浙江大学出版社	英语教学理论系列：英语词汇与词汇教学研究	黄建滨
50	浙江大学出版社	英语教学理论系列：英语教材研究	黄建滨
51	浙江大学出版社	过程—体裁英语写作教学法的构建与应用	蔡慧萍

2）辞典出版

2015 年，商务印书馆主要出版了《牛津美式英语词典》《汉语英语分类词典》《牛津小学生英汉双解词典》《汉英公示语词典》《英汉小词典（第四版）》以及《牛津英语同义词词典》。另外，2015 年 8 月 28 日，商务印书馆出品的《牛津高阶英汉双解词典》（第 8 版）APP 正式上线。外研社主要出版了《牛津袖珍英汉双解词典（第 10 版）》和《牛津英语搭配词典（英汉双解版）（第二版）》。外教社主要出版了《新世纪汉英百科大词典》。复旦大学出版社主要出版了《中华汉英大词典》。

3）教材出版

2015 年，清华大学出版社主要推出了高级英语思辨性阅读系列教程、英国文学简史与选读、美国文学简史与选读以及高级英语精读系列教程；外教社除继续推出新世纪高等院校英语专业本科生系列教材（修订版）以及新世纪师范英语系列教材之外，另推出 Townsend Press 英语词汇学习丛书（第二版）；外研社继续推进《现代大学英语》系列教材第二版改版工作，并全新出版了《大学思辨英语教程》、《新交际英语》等教材。三套教材全面对接《高等学校外国语言文学类专业本科教学质量国家标准》所规定的人才培养的素质、知识和能力指标，培养英语专业学生的人文素养、语言能力、思辨能力、跨文化能力和自主学习能力，满足了国家对英语类专业最新人才培养需求，体现了专业最新发展方向。

7. 科学研究项目

2015 年国家社科基金年度项目中外国文学及语言学两个方向共立项 276 项，其中，外国文学方向重点项目立项 5 项，一般项目立项 65 项，共立项 70 项。语言学方向重点项目立项 13 项，一般项目立项 193 项，共立项 206 项。其中，与英语专业相关项目立项 67 项。英语文学方向立项的重点项目为："美国历史'非常'事件的小说再现与意识形态批判研究"。一般项目立项 24 项。英语语言学方向立项的重点项目为："中国典籍英译的传播与评价机制研究"、"口译训练功效的认知及神经机制研究"及"汉语'乡土语言'英译实践批评研究"。一般项目立项 39 项。国家社科基金青年项目立项中，外国文学方向立项 30 项，语言学方向立项 51 项，共立项 81 项。其中，与英语专业相关项目立项 19 项。英语文学方向立项 13 项，包括"狄更斯的童心崇拜与共同体建构研究"、"英国摄政时期历史小说叙事伦理研究"等；英语语言学方向立项 6 项，包括"系统功能语言学视角下英汉文学原著与简写本易读度比较研究"、"中国初中英语教师评价素养量表研制与验证研究"等。

2015 年度教育部人文社会科学研究项目中，外国文学（76）及语言学（219）两个方向共立项 295 项，较明显高于 2014 年的该方向的立项项目。其中，外国文学规划基金项目有 24 项，青年基金项目有 52 项。语言学规划基金项目有 72 项，青年基金项目有 147 项。与英语专业相关项目立项 87 项，英语文学规划基金项目有 11 项，青年基金项目有 20 项。英语语言学规划基金项目有 23 项，青年基金项目有 33 项。外国文学类获资助的项目以研究文学作品的主题、内涵、特点为主，例如，"当代美国印第安英语文学后殖民生态主题研究"、"美国自然诗主题演变及其生态诗学思想的建构"等。语言学类获资助的项目种类比较多，既有传统语言学方面的研究，如"英汉语空间量度形容词隐喻义的认知对比研究"，也有将语言学与语言教学相结合的研究，如"基于向心理论的中国英语学习者口语连贯性评估研究"，也有语言教学方面的研究，如"基于微课的大学英语项目式翻转课堂资源建设与拓展研究"、"大学英语后续课程教学有效性研究"等，还有关于翻译的研究，如"中国典籍翻译'方向性'研究——以《文心雕龙》英译为例"、"中国新时期女作家作品英译研究（1979—2010）"等。

---

[1] 上海外语教育出版社，2015，"第九届全国英语专业院长 / 系主任高级论坛"会议资料 [OL]，http://www.sflep.com/expert-column/1129-2015-03-24-03-24-07（2015年 12 月 30 日读取）。

[2] 上海师范大学外国语学院，2015，"质量与特色"《英语类专业本科教学质量国家标准》全国研讨会在我院召开 [OL]，http://waiyu.shnu.edu.cn/Default.aspx?tabid=16314&ctl=Details&mid=37981&ItemID=169622&SkinSrc=[L]Skins/wgy_detail_20141208/wgy_detail_20141208&language=zh-CN（2015 年 12 月 30 日读取）。

[3] 教育部高等学校英语专业教学指导分委员会，2015，教育部高等学校英语专业教

学指导分委员会2015年工作总结 [OL]，http://elt.gdufs.edu.cn/info/1015/1114.htm（2015年12月30日读取）。

[4] 外教社高等英语教学网，2015，"全国高等学校商务英语专业院系负责人联席会议"在上海对外经济贸易大学召开 [OL]，http://hee.sflep.com/index.php?option=com_content&view=article&id=189:2015-12-21-05-06-55&catid=1:research&Itemid=7（2015年12月30日读取）。

[5] 钟美荪，2015，实施本科教学质量国家标准，推进外语类专业教学改革与发展 [J]，《外语界》（2）：2-6。

[6] 中国教育在线，2015，2016考研报考指导：深度解读专业热度 [OL]，http://kaoyan.eol.cn/bao_kao/re_men/201505/t20150524_1262539.shtml（2015年12月30日读取）。

[7] 搜狐教育，2015，教育部公布就业率较低的本科专业名单 [OL]，http://learning.sohu.com/20151116/n426605097.shtml（2015年12月30日读取）。

[8] 广西师范大学新闻网，2015，第四届中国外语战略与外语教学改革高层论坛在我校召开 [OL]，http://news.gxnu.edu.cn/newscontent.php?news_id=10903（2015年12月30日读取）。

[9] 外教社高等英语教学网，2015，教育部高校英语专业教学指导分委员会2015年全体会在广外召开 [OL]，http://hee.sflep.com/index.php?option=com_content&view=article&id=190:2015&catid=1:research&Itemid=7（2015年12月30日读取）。

[10] 宁波大学外国语学院，2015，"第十届中国英语教育及教学法论坛"在我校成功举办 [OL]，http://ffl.nbu.edu.cn/info/2341/2079.htm（2015年12月30日读取）。

[11] 湖北理工学院，2015，外国语学院参加中国英语教育与教学法论坛 [OL]，http://www.hsit.edu.cn/News/Page/ndetaila.aspx?NId=138205（2015年12月30日读取）。

[12] 外语教学与研究出版社，2015，"2015全国外语院校英语专业联席会"在四川外国语大学成功召开 [OL]，http://www.fltrp.com/information/academicandresearch/419651.shtml（2015年12月30日读取）。

[13] 内蒙古师范大学新闻网，2015，2015年全国师范院校外语学院（系）院长（主任）联席会议在我校召开 [OL]，http://news.imnu.edu.cn/n1531c2.jsp（2015年12月30日读取）。

[14] 中央民族大学，2015，外国语学院代表参加第五届全国民族（地区）院校院长论坛 [OL]，http://www.muc.edu.cn/yxjw/2015/1111/1763.html（2015年12月30日读取）。

[15] 中国翻译协会，2015，首届翻译人才发展国际论坛在京举行 [OL]，http://www.tac-online.org.cn/ch/tran/2015-12/18/content_8462488.htm（2015年12月30日读取）。

[16] 华禹教育网，2015，中国海洋大学主办第二届全国商务英语语言学研讨会 [OL]，http://www.huaue.com/unews2014/2015929153302.htm（2015 年 12 月 30 日读取）。

[17] 对外经济贸易大学，2015，首届高校专业英语教学与研究国际研讨会在我校举办 [OL]，http://www.wjmedu.cn/DWJM/20150604093726.shtml（2015 年 12 月 30 日 读取）。

[18] 北京外国语大学中国外语教育研究中心，2015，"第八届英语作为通用语国际研讨会"召开 [OL]，http://www.sinotefl.org.cn/a/zhongxinxinwen/20150914/2096.html（2015 年 12 月 30 日读取）。

[19] 中国石油大学文学院，2015，第四届中国专门用途英语国际研讨会暨第七届亚洲专门用途英语国际研讨会在我院举行 [OL]，http://coa.upc.edu.cn/s/26/t/33/be/43/info48707.htm（2015 年 12 月 30 日读取）。

[20] 外教社高等英语教学网，2015，第十三届亚洲英语教师协会国际研讨会在南京召开 [OL]，http://hee.sflep.com/index.php?option=com_content&view=article&id=188:2015-11-24-01-45-07&catid=1:research&Itemid=7（2015 年 12 月 30 日读取）。

[21] 上海交通大学新闻网，2015，上海交大外国语学院举办"2015 中国英语教学研讨会" [OL]，http://news.sjtu.edu.cn/info/1010/794138.htm（2015 年 12 月 30 日读取）。

[22] 外语教学与研究出版社，2015，第六届全国外语教师教育与发展学术研讨会 [OL]，http://www.fltrp.com/information/academicandresearch/431363.shtml（2015 年 12 月 30 日读取）。

[23] 四川师范大学外国语学院，2015，第六届全国外语教师教育与发展学术研讨会 [OL]，http://www.qlshx.sdnu.edu.cn/info/1021/160880.htm（2015 年 12 月 30 日读取）。

[24] 中国学术会议在线，2015，第五届英美文学国际研讨会在上海外国语大学隆重召开 [OL]，http://www.meeting.edu.cn/meeting/MeetingNews!detail.action?id=58182（2015 年 12 月 30 日读取）。

[25] 中国学术会议在线，2015，中国外国文学学会英语文学研究分会第四届年会举行 [OL]，http://www.meeting.edu.cn/meeting/MeetingNews!detail.action?id=59239（2015 年 12 月 30 日读取）。

[26] 中国学术会议在线，2015，中国外国文学学会英国文学研究分会第十届年会暨学术研讨会在山东大学召开 [OL]，http://www.meeting.edu.cn/meeting/MeetingNews!detail.action?id=62150（2015 年 12 月 30 日读取）。

[27] 山东师范大学新闻网，2015，中美诗歌诗学协会第四届年会在我校召开 [OL]，http://www.qlshx.sdnu.edu.cn/info/1021/160880.htm（2015 年 12 月 30 日读取）。

[28] 中国学术会议在线，2015，第三届英汉文化对比研究高层论坛暨海峡两岸跨文化研究学术研讨会在厦门召开 [OL]，http://www.meeting.edu.cn/meeting/

MeetingNews!detail.action?id=64302（2015 年 12 月 30 日读取）。

[29] 中国翻译协会，2015，第六届海峡"两岸四地"翻译与跨文化交流研讨会在台湾召开 [OL]，http://www.tac-online.org.cn/ch/tran/2015-07/09/content_8058315.htm（2015 年 12 月 30 日读取）。

[30] 北京外国语大学中国外语教育研究中心，2015，第三届全国语料库翻译学研讨会在湖南召开 [OL]，http://www.sinotefl.org.cn/a/zhongxinxinwen/20151208/2118.html（2015 年 12 月 30 日读取）。

[31] 中华网财经，2015，第 20 届"21 世纪·可口可乐杯"英语演讲赛落幕冠军系十万挑一 [OL]，http://finance.china.com/fin/sxy/201503/26/2481132_2.html（2015 年 12 月 30 日读取）。

[32] 商务印书馆，2015，第六届"《世界英语》杯"翻译大赛启事 [OL]，http://www.cp.com.cn/Content/2015/04-28/1654462454.html（2015 年 12 月 30 日读取）。

[33] 英语世界，2015，第六届英语世界杯翻译大赛参赛译文评析 [OL]，http://www.24en.com/coop/the-world-of-english/2015-10-08/179702.html（2015 年 12 月 30 日读取）。

[34] 英语世界，2015，第六届英语世界杯翻译大赛获奖名单 [OL]，http://www.24en.com/coop/the-world-of-english/2015-10-08/179703.html（2015 年 12 月 30 日读取）。

[35] 新浪教育，2015，第十八届外研社·京东杯全国英语辩论赛落幕 [OL]，http://edu.sina.com.cn/en/2015-05-25/160489839.shtml（2015 年 12 月 30 日读取）。

[36] 译世界，2015，第四届口译大赛圆满落幕 女生学霸摘桂冠 [OL]，http://www.yeeworld.com/article/info/aid/5174.html（2015 年 12 月 30 日读取）。

[37] 对外经济贸易大学新闻网，2015，全国高校商务英语谈判课程研讨会暨"外经贸杯"2015 未来国际商务英语谈判精英赛成功举办 [OL]，http://news.uibe.edu.cn/uibenews/article.php?/23655（2015 年 12 月 30 日读取）。

[38] 中国国际商务英语研究会，2015，第三届全国商务英语实践大赛全国总决赛全满落幕 [OL]，http://www.caibe.org/Meeting/Detail.asp?id=103&cateID=2（2015 年 12 月 30 日读取）。

[39] 外语教学与研究出版社，2015，2015 外研社"大学生英语挑战赛（UChallenge）"暨"外研社杯"全国英语演讲大赛、写作大赛、阅读大赛决赛各奖项中有所属 [OL]，http://www.fltrp.com/information/activity/431891.shtml（2015 年 12 月 30 日读取）。

[40] 对外经济贸易大学英语学院，2015，第六届海峡两岸口译大赛"思必锐杯"大陆区总决赛隆重举行 [OL]，http://sis.uibe.edu.cn/NewsInfo.aspx?NewsId=2445&TypeID=1（2015 年 12 月 30 日读取）。

第二节 俄语[1]

一、俄语教育改革情况

在全球化和信息化的新形势下，语言在国家非传统安全领域中的重要性凸显，成为一种综合性的战略资源，对于推动国家发展，维护国家安全和拓展国家的文化影响力具有重要意义。2013 年 9 月和 10 月，中国国家主席习近平在出访中亚和东南亚国家期间，先后提出共建"丝绸之路经济带"和"21 世纪海上丝绸之路"（以下简称"一带一路"）重大构想。2015 年 5 月，中俄发表《中华人民共和国与俄罗斯联邦关于丝绸之路经济带建设和欧亚经济联盟建设对接合作的联合声明》，标志着中俄关系的又一重大突破。丝绸经济带中的北线和西线上使用俄语的国家多达十几个，其中俄罗斯、白俄罗斯和哈萨克斯坦等中亚国家是丝绸经济带上具有重要战略意义的国家，因此无论是从俄语的国际地位出发，还是基于政治、经济、文化因素的考虑，都应着眼于国家安全和长远发展的需要，从国家战略的高度赋予俄语以"关键外语"或"优先外语"的地位。与此相适应，完善俄语教育规划、布局和语言政策，创新俄语人才培养模式业已成为中国俄语教育发展战略研究的核心问题。

正是在这一背景下，2015 年 1 月，"中国俄语教育发展战略研究高层论坛"在哈尔滨举行。本次论坛是首届中俄学者就全国俄语教育发展进行战略研讨的高层次会议，高校、科研院所、中学俄语教育的专家学者与各级政府及教育行政部门、外事部门管理者进行了对话与交流。论坛的主旨在于进一步贯彻教育部外语教学改革及创新人才培养模式的有关指导精神，发挥俄语语言服务及俄语教育发展战略研究的"智库"作用，探讨俄语语言政策、全国高校及中学俄语教育规划与布局，进一步确定俄语重点发展区，扶持并繁荣中学俄语教学。此次论坛也为俄语教育的进一步改革和发展确定了基调。2015 年 5 月又召开了"'丝绸之路经济带'与中国俄语人才培养国际研讨会"，教育部副部长、中国俄语教学研究会会长刘利民在此次研讨会上提出了大俄语的概念。"所谓大俄

---

1 本节作者：徐先玉，首都师范大学。

语概念，就是我们现在常常说的俄罗斯区域学的概念，更广义上讲就是斯拉夫学的概念。它应该是以俄语为基础、为中心，学术视野和研究范围不断拓展，向着人文合作的各个领域，向着经济贸易合作的各个领域，向着更大的地域和空间延伸和发展"。[1]

"一带一路"战略为俄语教育改革提供了新的契机，推动了俄语学科的建设和发展。

1. 区域研究和国别研究成为俄语学科发展新的增长点

早在 2011 年，教育部就已在部分高校和研究机构启动了区域和国别研究以及国际教育研究基地遴选与培育建设工作。2015 年，教育部印发《国别和区域研究基地培育和建设暂行办法》的通知。通知中明确规定，"国别和区域研究基地，是指高校整合资源对某一国家或者区域的政治、经济、文化、社会等开展全方位综合研究的实体性平台"[2]。为充分发挥"教学科研中心、数据应用中心、咨询服务中心和国际交流中心"的功能和作用，服务国家需要和促进学科建设，各高校纷纷加大区域研究和国别研究力度，积极推进"智库"建设。如果说以往的区域国别研究更多是针对特定国家或者区域的人文、地理、政治、经济、文化、社会、军事等进行的全面深入研究，更多与国际问题研究和国际政治研究联系密切，那么当前的区域国别研究则要更细致、更全面，在开展普遍研究的同时，也更重视重点国家、重点区域、重点内容的研究，竭力为国家制定发展战略、为制定政策措施提供智力支持、决策咨询、理论探讨和实践分析。

目前中国建有兰州大学中亚研究中心、北京外国语大学中东欧研究中心、北京师范大学俄罗斯研究中心、上海外国语大学俄罗斯研究中心、华东师范大学俄罗斯研究中心、清华大学中俄战略研究所、四川大学当代俄罗斯研究中心、黑龙江大学俄罗斯语言文学与文化研究中心、黑龙江大学俄罗斯研究所、北京大学当代俄罗斯研究中心、北京大学俄罗斯文化研究所、浙江大学俄罗斯语言文化研究所、新疆大学中亚研究院、宁夏大学中俄西夏学联合研究所、青岛科技大学俄罗斯经济研究所、延边大学俄罗斯远东问题研究所等多家俄罗斯研究机构。2013 年，上海合作组织大学在海南琼州学院成立区域学中方研究基地。2014 年，北京第二外国语学院成立"白俄罗斯研究室"，后更名为"白俄罗斯研究中心"。2015 年，"北京斯拉夫研究中心暨普希金之家北京中心"在首都师范大学成立，"丝绸之路研究院"在北外成立，中国"一带一路"战略研究院也正式落户北京第二外国语学院。

这些区域国别研究机构将聚焦"一带一路"各种重大问题，积极开展特色学术研究，为国家战略提供高质量的智库方案。以科研创新驱动发展为动力，通过智库这一综合研究平台，带动学校各方面建设的整体提升。这些机构应建立协作共享机制，实现信息、资源、人才和成果的共享和交流，避免出现研究重复和资源浪费的现象。

2. 增设或复建非通用语种与专业

为服务国家开放战略，针对中国非通用语种人才储备不足问题，国家优先支持高校开设与中国建交国官方语言的 88 个非通用语种专业。为适应"一带一路"战略的迫切需求，高校积极增设或复建"一带一路"沿线国家语种与专业。北外全面打造国家级非通用语发展战略基地。"十二五"期间，北外增设国别和地区语种 14 个。2015 年，北外申报并获批 8 个非通用语种专业，其中格鲁吉亚语、塔吉克语、亚美尼亚语、阿塞拜疆语均属后苏联空间使用的语言。2015 年，北二外成立了中欧语系和非通用语学院，中欧语系包括匈牙利语、拉脱维亚语、捷克语和波兰语四个语种，目前主要培养本科生。2015 年上海外国语大学非通用语种卓越人才基地成立，目前开设了 19 个非通用外语专业与课程，其中包括乌克兰语、乌兹别克语等。

早在 2011 年，参加上海合作组织大学的几所中方院校的俄语院系就在硕士研究生培养层面增设了新的专业方向——区域学。随后其他多所院校的俄语专业也相继增设了区域国别研究方向。近期，北外将启动"外国语言与国际政治"、"外国语言与国际金融"、"外国语言与国际法"、"外国语言与国际传播"、"外国语言与中国研究"等新增本科专业的申报和建设工作。

3. 加大非通用语的复合型人才培养

在新的历史时期，培养服务于中国与俄罗斯、中亚国家战略的外语复合型高端人才具有重要的战略意义。《2015—2017留学工作行动计划》强调，在未来3年中，加大对尖端人才、国际组织人才、非通用语种人才、来华青年杰出人才、国别和区域研究人才等五类人才培养力度。[3]

顺应新的形势要求，各院校应在人才培养模式和人才培养质量等方面创新突破。"而'一带一路'战略的推出，既凸显了区域和国别研究的重要性，也为我们指明了外语人才转型的方向"[4]。各院校应从服务国家战略的角度出发，对接社会需求，依托学校特色和优势，创新人才培养模式。例如，北外创新"小语种附加区域研究"、"小语种附加通用语"、"小语种附加其他专业"的培养模式；北二外致力构建复合化和国际化的培养模式，并设想"非通用语+"的模式，即非通用语与通用语相结合、非通用语与其他专业相结合的模式；上外提出"多语种+"卓越国际化人才培养机制，"多语种+"中的"多语种"指的至少精通两门以上第二语言，具有出众的跨文化沟通能力，"+"指的是"互通互联"；黑龙江大学提出俄语拔尖人才培养模式。

为适应新型的人才培养模式需求，必须改造现有的课程体系，应逐步建成以语言技能培养和地区研究相结合的模块课程体系，统筹规划教材的开发和出版。应增加区域与国别政治学、经济学、法学、人类学、语言学、社会学、文化学等学科专门课程。学生除掌握某种语言外，对所学语种对象国的政治、经济、社会、文化等某一领域要有深入了解。

全面提升人才培养质量，需要制订俄语能力国家标准。全面、客观、科学、准确的考试体系对于实现教学效果评估和个性化人才培养至关重要，应确立检验俄语能力水平的统一标准和规范，也即俄语能力登记统一量表。这是课程体系建设，教材编写和评估测试的参照和依据。我国目前已启动国家外语能力测评体系建设。俄语能力标准的研究和制定应覆盖不同层次，能够对不同形式的学习效果进行评价，并在同一能力量表的基础上合理设置子级别，考查要求细化、具体，包括听说读写译综合能力和语言交际能力。

4. 不断扩大国际合作

"目前我国在俄留学人员已达 2.5 万人，俄在华留学人员不断攀升，目前已达 1.5 万人。在此基础上，双方提出 2020 年双边留学总规模达到 10 万人的目标；我方在俄开设了 23 所孔子学院和孔子课堂，俄在华也已建有 22 个俄语中心；中俄两国高校合作积极性不断提高，双方高校签署了近 1,000 份合作协议。"[5] 目前已组建成立了中俄工科大学联盟、中国东北地区与俄罗斯远东、西伯利亚地区大学联盟、中俄经济类大学联盟、中俄师范类大学联盟、中俄艺术类大学联盟、中俄医科大学联盟，此外还计划组建民航类、农业类和语言类大学联盟，为两国高校间合作搭建更多平台。此外中俄双方还非常重视两国青年之间的交流，设有大连外国语大学中俄大学生交流基地、黑河学院中俄大学生交流基地、长春理工大学中俄大学生交流基地、吉林艺术学院中俄高校艺术交流基地、齐齐哈尔大学中俄大学生艺术交流基地等。随着国家"一带一路"战略的不断推进，跨国院校之间的交流与合作将会更全面、更深入，学校之间互派教师和留学生，共同编写教材，进行课题合作研究，举办各种活动等。

二、招生及就业情况

俄语专业招生方面的一个显著特点就是加大了国别和区域研究方向的招生规模和数量，以此来弥补国别和区域研究人才的严重不足。在就业方面，"低端人才饱和，高精尖人才紧缺"的结构性矛盾的解决并非是一朝一夕的事情，人才培养质量仍有待提高。人才培养具有周期性和持续性，不宜盲目迎合市场，要高瞻远瞩，要有长远的规划。专业设置既要跟随市场，同时又要用专业来引领社会的发展，服务社会经济的发展，满足国家战略的需要。国家应从宏观上控制不同类型、不同层次人才的数量比例，制定相应的扶持性和激励性政策，以培养和储备俄语战略人才。

三、学术会议

1. 俄语成语学研究：传统与文化学术研讨会 [6]

2015 年 3 月 28 日，由中国俄语教学研究会主办、华中师范大学承办的全国首届"俄语成语学研究：传统与文化学术研讨会"在武汉举行。中外俄语界 50 余名专家学者出席了研讨会。

大会上，多位知名教授分享各自在俄语成语领域的最新研究所得。大会全面总结了我国俄语成语研究的经验，促进俄语成语研究的深入和发展。

2. "全球化背景下的俄罗斯文学与文化"国际学术研讨会暨 2015 年中国俄罗斯文学研究会年会 [7]

2015 年 4 月 24 日至 28 日，由中国俄罗斯文学研究会主办，西安外国语大学俄语学院承办的"全球化背景下的俄罗斯文学与文化"国际学术研讨会暨 2015 年中国俄罗斯文学研究会年会在西安成功召开。来自北京大学、中国社会科学研究所、复旦大学、北京外国语大学、上海外国语大学、黑龙江大学、外研社、人民文学出版社等 70 所高校、科研机构及俄、英、日等国学者、出版界人士等共计 114 位代表与会，提交参会论文 122 篇。

大会主要议题包括：俄罗斯文学经典作家作品研究、俄罗斯近现代文学研究、俄罗斯文学作品译介与传播、文学与文化、丝路沿线国家文学研究、俄罗斯文学教育与教学等。

此次会议的召开为俄罗斯文学的研究和交流搭建了很好的交流平台，对进一步深入俄罗斯文学的教学、研究以及对阅读文学经典必将起到积极的推进作用。

3. 全国第五届《俄罗斯文艺》学术前沿论坛 [8]

2015 年 8 月 17 日至 20 日，由中国俄罗斯文学研究会、《俄罗斯文艺》编辑部、大连外国语大学联合举办的全国"第五届《俄罗斯文艺》学术前沿论坛"

在大连外国语大学隆重召开。论坛以 2015 年俄罗斯"文学年"为契机，旨在推进俄罗斯文化、文学艺术的研究工作。

本届论坛的主题为：诺贝尔文学奖与俄罗斯文学——经典作家与当代作家、纪念德·利哈乔夫诞辰 110 周年、文学的真实性与历史的虚构性：人文科学的两种叙事思考、俄罗斯文学艺术的"苏联经验"、俄罗斯文学与比较文学、高尔基研究、中国文化典籍翻译等。在分组讨论中，来自国内高校和科研院所的近 40 名专家、学者，围绕论坛主题，对俄罗斯文学研究中的文化问题、比较研究问题、经典作家及作品的重新解读等问题，展开了深入广泛的探讨。

论坛为我国俄罗斯文学研究拓展了新的研究方向与视野，做了有益的推进工作。其成功举办不仅增强了国内俄罗斯文化、文学研究学者的交流与沟通，同时促进了国内俄罗斯文学研究的进一步发展。

4. 现代信息技术在俄语教学中的应用国际学术研讨会 [9]

2015 年 9 月 26 日，由中国俄语教学研究会与天津外国语大学共同主办的"现代信息技术在俄语教学中的应用国际学术研讨会"在天津外国语大学召开。来自俄罗斯和国内近 40 所高校和出版社的 50 余名专家学者参加了会议。

会议期间，中外与会者围绕"现代信息技术环境下的俄语教学模式与手段"、"国内外俄语教学中多媒体课件、电子教学资源的开发与应用"、"网络教学资源建构与远程教学，慕课 (MOOC) 的理论与实践"、"现代化手段在外语测试中的应用"等议题，以专题报告、分组讨论等形式，广泛而深入地探讨了信息时代俄语教学的前沿问题，交流了俄语教学的最新成果。

会议讨论的内容对于重新审视当今俄语教学、把握当前俄语教学脉搏、深化俄语教学改革、提升俄语教学水平，必将起到积极的促进作用。

5. 中俄语言文化交流国际学术研讨会暨四川师范大学俄语中心成立仪式 [10]

2015 年 10 月 24 日"中俄语言文化交流国际学术研讨会暨四川师范大学俄语中心成立仪式"在成都的四川师范大学举行。来自全国各高校的代表、师生共计 100 余人参加了会议。

与会专家学者分别以主题演讲和讨论的形式，围绕俄语人才教育问题及中俄两国文化差异等议题进行了深入探讨。现场学术氛围浓厚，与会人员广开言路，各抒己见，碰撞出思想的火花。

国际学术研讨会的成功举行必将为四川师范大学俄语人才培养质量的提高和俄罗斯文化研究水平的提升产生积极影响。

6. 中国苏联东欧史研究会成立三十周年暨 2015 年学术年会 [11]

2015 年 10 月 24 日，由中国苏联东欧史研究会主办、陕西师范大学历史文化学院承办的"中国苏联东欧史研究会成立三十周年暨 2015 年学术年会"在陕西师范大学开幕。来自全国各地创建学会的元老、高校和科研机构近百名苏联东欧史研究领域的专家学者参会。

老中青三代学者共济一堂，从"苏联东欧史研究 30 年：回顾与总结"、"苏联东欧史研究会：回顾与前瞻"、"俄罗斯东欧中亚：历史与现实"三个会议主题切入，回顾、总结学会 30 年发展历程中的经验，砥砺学问，交流研究心得，前瞻发展愿景。

会议为期两天，设大会发言及 3 个分会场，而且还单独召开了理事会会议。会议的召开推动了中国俄罗斯东欧中亚历史学科的发展，也为与国外学术界开展有尊严的平等对话，为国际学界更加真切地认识中国的苏联东欧史研究作出了积极贡献。

7. 第八届全国语义学学术研讨会 [12]

2015 年 11 月 6 日至 9 日，由教育部人文社会科学重点研究基地黑龙江大学俄罗斯语言文学与文化研究中心与南京师范大学语言科技研究所联合主办的"第八届全国语义学学术研讨会"在南京师范大学举行。特邀专家、正式代表、列席代表（博士后、博士生、硕士生等）共百余人出席了会议。

会议主题高度聚焦。澳大利亚语义学派、莫斯科语义学派与中国语义学派齐聚一堂，紧紧围绕"词汇、句法、篇章语义的形式化研究"、"基于一手文献资料的语义学史研究"、"国外语义学理论方法论著翻译及导读"、"语义资源建设和语义计算研究"等问题展开了热烈讨论，内容前沿，探讨深入。经过会议组委会的审阅，有60篇论文收入会议论文集。

会议共设特邀专家专题演讲4场，正式代表分组讨论6场（议题分别为语义学史与理论、词汇语义、句法语义、篇章语义、话语语义、跨学科语义研究），与会者就相关议题深入研讨、积极互动、气氛浓烈，真正实现了交流、对话，为进一步的合作奠定了良好的基础。

研讨会为中西语义学、汉外（中国汉语界和外语界）语义学、南北语义学的协同创新发展，搭建了交流合作平台，发挥了桥梁纽带作用，提升了国际国内的开展语义研究的合作水平。

8. "新俄罗斯文学与民族精神建构"国际学术研讨会 [13]

2015年11月7日，"新俄罗斯文学与民族精神建构"国际学术研讨会在黑龙江大学举行。研讨会由黑龙江大学俄语学院、黑龙江大学俄罗斯语言文学与文化研究中心、国家社科基金重大项目"当代俄罗斯文艺形势与未来发展研究"项目组共同主办，由《俄罗斯文艺》杂志社协办。来自俄罗斯及国内中国社科院、北京师范大学、南开大学、北京外国语大学等国内外30余位专家学者出席。

学术研讨会为国内外专家学者的交流提供了一个良好的平台，为当代俄罗斯文学的研究作出了新贡献，并为研究当代俄罗斯文学、深化中俄文化交流与沟通提供更广阔、良好的媒介与平台。

9. 21世纪中国首届俄汉语对比研究学术研讨会 [14]

2015年11月21日至22日，由中国俄语教学研究会和复旦大学外文学院俄文系联合主办的"21世纪中国首届俄汉语对比研究学术研讨会"召开。学术研讨会参会人员共60多人，分别来自全国37所高校，其中专业外语院校5所，综合性院校31所，中央编译局也是参会单位。

专家们的发言既涉及体貌范畴、语料库、俄汉语语义对比等经典议题，也提出了值得关注的新议题，积淀深厚、视野开阔，内容引人入胜、发人深思。大会还进行了分组讨论。

时值复旦大学及外国语言文学学院创立 110 周年，该研讨会为新世纪俄语语言文学与俄汉语对比研究的发展指明了大体导向，具有里程碑式的意义。

10. 白俄罗斯研究中心年会暨 2015 白俄罗斯形势研讨会 [15]

2015 年 11 月 28 日，北京第二外国语学院举办"白俄罗斯研究中心年会暨 2015 白俄罗斯形势研讨会"。出席会议的有北京第二外国语学院校长曹卫东，白俄罗斯驻中国特命全权大使布里亚，外交部档案馆馆长、中国驻白俄罗斯前大使鲁桂成，中国国际问题研究基金会副理事长、中国驻白俄罗斯前大使于振起，外交部欧亚司参赞孙炜东以及从事白俄罗斯问题研究的专家学者。会议专门进行了有关学术问题的研究和探讨。

北京第二外国语学院于 2014 年成立"白俄罗斯研究中心"，这是由北京第二外国语学院和白俄罗斯驻华大使馆共同建立的专门从事白俄罗斯问题研究的机构，为中白间的交流与合作提供了一个新的平台。由白俄罗斯中心举办的形势研讨会对于分析和把握两国的发展形势尤为重要。

11. 中俄青年作家双边研讨会 [16]

"中俄青年作家双边研讨会"于 2015 年 11 月 28 日至 29 日在上海外国语大学召开。会议由上海外国语大学文学研究院主办，由俄罗斯作家协会、俄罗斯高尔基文学院、上海市作家协会、上海译文出版社《外国文艺》编辑部协办。来自俄罗斯莫斯科、圣彼得堡、鄂木斯克、摩尔曼斯克、伊尔库茨克等地的 19 名俄罗斯青年作家和学者，以及来自北京、上海、天津、广州等地的 20 余名中国青年作家及 10 余名译者和学者参加了大会。

中俄两国青年作家就中俄两国青年文学的现状、中国两国文学交流的历史与现状、合作的机遇与前景以及双方文学作品的互译、研究和出版情况展开了积极而富有成效的讨论。

2015 年是中俄青年友好年，也是俄罗斯文学年，会议即是在中俄青年友好年和俄罗斯文学年框架内举行的。这是中俄青年作家之间的第一次大规模交流研讨，对中俄两国之间的文学和文化交流具有非同寻常的意义。

12. 全国首届俄语口译教学与口译理论学术研讨会 [17]

2015 年 12 月 5 日至 6 日，"全国首届俄语口译教学与口译理论学术研讨会"在厦门大学隆重召开。来自全国高校的近 80 位口译学专家学者参加了此次会议。

与会者从不同角度梳理了我国高校本科生俄语口译教学与口译理论研究的发展历程，并作了细致的剖析，同时就口译教学理念、重心和手段及国内外口译研究的新理论与新成果进行了深入交流与广泛分享，最后结合我国语境下口译教学的特点探讨了口译教学的目标确立及实施。与会专家学者还分组就"口译教学"、"口译策略"、"口译教程编写、语料库及其他"三大主题进行了探讨。

全国首届俄语口译教学与口译理论研究学术研讨会的召开为高校俄语教师、俄语工作者及俄语口译方向研究生提供了一个分享经验、相互学习和交流的平台，便于了解国内俄语口译教学和口译理论研究的基本情况，探讨存在的问题，寻求未来发展之路，进而推动高校俄语口译学科的发展，提高口译人才培养质量。

四、专业活动

1. 中国俄语教育发展战略研究高层论坛 [18]

2015 年 1 月 17 日，由中国俄语教学研究会主办，哈尔滨师范大学承办，北京俄罗斯文化中心及外研社协办的"中国俄语教育发展战略研究高层论坛"在哈尔滨师范大学举行。来自国内 50 所高校和科研院所的专家、俄语专业负责人、8 所开设俄语课程的中学校长、大学俄语骨干教师等 120 余位学者以及来自四家出版社的代表出席论坛。此外，俄罗斯驻沈阳总领事馆、俄罗斯世界基金会、世界俄语教学研究中心俄罗斯普希金俄语学院、俄罗斯东北联邦大学等也派代表出席了论坛。

来自全国不同地区高校的俄语专业、大学公共俄语负责人分别就本地区的俄语教育教学形势进行了剖析和前景解读。与会代表共同探讨了在中学开设俄语课程的必要性和可行性。

论坛是首届中俄学者就全国俄语教育发展进行战略研讨的高层次会议，高校、科研院所、中学俄语教育的专家学者与各级政府及教育行政部门、外事部门管理者进行了对话与交流。论坛的主旨在于进一步贯彻教育部外语教学改革及创新人才培养模式的有关指导精神，发挥俄语语言服务及俄语教育发展战略研究的"智库"作用，探讨俄语语言政策、全国高校及中学俄语教育规划与布局，进一步确定俄语重点发展区，扶持并繁荣中学俄语教学。该论坛的召开引起社会广泛关注，与会者产生强烈共鸣，研讨成果必将推动中国俄语教育事业的发展，提升俄语人才培养质量，从而服务国家发展战略。

2. "丝绸之路经济带"与中国俄语人才培养国际研讨会暨第八届中国俄语教学研究会第一次理事会会议 [19]

2015 年 5 月 15 日，"'丝绸之路经济带'与中国俄语人才培养国际研讨会暨第八届中国俄语教学研究会第一次理事会会议"在北京对外经济贸易大学举行。会议由中国俄语教学研究会和中俄经济类大学联盟共同主办，对外经济贸易大学承办。来自全国各高校的俄语教学专家学者，以及中俄经济类大学联盟的伙伴高校学者 100 余人参会。

中国教育部刘利民副部长，世界俄语教师协会主席、前圣彼得堡大学校长柳德米拉·维尔比茨卡娅院士出席会议并分别作了主旨发言，俄罗斯驻华使馆公使陶米恒先生等出席了开幕式并致词。

研讨会是在中国国家主席习近平提出的"一带一路"合作倡议战略构想及"中俄青年友好交流年"的新形势下举行的，是中俄经济大学联盟的一项重要活动，联盟各成员高校代表得以再次聚首共议中俄两国俄语、汉语人才培养。

"第八届中国俄语教学研究会第一次理事会会议"也同期举行。研讨会的举行有助于加强中俄两国的人文交流、经济合作和教育合作，促进中俄两国青年间的相互交流和友谊。

3. 第二届全国俄语专业特色建设：传承与创新学术研讨会 [20]

2015 年 5 月 22 日至 24 日由中国俄语教学研究会主办，泰山医学院承办的"第二届全国俄语专业特色建设：传承与创新学术研讨会"在山东泰安顺利召开。来自全国 40 余所高校俄语教育研究领域的专家、学者参加了会议。

大会分为开幕式，大会主旨报告发言，小组讨论，总结、闭幕式四个阶段。

与会专家和学者就我国俄语专业特色办学的战略目标、俄语专业发展传统与创新的接轨、新时期俄语专业教学现状与教学改革、专业特色建设的思路与方法、专业特色建设的成功经验与难点、专业特色课程体系的构建与实施等相关议题进行了广泛的探讨与交流。

开拓视野，树立创新思维，共同努力构建教育部刘利民副部长倡议的大俄语框架，培养更多的新型俄语复合型人才，服务于我国的新常态经济和社会建设是各位与会专家一致达成的共识。

4. "丝绸之路经济带建设：合作与发展"暨区域国别研究人才培养学术研讨会 [21]

2015 年 5 月 23 日，"'丝绸之路经济带建设：合作与发展'暨区域国别研究人才培养学术研讨会"在上海外国语大学举行。会议由上海外国语大学俄罗斯研究中心、俄语系和《广西民族大学学报》编辑部共同举办，来自国内十余所高校和科研单位的 30 多位专家学者齐聚上外，共同研讨丝绸之路经济带建设和区域国别研究人才培养。

参加研讨会的学者来自语言学、经济学、历史学、政治学、人类学等不同学科，与会者就"丝绸之路经济带"建设和区域国别研究人才培养进行了深入探讨，进一步加强了国内高校、科研机构之间的对话与交流。

5. 第四届全国俄语专业院长 / 系主任高级论坛 [22]

2015 年 7 月 10 日，"第四届全国俄语专业院长 / 系主任高级论坛"在黑龙江大学召开，这是继 2009 年、2011 年和 2013 年成功举办三届俄语专业院长 / 系主任高级论坛后，外教社同中国俄语教学研究会以及黑龙江大学联袂举办的我国俄语界又一高峰论坛。

来自全国近 60 所高校的 70 多名俄语专业的院长、系主任和专业负责人参与了论坛，并就"'新国标'指导下的俄语专业教学"这一主题进行了深入的交流和探讨，成效卓著。

6. 高等院校多语种专业中青年骨干教师研修班暨高等学校多语种翻译教学学术研讨会 [23]

2015 年 8 月 17 日至 23 日，"高等院校多语种专业（日、韩、法、德、俄、西）中青年骨干教师研修班暨高等学校多语种翻译教学学术研讨会"在北京成功举办。来自全国近百所院校多语种专业（日语、韩语、法语、德语、俄语、西班牙语）的 180 余名中青年骨干教师参加了会议。会议由北京外国语大学中国外语教育研究中心和外研社共同主办，北京第二外国语学院、北京语言大学协办。

研讨会邀请到了国内外 13 所高校、中国社会科学院和外交部的专家和教师为各语种中青年骨干教师进行专题讲座与授课，为参会教师提供了翻译理论与教学实践的饕餮盛宴。与会专家学者从口笔译教学实践、翻译理论、翻译教学与测评等方面为高校外语院系进行了翻译学科发展、科研创新、课程建设等方面的讲座。

研修班分为多语种总论坛和各语种分论坛两大模块。俄语分论坛包括专题讲座、教学观摩、圆桌会议三部分，学段覆盖了本科和 MTI 两个学段。专题讲座包括口笔译翻译理论、口笔译教学法、学科设置等；教学观摩以翻译主体课程为主，通过教学示范、说课等形式探讨翻译课堂设计、教学方法及评估；而通过圆桌会议，参会教师与专家进行了深入和积极的探讨与交流。

多语种研修班是外研社综合语种出版分社继 2012 年、2013 年开展的单语种教师研修之后，在跨语种、跨学科教师培训方面进行的一次积极探索，打破了学科壁垒，实现了多语种间的平行交流，并得到了与会教师的一致好评。

7. 全国俄语专业复语复合型高端外语人才培养高层论坛 [24]

2015 年 10 月 16 日，由教育部外指委俄语教学指导分委员会、中国俄语教学研究会主办，北京外国语大学俄语学院承办，外研社协办的"全国俄语专业复语复合型高端外语人才培养高层论坛"在北京外研社召开。来自俄罗斯联邦驻华使馆和哈萨克斯坦驻华使馆的代表以及全国 90 余所院校的 100 余名院系负责人、专家和学者出席了研讨会。

与会专家学者分别围绕着复语复合型高端外语人才培养的理念与模式、"丝路经济带"构想与区域国别研究、俄语专业的定位与发展方向、俄语教学方法的改革与创新等议题进行了交流。

8. 2015 年全国高校俄语专业零起点教学研讨会[25]

2015 年 10 月 24 日，由北京师范大学外国语言文学学院俄文系、教育部区域和国别研究培育基地北师大俄罗斯研究中心共同主办的"2015 年全国高校俄语专业零起点教学研讨会"在北京师范大学成功举办。来自北京、天津、黑龙江、辽宁、河北、四川、浙江、福建等全国各地多所院校的俄语专业负责人、教学专家、青年教师、在校研究生参加了研讨会。

与会者们对不同区域、不同特色、不同程度的高校的俄语人才培养定位、俄语学科的课程设置与改革方案，低年级俄语教学中的口语训练和语音教学，俄语专业学生就业形势，俄语教材建设与存在问题，俄语毕业论文指导与写作规范，多媒体资源在俄语课堂中的运用等诸多问题发表了各自看法。研讨会让来自全国各地的俄语一线教师齐聚一堂，及时探讨新形势下零起点俄语专业建设和俄语教学实践中出现的新问题，意义极为重大。

9. 全国高校首届俄语翻译硕士（MTI）人才培养教学与研究学术研讨会[26]

2015 年 11 月 14 日，由教育部外指委俄语教学指导分委员会、中国俄语教学研究会主办，北京外国语大学俄语学院承办，外研社协办的"全国高校首届俄语翻译硕士（MTI）人才培养教学与研究学术研讨会"在北京外国语大学顺利召开。来自北京俄罗斯文化中心的代表以及全国 60 余所院校的 70 余名院系负责人、专家和学者出席了研讨会。

与会代表就俄语翻译硕士的选拔、课程设置、教材编写、师资培养、成绩测评以及人才培养目标等问题展开了热烈讨论与交流。教材对于课堂教学具有非常重要的意义，在未来几年，外研社将陆续推出俄语专业翻译硕士(MTI)系列教材。

五、学生赛事及其他活动

1. 第三届"外研社杯"北京高校俄语电影配音大赛 [27]

2015年4月26日，第三届"外研社杯"北京高校俄语电影配音大赛在北京外国语大学举行。这一比赛由北京外国语大学俄语学院主办，是其俄语文化节的重要组成部分。参加大赛的有来自北京学院、北京外国语大学、北京师范大学、中央民族大学、北京第二外国语学院、对外经贸大学六所大学共九组选手。影片选取题材多样，从经典苏联影片《两个人的车站》到我国当代影视剧《武林外传》，从励志进取的《青年冰球队》到充满张力的动画佳作《功夫熊猫》。活动旨在通过新颖的形式培养大家对俄语学习的兴趣。

2. 第五届《俄语——我心中的歌》中国东北地区与俄罗斯远东地区高校大学生俄语大赛 [28]

2015年10月10日至12日，由俄罗斯"俄罗斯世界"基金会、黑龙江省俄语学会主办，黑河学院与布拉戈维申斯克国立师范大学共同承办的第五届《俄语——我心中的歌》中国东北地区与俄罗斯远东地区高校大学生俄语大赛在黑河学院举行。

比赛共吸引了中俄20所高校的100余名选手参加。经过团队展示、口语比赛、俄语歌曲演唱等比赛项目的角逐，黑河学院和布拉戈维申斯克国立师范大学获得团体第一名，阿穆尔国立大学、哈尔滨理工大学、牡丹江师范学院获得团体第二名，黑龙江大学、哈尔滨师范大学、东北林业大学、黑龙江外国语学院、齐齐哈尔大学获得团体第三名；在单项赛中，黑河学院获得团队展示第一名、口语比赛第二名、俄罗斯歌曲比赛第三名。

3. 2015 全国高校俄语大赛 [29]

2015 年 10 月 17 日至 19 日，由教育部国际合作与交流司主办，北京外国语大学承办的 2015 全国高校俄语大赛在北京拉开帷幕。来自全国 114 所高校的 500 余位师生和俄语界的专家、学者齐聚北京外国语大学，其中，306 位选手在为期 2 天的比赛中角逐各赛事奖项。

比赛最终决出本科低年级组、高年级组及研究生组的一、二、三等奖，以及才艺、演讲两项单项比赛的获奖选手。黑龙江大学的董莫楠获得低年级组一等奖，北京外国语大学的杨航和张宇航分别获得高年级组和研究生组的一等奖。优胜者将由国家留学基金管理委员会全额资助赴俄罗斯进修学习一年。

全国高校俄语大赛是中俄人文教育领域交流与合作的机制化项目之一，自 2006 年起至今已成功举办 9 届，共选拔出了 300 余名优秀俄语学生并根据国家留学基金委的出国计划赴俄留学深造。大赛在选拔优秀俄语人才，加强全国俄语院校间的相互交流，推动俄语教学和科研工作的开展以及促进中俄两国在人文领域的合作等方面起到了良好的推动作用。

4. "俄罗斯文艺" 文学翻译奖·第七届全球俄汉翻译大赛

2015 年 12 月，由教育部人文社会科学重点研究基地黑龙江大学俄罗斯语言文学与文化研究中心、《俄罗斯文艺》杂志社、复旦大学、中国俄语教学研究会、中国译协和黑龙江省译协联合举办的 "俄罗斯文艺" 文学翻译奖·第七届全球俄汉翻译大赛评奖揭晓。

六、俄语专业四、八级水平测试情况

2015 年全国俄语专业四级水平测试于 5 月 23 日举行，参加测试的院校共 140 所，考生数量为 8,067 人，通过 4,974 人，及格线是 60 分，及格率为 62%。2014 年的及格线是 60 分，及格率为 57%。

2015 年全国俄语专业八级水平测试于 3 月 22 日举行，参加测试的院校共 124 所，考生数量为 4,958 人，通过 2,655 人，及格线是 60 分，及格率为

54%。2014 年的及格线是 60 分，及格率为 49%。

2015 年参加全国俄语专业四级和八级水平测试的院校各增加 5 所，考生数量也相应增加，且与去年相比，及格率显著提升，分别提高了 5%。

七、专著、辞典、教材出版

2015 年俄语学界出版的专著多集中在语言文化和文学领域。需要特别指出的是商务印书馆出版的，由黑龙江大学俄罗斯语言文学与文化研究中心辞书研究所编写的《新时代俄汉详解大词典》。这部词典历经十年编撰而成，收词全、语料精、释义准、质量高，是广大俄语工作者最值得拥有的案头工具书。教材方面没有新的突破，各家出版社出版的教材基本上都是对本社以往系列教材的补充。2015 年出版的专著及教材见表 2.6。

表 2.6　2015 年出版的专著及教材一览表

序号	出版社	书名	作者 / 编者 / 译者
1	北京大学出版社	俄语专业八级统测指南与模拟训练	王铭玉
2	北京大学出版社	俄语语言文化史	钱晓慧 陈晓慧
3	北京大学出版社	俄语视听说基础教程	孙玉华
4	北京大学出版社	俄语（4）	赵为
5	北京大学出版社	俄语（6）	何文丽
6	北京大学出版社	19 世纪俄罗斯经典文学作品选读	张变革
7	北京大学出版社	俄罗斯文学简史	任光宣
8	北京大学出版社	当代俄罗斯语言文化研究	李向东 杨秀杰 陈戈
9	北京大学出版社	当代俄罗斯人类中心论范式语言学理论研究	赵爱国

（待续）

（续表）

序号	出版社	书名	作者／编者／译者
10	外语教学与研究出版社	现代俄语运动动词	王丽明
11	外语教学与研究出版社	俄语高级视听说教程	崔卫
12	外语教学与研究出版社	我的第一本俄语语音	刘绯绯
13	外语教学与研究出版社	东方大学俄语口语教程（2）	黄玫
14	外语教学与研究出版社	20世纪俄罗斯文学：思潮与流派（宣言篇）	张建华 王宗琥
15	北京语言大学出版社	俄罗斯文学的"第二性"	陈方
16	北京师范大学出版社	俄罗斯文学讲座：经典作家与作品	曾思艺
17	科学出版社	俄语被动句的多维研究	王志坚
18	哈尔滨工业大学出版社	科技俄语教程	王利众
19	西南师范大学出版社	现代俄语谓语研究（第三辑）	齐光先
20	东南大学出版社	现代俄语语法教程	程千山
21	世界图书出版公司	从受话人的角度研究言语交际效果——以俄语语料为基础	徐艳宏
22	黑龙江大学出版社	语义·语用·跨文化——俄汉翻译中的语义空缺现象研究	孙娜

（待续）

（续表）

序号	出版社	书名	作者/编者/译者
23	黑龙江大学出版社	最新俄汉国际商务词典	张杰 谢云才
24	商务印书馆	当代俄语语法	张会森
25	高等教育出版社	俄语专题阅读（下册）	李芳 黄东晶
26	高等教育出版社	魅力俄罗斯——语言篇	何红梅 马步宁
27	福建人民出版社	从普希金到巴赫金——俄罗斯文论和文学研究	程正民
28	国防工业出版社	俄汉航空技术缩略语词典	王秀丽
29	商务印书馆	新编俄汉缩略语词典	卜云燕 潘国民
30	商务印书馆	新时代俄汉详解大词典	黑龙江大学俄罗斯语言文学与文化研究中心辞书研究所

八、科学研究项目

表 2.7　2015 年科学研究项目

序号	主持者	所属院校或基地	项目名称	项目类别
1	王宗琥	首都师范大学	20 世纪俄罗斯先锋主义文学研究	国家社科基金重大项目
2	梁坤	中国人民大学	俄罗斯生态思想与生态文学研究	国家社科基金一般项目
3	杨明明	华东师范大学	俄罗斯文学与欧亚主义研究	国家社科基金一般项目

（待续）

（续表）

序号	主持者	所属院校或基地	项目名称	项目类别
4	何云波	湘潭大学	跨学科视野中的陀思妥耶夫斯基小说研究	国家社科基金一般项目
5	孔朝晖	云南大学	19—20世纪俄苏文学的叙事空间转向与俄国现代性研究	国家社科基金一般项目
6	王希悦	东北农业大学	维·伊万诺夫诗学的文化阐释与研究	国家社科基金一般项目
7	管月娥	南京师范大学	乌斯宾斯基结构诗学理论与批评方法研究	国家社科基金一般项目
8	柳玉宏	宁夏大学	俄藏黑水城汉文文献俗字整理研究	国家社科基金一般项目
9	薛恩奎	黑龙江大学	俄罗斯语言学的本土化研究	国家社科基金一般项目
10	安利	中央民族大学	俄语语篇整合性研究	国家社科基金一般项目
11	于鑫	天津外国语大学	基于汉俄句型对比的外宣翻译研究	国家社科基金一般项目
12	陈勇	解放军外国语学院	俄汉关键评价概念场整合对比研究	国家社科基金一般项目
13	王敌非	黑龙江大学	俄藏满文文献整理与研究	国家社科基金青年项目
14	王帅	北京大学	俄罗斯东正教圣徒传统与俄罗斯民族性格的形成研究	国家社科基金青年项目

（待续）

（续表）

序号	主持者	所属院校或基地	项目名称	项目类别
15	郭丽君	山西大学	莫斯科语义学派句法语义理论框架下的俄汉语焦点副词语义研究	国家社科基金青年项目
16	信娜	黑龙江大学	中华文化关键词俄译的语料库实证研究	国家社科基金青年项目
17	张杰	南京师范大学	东正教与俄罗斯文学研究	国家社科基金重大项目
18	刘超	泰山医学院	恰达耶夫命题与19世纪俄国哲学的发展	教育部社科青年基金项目
19	李迎迎	天津外国语大学	新时期俄罗斯语言政策与规划研究	教育部社科规划基金项目
20	徐洪征	中国传媒大学	多元语境下的俄语媒体语篇研究	教育部社科规划基金项目
21	王丽媛	江苏大学	20世纪俄罗斯汉学研究中的词汇学研究	教育部社科青年基金项目
22	关月月	曲阜师范大学	基于动词的俄汉语言世界图景研究	教育部社科青年基金项目
23	高玉海	浙江师范大学	中国古典戏曲在俄罗斯的翻译和研究	教育部社科规划基金项目

九、结语

2015年是俄语教育处于升级转型的大变革时期。在中国当前丝路经济带建设的情况下，中国俄语教育迎来了前所未有的机遇，呈现出非常良好的发展势头。中国的俄语人要抓住机遇、迎接挑战、共同努力，构建"大俄语"的框架。各高校应从服务国家战略的角度出发，对接社会需求，依托学校特色和优势，找准定位，科学谋划俄语及相关非通用语专业的增设与语种布局。与此相适应，完善俄语教育规划、布局和语言政策，创新俄语人才培养模式成为中国俄语教育发展战略研究的核心问题。俄语院校应以科研创新驱动发展为动力，通过智库这一综合研究平台，引领俄语学科的建设和发展，带动学校各方面建设的整体提升。

[1] 刘利民，2015，"一带一路"框架下的中俄人文合作与交流 [J]，《中国俄语教学》（3）：1-4.

[2] 中华人民共和国教育部，2015，2015 年 1 月 21 日教育部印发的《国别和区域研究基地培育和建设暂行办法》的通知教外监 [2015]4 号。

[3] 信息来源：袁贵仁部长在 2015 年全国教育工作会议上的讲话，http://www.moe.gov.cn/jyb_xwfb/moe_176/201502/t20150212_185813.html（2016 年 4 月 16 日读取）。

[4] 国玉奇、罗舒曼，2015，"一带一路"推动国别区域研究和俄语教育改革 [J]，《中国俄语教学》（3）：18-22。

[5] 刘利民，2015，"一带一路"框架下的中俄人文合作与交流 [J]，《中国俄语教学》（3）：1-4。

[6] 信息来源：http://www.cssn.cn/gd/gd_rwhz/xslt/201504/t20150401_1571092_1.shtml

[7] 信息来源：http://www.xisu.edu.cn/news/display.php?id=3161&table=news（2016 年 4 月 12 日读取）。

[8] 信息来源：http://eyzx.dlufl.edu.cn/chs/xsyj/2015-09-01/46240.htm（2016 年 4 月 12 日读取）。

[9] 信息来源：http://news.tjfsu.edu.cn/view.jsp?id=20067&newstype=1（2016 年 4 月 12 日读取）。

[10] 信息来源：http://www.gx211.com/news/20151027/n7473308084.html（2016 年 4 月 12 日读取）。

[11] 信息来源：http://news.cssn.cn/zx/bwyc/201510/t20151024_2541743.shtml（2016 年 4 月 12 日读取）。

[12] 信息来源：http://www.sinoss.net/2015/1117/66508.html（2016 年 4 月 12 日读取）。

[13] 信息来源：http://www.hljsk.org/system/201603/102553.html（2016 年 4 月 12 日读取）。

[14] 信息来源：http://dfll.fudan.edu.cn/news_show.aspx?cid=12&id=603（2016 年 4 月 12 日读取）。

[15] 信息来源：http://eyu.bisu.edu.cn/art/2015/12/1/art_353_91684.html（2016 年 4 月 12 日读取）。

［16］信息来源：http://www.edu777.com/gaoxiao/15226.html（2016 年 4 月 12 日读取）。

［17］信息来源：http://news.xmu.edu.cn/s/13/t/542/a1/75/info172405.htm（2016 年 4 月 12 日读取）。

［18］信息来源：http://news.hrbnu.edu.cn/news/XXYW/2015/121/1512120384967D88B241 H7E9E5GHA10.html（2016 年 4 月 12 日读取）。

［19］信息来源：http://news.uibe.edu.cn/uibenews/article.php?/22875（2016 年 4 月 12 日读取）。

［20］信息来源：http://www.eol.cn/shandong/shandongnews/201505/t20150525_1262834. shtml（2016 年 4 月 12 日读取）。

［21］信息来源：http://www.shisu.edu.cn/faculty_news/2015/2015,faculty_news,004445. shtml（2016 年 4 月 12 日读取）。

［22］信息来源：http://www.sflep.com/press-center/news/1154-2015-07-20-03-39-26（2016 年 4 月 12 日读取）。

［23］信息来源：http://www.wtoutiao.com/p/z70J2O.html（2016 年 4 月 12 日读取）。

［24］信息来源：http://www.wtoutiao.com/p/Radev9.html（2016 年 4 月 12 日读取）。

［25］信息来源：http://rus.bnu.edu.cn/xwjd/4698.html（2016 年 4 月 12 日读取）。

［26］信息来源：http://www.fltrp.com/information/academicandresearch/431364.shtml（2016 年 4 月 12 日读取）。

［27］信息来源：http://ru.bfsu.edu.cn/archives/2734（2016 年 4 月 12 日读取）。

［28］信息来源：http://www.hhhxy.cn/info/1038/12426.htm（2016 年 4 月 12 日读取）。

［29］信息来源：http://gb.cri.cn/42071/2015/10/17/7211s5135600_1.htm（2016 年 4 月 12 日读取）。

第三节　德语 [1]

一、德语教学改革背景

2015 年 10 月 29 日至 30 日，德国总理默克尔在其任内第 8 次访华，她也成为以总理身份访华次数最多的西方政府首脑。中德两国关系经过 40 余年的发展，高层互访频繁，合作内容不断深化，合作领域不断扩展。一直以来，德国先进的制造业与中国丰富的劳动力和广阔的市场需求高度融合，双边贸易屡创新高。据德国联邦统计局数据，2015 年德中贸易额为 1,627.3 亿欧元，增长 5.5%。2015 年，中国继续保持德国第四大出口目的国的地位，并超越荷兰成为德国第一大进口来源国。[1]

近两年来，中国经济逐渐步入"新常态"，转变经济发展方式、调整优化产业结构的步伐日益加快，中德企业间的竞争性也日益突出，双边经贸合作面临新问题，亟需寻找新的"动能"。2015 年 5 月 7 日，德国驻华大使柯慕贤在北京大学发表演讲，与北大师生探讨中德合作面临的机遇与挑战。柯慕贤认为，中德两国在亚洲和欧洲的各个领域都发挥着重要的作用，两国既有共同点，又各具特色，因而两国在合作过程中具有极强的互补性，进行创新合作势在必行 [2]。在这种背景下，中德"创新伙伴关系"应运而生，2015 年被赋予"中德创新合作年"。未来，中德将不再是简单的"生意"关系，而将更注重双方发展战略的契合度，在促进自身可持续发展的基础上，尽可能拓宽合作的广度和多领域的高质量合作。[3]

德国独特的文化魅力、稳定的社会环境和国家整体实力继续吸引来自全球的外国留学生到德国接受高等教育，德国成为了除美国和英国外的世界第三大留学目的地国。根据德意志学术交流中心的数据，2014 年，超过 11,800 名中国学生以留学为目的前往德国。目前，超过 30,000 名中国学生在德国高校注册，在所有以留学为目的前往德国的外国学生总数中，中国学生所占比例达近 13%，构成了最大的留学生群体。[4]

1　本节作者：崔岚，外语教学与研究出版社。

中德两国教育合作也不断深入。为了吸引留学生，德国政府大力支持教学和课程的国际化，德国越来越多的高校和中国的高校合作开办双学位项目等合作办学项目。据悉，目前中德两国高校之间有 1,106 个交流合作项目。[5]

中德两国多领域的紧密合作和厚实的合作基础必然在新的一代中引发一股创新的热潮。随着合作的不断深入，中方也需要更多熟知中华民族文化、掌握德语语言、熟悉德国文化、具有跨文化沟通能力、通晓专业的外语创新人才。这就为中国德语教育界的教学发展提供了良好的契机，也对教学改革以及人才培养机制提出了明确的目标和要求。

二、高等学校德语专业教学改革探索

根据教育部公布的 2015 年度普通高等学校本科专业设置备案或审批结果显示，河北建筑工程学院、吉林工程技术师范学院、长春师范大学、上海建桥学院四所院校经教育部审批备案，获准从 2015 年起招收德语专业本科生[6]。至此，全国高等学校中开设德语专业的院校已经达到 109 所。

2015 年，第五届教育部外指委主任委员钟美荪撰文在介绍了我国外国语言文学类专业发展现状的基础上，阐述了新制定的外语类本科教学质量国家标准的要求、架构、特点和功能，进而提出了新形势下我国外语教学与人才培养的相关建议。她在文中提到，"教育要发展，根本靠改革。教育改革是我国在新的历史起点上全面深化改革的重要组成部分，教育领域综合改革是满足人民群众对多样化、高质量教育需求的可靠保障。"外语类专业在下一阶段深化改革的重点就包括了建立教学质量标准体系、创新人才培养模式、提高人才培养质量。钟美荪指出，本科教学质量国家标准的制定促使高校人才培养标准至少涵盖三个层次，即基本标准、行业标准和学校标准。"在第三个层次学校标准上，每个专业不仅要满足基本标准，而且要满足相应的行业标准，两者综合细化，从而衍生出'学校标准'。"[7] 这是我国的外语专业教育在教育部层面的顶层设计，提出了高等学校外语教育总体上要遵循的科学人才培养观，再次确定了外语专业教育改革和创新中人才培养的中心地位。

北京外国语大学贾文键以北京外国语大学国际化人才培养的方案为例，

分析了国际化人才培养的时代背景，总结了对国际化人才标准与特质的认识，提出了包括全球化思维、多语言能力、专业知识技能、背景经历、精神动力、跨文化交际能力、抗挫力、三角校正能力、民族文化定力在内的标准和能力框架，并在此基础上阐释了北京外国语大学国际化人才培养的理念和实践。在这九个方面思路的引领下，北京外国语大学积极推动外国语言文学学科的改革和发展。贾文键指出，近年来北外不断深化教学内容和课程体系改革，优化课程体系，以在本科阶段设置并实施的"北京外国语大学国际化战略人才培养项目为带动，在为国家培养具有多种语言能力、致力于对象国及区域研究、在国际关系等领域能够发挥重要作用的国际化战略人才探索出一条有效道路。"[8]

对中德合作办学项目中德语教学的模式和方法探讨是 2015 年在德语教学界讨论较多的话题。本节第一部分谈到中德两国经贸等领域密切合作需要大批拥有良好德语语言能力的复合型、国际化的应用技术人才，这是在华德资或中德合资企业给我国高等教育提出的具体任务和要求。国内许多高校主动与德国高校联合办学，开启了国际化人才培养的模式。合作办学的毕业生需具备良好的德语语言能力，是跨学科的复合型人才，语言学习既是学习的目标之一，也是获取专业知识的媒介。郑或对我国在办学模式上具有代表性特点的几个中德办学项目进行了实例分析，探究了德语课程的设置模式，提出了中德合作办学项目下的德语教学存在的问题并对教改模式进行了探讨。郑或建议，德语语言教学应始终贯穿整个学习过程，在基础德语学习的过程中也要注重专用语的学习，将日常德语和专业德语相融合，使学生尽早接触专业德语，更好地掌握基础专业词汇，熟悉德式的课堂用语，从而加深对专业知识的理解，提高课堂的学习效率，取得预期的学习效果。[9]

三、学术会议和教学研讨会

1. 第四届中德高校德语专业博士生学术研讨会

"第四届中德高校德语专业博士生学术研讨会"于 2015 年 4 月 30 至 5 月

3 日在上海外国语大学举办。来自北京外国语大学、上海外国语大学、北京大学、复旦大学、南京大学、同济大学、浙江大学、武汉大学、解放军外国语学院、四川外国语大学、西安外国语大学、广东外语外贸大学、德国拜罗伊特大学、德国哥廷根大学、德国耶拿大学和德国语言研究院等高校和学术科研机构的博士生导师、专家和博士生共计 80 余人与会。

会议的主题是"视角与创新",主要议题涉及三个重要问题:1) 何谓学术研究中的视角;2) 博士学位论文视角选取中的创新性体现在何处;3) 如何在博士论文中落实创新性视角。八位中德博士生导师作了专题发言,畅谈"视角与创新"主题和相关问题,特别强调了在科学研究与博士论文撰写中的责任意识、奉献精神和愿意为创新性观念付诸行动的努力与方法意识;22 位中德博士生则结合自己的博士学位论文提纲与计划,紧扣大会主题,在大会和分组讨论中,陈述自己的思考与问题,得到了与会博导的点评和指导。[10]

2. "文化学视角中的德语文学研究"研讨会

"文化学视角中的德语文学研究"研讨会于 2015 年 5 月 16 日至 17 日北京外国语大学举办。来自国内多所高校的 40 余名专家学者和博士生、硕士生参加了研讨会。研讨会是对过去十余年间国内德语文学界在文化学研究方法领域的成果总结,在会上宣读论文的不仅有来自全国各高校的知名学者教授,还有一批年轻有为的青年学者也在报告中展示了自己近年的研究成果。在为期两天的会议中,与会者就德语文学作品中的性别、主体性、身体性、记忆、时间、空间、暴力、知识、罪责、模仿、建构等问题,进行了深入讨论,并对文化学研究视角在文学科学中的应用潜力给予了充分的肯定。在会议的总结讨论中,参会的学者们对文学在跨学科、跨方法时代的发展前景也进行了新的交流探讨。[11]

3. 第十三届国际日耳曼学会世界大会

2015 年 8 月 24 日至 30 日,为期七天的"第十三届国际日耳曼学会 (IVG) 世界大会"在同济大学召开,这是这一国际学术盛会首次在中国举办。来自全球 69 个国家和地区的 1,200 多名从事日耳曼语言文学研究的专家学者与会，围绕"传统与创新之间的日耳曼学"这一大会主题展开交流研讨。

IVG 是世界上日耳曼学界规模最大、影响最大的国际学术组织，其目标是在世界范围内促进日耳曼学的研究工作和国际合作。日耳曼学包括古日耳曼语、德语、北日耳曼语（丹麦语、冰岛语、挪威语、瑞典语）、荷兰语、佛里斯兰语、南非荷兰语和依地语的语言学和文学，以及这些语种的历史和现状、实践和教学等各个方面的研究。IVG 世界大会每五年举办一次。其会员数由 1956 年成立之初的 23 个国家 192 名会员，发展为 2015 年的 70 多个国家和地区的近 2,000 人。

同济大学朱建华教授于 2010 年在波兰华沙成功当选为国际日耳曼学会主席，这是中国人首次出任这一重要的国际性学会组织的最高领导。朱建华教授在开幕致辞中表示，国际日耳曼学会世界大会首次在中国举办，既是对发展中国家的首肯，也是对改革开放几十年来中国的一次褒奖，具有重大意义。

在开幕式上，同济大学裴钢校长致欢迎词，洪堡基金会主席 Helmut Schwarz 先生、德国学术交流中心主席 Margret Wintermantel 女士、歌德学院代表 Bruno Gross 先生和中国日耳曼协会主席刘越莲女士先后发言。中国驻德大使史明德先生专门发来贺词，德国驻上海副总领事 Jörn Beißert 先生、奥地利驻上海总领事 Silvia Neureiter 女士、瑞士驻上海副总领事 Anna Mattei 女士和卢森堡驻上海总领事 Luc Decker 先生也分别在开幕式上致辞。柏林自由大学 Peter-André Alt 教授和同济大学赵劲教授分别作了主题为"BarockeSchädelbasislektionen. Gehirn, Imagination und Poesie in der Frühen Neuzeit"和"Text und Kultur. Die Kulturalität der Texte"的大会报告。

大会共设置了 51 个分会场，有两场大会报告、六场主题报告和 1,060 个分会场报告。与会代表就"传统与创新间的语言学"、"日耳曼语文学的传统性和现代性"、"歌德与孔子——从德语和汉语视角看待多语性"、"多模态和跨媒体：新媒体的机遇与挑战"、"外国日耳曼语言学的全新视野：今天与明天"以及"今天与明天作为文化沟通桥梁的同济大学"等主题展开了智慧碰撞和头脑风暴。[12]

4. 第四届全国德语专业院长/系主任高级论坛

2015 年 9 月 25 日，"第四届全国德语专业院长/系主任高级论坛"在武汉大学外国语学院召开。来自 40 个院校的 60 名德语系主任、专家与学者代表相聚珞珈山，就"'新国标'指导下的德语专业教学"这一主题展开了充分而又深入的研讨。北京外国语大学贾文键教授作了题为《立足国标，与时俱进，培养符合国家和社会需要的德语专业人才》的报告，从宏观的角度详细阐述了制定新国标的背景与过程，国标的内容以及新时期对外语专业国际化人才标准与内涵培养的思考。浙江大学李媛教授就大学德语专业的自我审视与重新定位结合其德语实践教学作了详细而新颖的介绍，从微观的角度提出了德语本科教学的突破口，倡导"博雅通用型"教育，提倡应用型学习。武汉大学许宽华教授结合自己曾在德国孔子学院担任中方院长的经验，作了以新时期德语专业人才的培养与需求为主题的学术报告，该报告论述了新时期实行新国标的重要性，中国的语言文化与中国形象需要向世界树立。在分组讨论环节，与会代表以新国标为框架，结合三场学术报告对当前德语教学中出现的普遍现象和难题、对新国标的解读以及德语专业如何因地制宜地应对新时期的挑战进行了交流与讨论。[13]

四、教学年会

1. 教育部外指委德语分委会 2015 年年会

"2015 年教育部高等学校外国语言文学类专业教学指导委员会德语专业教学指导分委会年会"于 2015 年 10 月 29 日至 11 月 1 日在郑州大学举办。年会由教育部高等学校外国语言文学类专业教学指导委员会德语分委会（简称教育部外指委德语分委会）主办、郑州大学外国语学院承办，来自全国 72 所高校以及外语教学与研究出版社、上海外语教育出版社、德意志学术交流中心驻京办事处和北京德国文化中心·歌德学院（中国）的 91 名代表参加了会议。

会议的主题为"教学方法和技术在德语教学中的应用：理念、实践与问题"。针对信息化时代学生的学习条件和学习习惯的改变，会议邀请超星公司高玉峰先生作了《外语教学信息化的思考与实践》的报告，介绍了目前外语教学的数字化现状及多语种课程的发展情况。来自对外经济贸易大学的潘亚玲教授、河南大学的侯景娟老师、宁波大学的张芸教授、天津外国语大学的赵薇薇教授和广东外语外贸大学的刘齐生教授分别作了题为《全感官德语教学理论与实践》、《任务教学法在德语教学中的应用与反思》、《自媒体在国情课教学中的应用》、《试论德语文学课的课堂教学模式——以诗歌解读为例》和《大数据思维下的德语教学》的主题报告。来自歌德学院的 Deschka 先生还跟大家分享了"现代外语课堂教学的重要原则（Prinzipien des modernen Fremdsprachenunterrichts）"。孔德明教授和姚晓舟教授分别介绍了 2015 年德语专业四级考试和八级考试情况，黄克琴教授对 2015 年德分委青年教师培训进行了工作总结。外研社、外教社、歌德学院和德意志学术交流中心也在会议上对各自 2015—2016 年的工作进行了总结和介绍。议程最后由外指委德语分委会主任委员贾文键教授对德分委 2015 年工作进行总结并对 2016 年的工作进行了部署。郑州大学外国语学院德语系主任芦力军教授的会议总结为大会画上了圆满的句号。

2. 2015 年全国大学德语教学与测试工作会议

高等学校大外教指委德语组于 2015 年 11 月 5 日至 9 日在南京工业大学举办了"2015 年全国大学德语教学及测试工作会议"。年会由高等学校大外教指委德语组主办、南京工业大学承办，来自大外教指委德语组、全国 29 所高校、北京德国文化中心·歌德学院（中国）、外研社、高等教育出版社、外教社等单位的 40 名代表参加了会议。

会议的主题名为"多元化大学德语课程体系建设"。来自北京理工大学的姜爱红教授、同济大学的朱建华教授、高等教育出版社外语出版中心的巩婕、太原科技大学的顾江禾教授、德国欧福大学的朱开富教授和西南交通大学的华少庠教授分别作了题为《关于多元大学德语教学的思考》、《多元化大学德语教学与教材建设》、《大学德语四级考试题型》、《大学德语课程评价的探索与实践》、《欧盟框架下对德语的要求等级制执行情况》和《大学德语分级测评的思考》的主题报告。来自歌德学院的 Sommerfeld 女士跟大家分享了"歌德学院 2015—2016 年语言工作重点（Arbeitsschwerpunkt der Spracharbeit 2015-2016）"。来自同济大学的尚祥华教授通报和总结了 2015 年大学德语四级考试和六级考试的数据和主观题阅卷情况。大会还讨论了 2016 年的教师培训工作，多方听取了参会教师的意见和建议。来自外研社和外教社的代表也在此次会议上对各自 2015 年—2016 年的工作进行了总结和介绍。

五、教师培训

2015 年 5 月 7 日至 10 日，"2015 年全国德语专业青年教师研修班"在同济大学外国语学院举办。培训的主题是"外语教学中的科研方法"。培训由教育部外指委德语分委会青年教师培训中心主办、同济大学德语系与北京德国文化中心·歌德学院（中国）承办、外研社协办，来自全国 45 所高校的青年德语教师参加了研修活动。来自德国 Bielefeld 大学、浙江大学和南京工业大学的多位中德专家担任主讲。在为期两天半的培训中，首先由来自德国 Bielefeld 大学的 Riemer 教授作了《如何在德语作为外语教学的领域中进行科学研究及目前该领域研究现状及问题复杂性》的报告，介绍了目前该领域的现状，为学员们接下来的学习奠定了基础；接下来 Riemer 教授又将理论介绍及小组学习的形式结合起来，和学员们一起探讨了语言教学中三个非常重要的方面：外语研究中的询问方法、如何分析通过调查问卷和访谈方式获得的数据、数据分析中的挑战及数据调研的规划。浙江大学的李媛教授以工作坊的形式跟各位学员一起探讨了语言教学里科学研究的定性研究及定量研究方法；李媛教授在本次培训中还作了名为《项目的分析、设计及其对于教学和研究项目的影响》的报告。来自南京工业大学的刘玲玉博士的报告题目为《如何运用统计方法进行三语单项研究——以德语写作成绩影响因素研究为例》。[14]

六、学生赛事

1. 第二届京津地区德语微剧比赛

2015 年 5 月 10 日，第二届京津地区德语微剧比赛在对外经济贸易大学外语学院举行。比赛针对大学德语专业一年级的学生，旨在增加初学者的学习兴趣。由对外经济贸易大学德语系主办的比赛得到了德国驻华大使馆、德意志学术交流中心、北京德国文化中心·歌德学院（中国）、外研社、德国大众汽车公司以及商务印书馆等单位的大力支持。来自北京、天津地区 11 所院校的 50 多名选手参加了比赛。参赛选手就比赛的主题"学生梦"展开了自己的奇思妙想，用生动的表演和幽默的话语诠释了对现在的学生生活和未来生活的憧憬。最后，来自北京理工大学的代表队赢得了第一名，来自北京外国语大学和北京大学的代表队赢得了第二名，来自北京语言大学、北京科技大学和中国政法大学的代表队赢得了第三名。比赛促进了学校德语教师之间的交流、提高了学生的德语学习热情。

2. 第四届华南地区大学生德语演讲比赛

2015 年 5 月 28 日，第四届华南地区大学生德语演讲比赛在中山大学外国语学院举行。参加比赛的 14 名选手分别来自广东外语外贸大学、中山大学、厦门大学等华南地区高校。德语演讲比赛的主题是"未来环境——我对更美好的世界之设想"，旨在提高大学生德语的实际应用水平，同时让更多的大学生关心和注重环境问题，促进学识和实践的相互结合。

3. 第三届全国高职高专德语口语技能竞赛

2015 年 5 月 30 日至 31 日，第三届全国高职高专德语口语技能竞赛在山东外事翻译职业学院举行。比赛由教育部职业院校外语专业类教学指导委员会主办、山东外事翻译职业学院承办、外研社协办。来自全国 19 所高职院校的 64 名选手参加了比赛。比赛分为一年级组和二、三年级组，一年级组竞赛内容包括两个部分：文章朗读和情境交流，二、三年级组竞赛内容包括两个部分：图表描述和即席交流。围绕这些环节选手们展开激烈角逐。最后，来自上海行健职业学院、天津中德职业技术学院、上海工商外国语职业学院、山东外事翻译学院的四名同学获得了一年级组冠军，来自宁波职业技术学院、福建对外经济贸易职业学院、西安翻译学院的三名同学获得了本次大赛大二、大三组的冠军，其中来自宁波职业技术学院的胡昊丹同学获得了北京德国文化中心·歌德学院（中国）的特别奖。大赛为全国高职院校提供了学习交流的平台，对引导全国高职高专院校重视培养学生的德语口语能力，深化德语教学改革，推动全国高职高专德语教学的总体发展具有重要意义。

4. 西南地区德语演讲比赛

2015 年 11 月 27 日，西南地区德语演讲比赛在四川农业大学举行。比赛由四川农业大学和西南地区德语教师联盟联合主办，德意志联邦共和国驻成都总领事馆、德意志学术交流中心、四川外国语大学歌德语言中心、外研社联合协办。比赛分为非专业组、中学组、专业组。20 名参加决赛的选手围绕"可持续发展"主题进行了精彩的演讲。经过命题演讲、回答问题和即兴演讲等多个环节的比拼，最后，三组分别评出了一、二、三等奖。本次比赛对于促进中德高校间的交流合作、推动学校国际化办学、激发西南地区学生中学德语、专业德语和德语作为第二外语的学习热情有着积极意义。

七、全国德语水平测试

1. 高校德语本科专业水平测试

全国德语专业四级考试是针对高等学校德语专业二年级学生的德语水平的考试，每年 6 月份举行一次。2015 年全国德语专业四级考试于 2015 年 6 月 5 日举行，来自 108 所院校的 5,539 名考生参加了此次考试，2,460 人获得了考试证书，平均通过率为 44.41%，详细情况见表 2.8。

表 2.8　2015 年参加全国德语专业四级考试情况

学校类型	学校数量	通过率
本科第一批志愿录取院校	54	77%
本科第二批志愿录取院校	21	39%
独立学院 / 民办本科第二批	5	31%
本科第三批志愿录取院校	22	15%
大专院校	6	5%

全国德语专业八级考试是针对高等学校德语专业四年级学生的德语水平的考试，每年 3 月份举行一次。2015 年全国德语专业八级考试于 2015 年 3 月 20 日举行，来自 93 所院校的 2,799 名考生参加了此次考试，1,404 人获得了考试证书，平均通过率为 50.2%，详细情况见表 2.9。

表 2.9　2015 年参加全国德语专业八级考试情况

学校类型	考生人数	通过率
本科第一批志愿录取院校	1,453	74.1%
本科第二批志愿录取院校	539	39.0%
本科第三批志愿录取院校	807	14.5%

2. 大学德语水平测试

大学德语四级考试是针对学完大学德语 1—4 级内容的在校大学生的德语水平考试，每年 6 月份举行一次。2015 年报名参加大学德语四级考试的考生共 7,651 人，来自 232 所学校，通过率为 60.47%。

大学德语六级考试的是针对学完大学德语 5—6 级内容的在校大学生的德语水平考试，每年 6 月份举行一次。2015 年报名参加大学德语六级考试的考生共 1,753 人，来自 113 所学校，通过率为 67.24%。

八、出版物情况

笔者对国内四家主要的德语类图书出版社（外语教学与研究出版社、高等教育出版社、上海外语教育出版社和同济大学出版社）2015年出版的德语图书书目进行检索，统计结果如下：这四家出版社共出版图书32本，其中，外语教学与研究出版社出版13本图书，出版数量最多，同济大学出版社出版11本，上海外语教育出版社出版6本，高等教育出版社出版2本。图书出版情况详见表2.10（以出版时间为序）：

表2.10　2015年德语出版物情况

出版时间	出版图书名称	出版社名称	图书类别
2015年1月	大学德语四级考试语法训练	高等教育出版社	教辅
2015年1月	德语语法解析与练习	同济大学出版社	教辅
2015年1月	大学德语听说读写强化训练丛书 写作	同济大学出版社	教辅
2015年1月	新求精德语强化教程（第四版）初级测试题	同济大学出版社	教辅
2015年1月	德语专业八级应试全攻略	同济大学出版社	教辅
2015年2月	德语语音（第二版）	外语教学与研究出版社	教辅
2015年2月	我的第一本德语书	同济大学出版社	教辅
2015年3月	德语单词串串烧	同济大学出版社	教辅
2015年3月	德语专业四级听写攻略	同济大学出版社	教辅

（待续）

（续表）

出版时间	出版图书名称	出版社名称	图书类别
2015 年 3 月	全国德语专业八级考试真题与解析（2012—2014）	上海外语教育出版社	教辅
2015 年 4 月	天天学外语 德语特训30 天	外语教学与研究出版社	教辅
2015 年 4 月	德语常用动词例解（第三版）	外语教学与研究出版社	教辅
2015 年 4 月	新编大学德语（第二版）词汇训练	外语教学与研究出版社	教材
2015 年 4 月	留学与跨文化能力——跨文化学习过程实例分析	外语教学与研究出版社	学术
2015 年 5 月	德语新闻听力进阶训练	同济大学出版社	教辅
2015 年 6 月	中德跨文化口译教程	外语教学与研究出版社	教材
2015 年 6 月	德语实践语法	外语教学与研究出版社	教辅
2015 年 6 月	大学通用德语（1）	高等教育出版社	教材
2015 年 6 月	你好！德语（学生用书）	外语教学与研究出版社	教材
2015 年 6 月	你好！德语（练习手册）	外语教学与研究出版社	教材
2015 年 6 月	德语天天练（A1-B1）	上海外语教育出版社	教辅

（待续）

（续表）

出版时间	出版图书名称	出版社名称	图书类别
2015 年 7 月	德语速成	外语教学与研究出版社	教材
2015 年 7 月	简简单单学德语	同济大学出版社	教辅
2015 年 7 月	新公共德语（下）	上海外语教育出版社	教材
2015 年 7 月	语言——文化之桥：中德语言政策和语言生活研究	外语教学与研究出版社	学术
2015 年 8 月	跨语言跨文化跨学科：日耳曼学的边际扩展	外语教学与研究出版社	学术
2015 年 8 月	天天学外语 7 天开口学德语	外语教学与研究出版社	教辅
2015 年 9 月	中国文化简明教程	上海外语教育出版社	教材
2015 年 10 月	德福写作训练	上海外语教育出版社	教辅
2015 年 10 月	德福句法及句型转换	同济大学出版社	教辅
2015 年 11 月	德语常用动词变位与句法	上海外语教育出版社	教辅
2015 年 11 月	跟 David 学德语：口语教程	同济大学出版社	教辅

九、科学研究项目

根据笔者对 2015 年国家社会科学基金项目和教育部人文社会科学研究项目的检索，全国德语教学界共获了六个立项项目，详见表 2.11。

表 2.11　2015 年国家社会科学基金项目和教育部人文社会科学研究项目
　　　　　德语立项

序号	主持者	所属院校或基地	项目名称	项目类别
1	吴晓樵	北京航空航天大学	晚清民初稀见德语文学译作考	国家社会科学基金一般项目
2	杨劲	上海外国语大学	现当代德语文学中的书信沟通范式研究	国家社会科学基金一般项目
3	陈民	南京大学	德国移民文学的记忆书写研究	国家社会科学基金一般项目
4	唐弦韵	西南交通大学	技术时代的德语文学和德语文学中的技术与机器主题研究	国家社会科学基金青年项目
5	朱宇博	解放军外国语学院	《老子》在德国的译介传播及其与德国哲学"呼应式对话"研究	国家社会科学基金青年项目
6	刘炜	复旦大学	德语流亡文学中的历史小说研究	教育部人文社科研究规划基金项目

十、结语

2015 年，中德双边良好的经贸关系继续起着"发动机"和"稳定锚"的作用，新的"创新伙伴关系"应运而生。在教育合作领域中德双方也在有新的突破：在合肥的中德合作教育示范基地宣布开始建设，必将为中德企业合作培养出更多专业技术人才。以专业人才培养为中心，中国德语教学界不断进行课程结构优化、课程体系改革和教学模式和方法探讨。2015 年，德语界教学专家跨校交流愈加频繁，院校之间互通有无，共同探讨课程建设改革、教学科研、人才培养等当下的热点问题，全国性和地区间的德语比赛愈加丰富，教学和实践相结合，共同推动德语语言学科的建设和发展。

[1] 东方网，2016，2015 年中国成为德第一大进口来源国 [OL]，http://news.eastday. com/eastday/13news/auto/news/china/20160223/u7ai5323392.html（2016 年 2 月 26 日读取）。

[2] 国际在线，2015，德国驻华大使北大演讲：德中创新合作将全面展开 [OL]，http:// gb.cri.cn/42071/2015/05/08/8011s4956427.htm（2016 年 2 月 26 日读取）。

[3] 中国网，2015，默克尔八次访华之旅——中德多领域创新合作成新亮点 [OL]，http://www.beijingreview.com.cn/shishi/201510/t20151029_800041524.html（2016 年 2 月 26 日读取）。

[4] 德意志学术交流中心，2016，中德青少年交流年：DAAD 将出席 5 月份的中国国际教育巡回展北京站和上海站 [OL]，http://www.daad.org.cn/zh/aktuelles-china/daad-im-mai-auf-der-bildungsmesse-cieet-in-peking-und-shanghai（2016 年 4 月 26 日读取）。

[5] 郑勇，2016，300 多所海外院校下周末亮相京城 [N]，《北京晚报》，2016-4-27。

[6] 中华人民共和国教育部，2015，《教育部关于公布 2015 年度普通高等学校本科专业设置备案或审批结果的通知》教高函 [2016]2 号。

[7] 钟美荪，2015，实施本科教学质量国家标准，推进外语类专业教学改革与发展 [J]，《外语届》（2）：2-6。

[8] 贾文键，2015，外语专业国际化人才培养的内涵与标准 [M]，《中国大学教学》，（3）：22-28。

[9] 郑彧，2015，中德合作办学项目的专业德语教学探索 [M]，《科教文汇》，2015 年 2 月（上）：211-214。

[10] 上海外国语大学新闻网，2015，"'视角与创新'——第四届中德高校德语专业博士生学术研讨会" [OL]，http://news.shisu.edu.cn/teachnres/2015/2015,teachnres,026227.shtml（2016 年 2 月 26 日读取）。

[11] 北外新闻网，2015，"文化学视角中的德语文学研究"研讨会在我校召开 [OL]，http://news.bfsu.edu.cn/archives/249672（2016 年 2 月 26 日读取）。

[12] 同济大学德系，2015，国际日耳曼学会世界大会首次在华举办 [OL]，http:// www.tongjideutsch.com/index.php?classid=8661&newsid=12089&t=show（2016 年 2 月 26 日读取）。

[13] 武汉大学外国语言文学学院，2015，第四届全国德语专业院长 / 系主任高级论坛在我校成功举办 [OL]，http://fls.whu.edu.cn/index.php/index/view/aid/639.html（2016 年 2 月 26 日读取）。

[14] 高等学校德语专业教学资源平台，2015，2015 年全国德语专业青年教师外语教学中的科研方法研修班圆满结业 [OL]，http://german.fltrp.com/newsdetails/1052（2016 年 2 月 26 日读取）。

第四节　西班牙语 [1]

一、高校西班牙语专业教学点及在校学生人数继续增加

2015 年全球经济依旧低迷，受大宗商品价格下跌等因素影响，中国和拉丁美洲贸易总额呈现下滑，[1] 但是社会对西班牙语专业人才的需求依然旺盛。毕业生的高就业率吸引着人们的眼球，高招录取分数线令人艳羡，体现出家长和学子对本专业的热情向往。高等学校创办西班牙语专业的兴趣持续走高，已有西班牙语专业教学点的招生人数也在增加。这一年，多个拉美国家领导人陆续来华访问或出席活动；5 月份，李克强总理率领大批企业家和文学艺术家等成功访问拉美四国，更是增强了人们进一步发展中拉关系的信心。

据高等学校外语专业教学指导委员会西班牙语分委员会统计的数据，近 5 年来在该分委员会旗下注册院校的数量依次是：

2011 年：41 所；

2012 年：43 所；

2013 年：48 所；

2014 年：56 所。

2015 年：62 所。

近 5 年来高校西班牙语语言文学专业在校生人数分别是：

2011 年：本科生 6,301 人、硕士生 180 人、博士生 20 人；

2012 年：本科生 7,127 人、硕士生 171、博士生 18；

2013 年：本科生 8,416 人、硕士生 161 人、博士生 21 人；

2014 年：本科生 10,362 人、硕士生 185 人、博士生 16 人。

2015 年：本科生 11,790 人、硕士生 216 人、博士生 11 人。[2]

数据显示，本科生和硕士生的人数持续增长，而博士生的人数在走低，原因是老一辈博士生导师陆续退休，师资队伍年龄段分布不成阶梯，40—60 岁的教师稀缺，其中具备博导资质者可谓凤毛麟角，故此，有志于攻读本专业博士

1　本节作者：常福良，北京外国语大学。

学位的学子求学无望。

二、高校西班牙语专业师资状况堪忧

教育部外指委西班牙语分委员会每年秋季对在该委员会注册单位的师生状况进行调研。笔者对近 5 年来调研中关于西班牙语专业教师的统计数据列举详见表 2.12。[2]

表 2.12　西班牙语专业教师的统计数据

年份	人数	年龄结构（出生）					学历			在职		职称				再聘教授
		1950年前	50-59	60-69	70-79	80后	学士	硕士	博士	硕士	博士	教授	副教授	讲师	助教	
2011	315	20	19	11	71	194	90	169	28	25	53	11	25	125	106	25
2012	340	19	18	12	66	218	97	200	36	14	55	11	34	120	123	24
2013	384	18	14	12	66	273	81	259	43	14	70	12	37	154	163	17
2014	476	20	17	15	73	351	90	331	55	33	72	13	41	179	223	20
2015	525	16	16	12	79	402	76	383	66	30	79	14	48	208	236	19

以上数据显示，高校西班牙语专业教师总数呈逐年上升趋势，特别是近 3 年，涨幅显著，这也和前文所述本科教学点的增设以及招生人规模持续扩大成正比；1980 年以后出生的年轻教师占极高的比例，这些人员当中绝大部分是近几年刚上岗工作的硕士毕业生；博士比重偏小；正高和副高职称比例很小，中级和初级职称的教师占绝大多数。

按以上数据计算，近 5 年来全国在校本科生与教师人数的比例（全国平均生师比）依次为：

2011 年：20:1

2012 年：21:1

2013 年：22:1

2014 年：22:1

2015 年：23:1

这样的生师比使外语专业零起点教学的效果很难保证，而且教师的教学工作量过大，没有时间和精力学习、进修、交流和开展学术研究，这些都是导致教学质量下降的重要原因，但同时也说明本专业青年教师施展才华的空间很大。新开西班牙语专业的院校迅速增加，补剂师资的博士毕业生极其有限，因此新设专业教学点的教师大都是应届硕士毕业生，甚至是应届本科毕业生。另外，本专业硕士研究生的培养在国内很多高校也存在师资和课程教学的短版，历史较长、相对成熟的硕士点很少，这些年，我们的研究生教育尚不能满足高校对专业师资的需求，因此教师队伍的新生力量主要还是源于在西班牙留学回国的硕士毕业生。显然，年轻教师的培训和教学技能的提高任重而道远；而且，新开专业的教学资源也极度匮乏，这一点尚未提到各单位西班牙语专业建设的议事日程。需要指出的还有，近些年统计的数据反映，本专业师资队伍不仅年龄、职称、学历等严重不合理，性别比例也很不平衡，2015 年女教师占总人数的 78%，[3] 而且绝大部分为 80 后，正处于婚育年龄。

三、举行全国高校西班牙语专业八级和四级水平考试

教育部外指委西班牙语分委员会 2015 年 3 月 27 日举行了高校西班牙语专业八级水平测试，共有 44 所大学的 1,855 位（其中应届生 1,620 人，往届补考生 235 人）学生参加了考试。此项测试笔试部分 70 分，口语和听力部分 30 分，总分 100 分；其中 47 分（占总分 47%）使用机读卡答题和阅卷。

依据既定标准，得分 80 以上为优秀；70—79 分为良好；60—69 为及格。本次测试应届考生通过率为 33.40%，获得证书者共计 541 人，其中优秀 9 人，占 0.56%；良好 115 人，占 7.10%；及格 417 人，占 25.74%。不及格未获得证书者 1,079 人，占 66.60%。[3]

以下提供最近 5 年的有关数据（前 4 年总分满分为 150 分，2015 年总分满分为 100 分），以便对测试结果的变化态势进行观察分析：

2011 年应届生考生人数为 692 人，平均成绩 93.25，通过率为 59.25%；

2012 年应届生考生人数为 889 人，平均成绩 90.14，通过率为 57.71%；

2013 年应届生考生人数为 1,140 人，平均成绩 82.91，通过率为 45.09%；

2014 年应届生考生人数为 1,353 人，平均成绩 85.33，通过率为 44.49%。

2015 年应届生考生人数为 1,620 人，平均成绩 44.20，通过率为 33.40%。[3]

5 组数据显示，考生人数在持续上升，但是平均成绩和通过率却在逐渐下降，而且考生人数增长幅度较大的时候，平均成绩和通过率也随之剧烈下降。有必要指出的是，近些年西班牙语专业招生大户集中在独立学院，其生源相对于重点高校有一定差距。专业八级水平测试命题的依据是 2000 年颁行的《高等学校西班牙语专业高年级教学大纲》，各年试题的题型和难易程度基本没有变化，平均成绩和通过率下滑应归因于学生人数膨胀及生源构成复杂化，然而师资和教学资源严重不足，特别是拥有教学经验的教师匮乏，这些现实状况也不容忽视。

教育部外指委西班牙语分委员会 2015 年 6 月 26 日举行了高校西班牙语专业四级水平测试，共有 58 所大学的 4,275 名学生参加了考试，其中应届生 3,172 人。此项测试笔试部分 80 分，听力部分 14 分、听写部分 6 分，满分合计 100 分，其中 79 分为客观选择或者判断题，使用机读卡答题和阅卷。

依据既定标准，得分 80 以上为优秀；70—79 分为良好；60—69 为及格。本次测试应届生通过率为 62.61%，获得证书者共计 1,986 人，其中优秀 694 人，占 21.88%；良好 686 人，占 21.63%；及格 606 人，占 19.10%；不及格未获得证书者 1,186 人，占 37.39%。

以下提供最近 5 年的有关数据（前 4 年总分满分为 150 分，2015 年总分满分为 100 分），以便对测试结果的变化态势进行观察分析：

2011 年应届生考生人数为 1,543 人，平均成绩 85.03，通过率为 47.12%；

2012 年应届生考生人数为 1,917 人，平均成绩 83.32，通过率为 43.61%；

2013 年应届生考生人数为 2,175 人，平均成绩 83.68，通过率为 47.59%；

2014 年应届生考生人数为 3,658 人，平均成绩 93.21，通过率为 60.61%。

2015 年应届生考生人数为 3,172 人，平均成绩 64.00，通过率为 62.61%。

5 组数据显示，前 4 年应届考生人数不断攀升，2015 年较上一年考生人数有所下降，但是平均成绩和通过率则略有提高。本次专业四级水平测试的各项工作以 1998 年颁行的《高等学校西班牙语专业基础阶段教学大纲》为依据，同时参考了 2011 年 3 月颁行的《高等学校西班牙语专业四级考试大纲》，命题、阅卷以及考务等各项工作基本延续了以往的做法。各年试题的题型和难易程度基本没有变化。2015 年选择或者判断类型的客观题比例进一步增加，这大概是考生通过率较上一年提高两个百分点的主要原因。不过，总体而言，本专业四级全国平均成绩和通过率依然偏低，这和前文所述本专业八级水平测试结果让人皱眉的道理大致一样，归因于学生人数的膨胀及生源构成复杂化（独立学院考生明显增加），然而师资和教学资源严重不足，特别是拥有教学经验的教师匮乏的问题也不容忽视。西班牙语专业教学一线的教师绝大部分都是 30 岁以下的讲师或者助教，其教学技能和学历水平也亟待提高。

四、2015 年高等院校多语种中青年教师翻译教学研讨会

随着我国不断深化与世界各国的合作关系，交流规模也不断扩大，对英语以外的各种外语人才的需求迅速增加，对高校多语种人才的培养在数量和质量上均提出了更高的要求。近些年，我国高校的多语种教学和研究取得了丰富的成绩，但也面临诸多困难。如何提升非英语语种的教学水平、加强翻译教学技能，是新开语种及其青年教师迫切需要解决的问题，为此，由中国外语教育研究中心、北京外国语大学、北京市翻译协会主办，外语教学与研究出版社承办的"中青年骨干教师研修班暨高等学校多语种翻译教学学术研讨会"2015 年 8 月 17 日至 8 月 22 日在北京举行。来自全国近百所院校日语、韩语、法语、德语、俄语、西班牙语专业的 180 余名教师参加了此次会议；邀请了国内外 13 所高校、中国社会科学院和外交部的专家和教师作专题讲座或授课。

研修班分为多语种总论坛和各语种分论坛两大模块，各语种分论坛包括专题讲座、教学观摩、教师专业素养提升三部分。专题讲座的内容包括口译教学的课程设计与教学方法、笔译教学的课程设计与教学方法、翻译专业硕士（MTI）课程设计及规划、同声传译教学等主题。教学观摩以高等学校多语种专业的翻译课程为主，旨在通过教学示范、现场点评、小组参与、个人演示等不同形式进行理论探讨与实践指导，结合高校翻译专业的教学特点和规律，讲解翻译课程体系的设置理念，探讨翻译课程体系的教学原则，以及不同翻译课

程的教学目标、教学内容、教学方法与评估模式，为高校翻译课程的设置与实施提供指导。教师专业素养提升部分包括教师说课、示范课交流等内容，旨在全面提升教师翻译课程的教学技能和教学效果。

西班牙语分论坛邀请北京外国语大学西班牙语专业盛力教授、刘建教授和常福良教授分别作了西译汉笔译教学理论与技巧、西语口译教学理论与技巧、汉译西笔译教学理论与技巧的主题讲座。有来自全国不同院校西班牙语专业的20多位青年教师参加了研修活动。

聆听翻译界权威专家和具有丰富教学与翻译实践经验教师的报告和教学，并现场参与讨论，青年教师们学到了翻译教学先进的理念、经验、方法和翻译理论，提升了翻译教学设计能力，丰富了翻译学科规划的思路，分享了翻译学界最新的研究成果，这些定将成为其未来翻译教学、研究和实践切实有效的理论支持和方法指导。

五、举行 2015 年上海市"拉美国情与文化"研究生学术论坛

2015 年 8 月 24 日至 25 日，由上海市学位委员会主办、上海外国语大学西方语系承办的上海"拉美国情与文化"研究生学术论坛在上外虹口校区召开。论坛面向全国硕士和博士研究生，搭建了一个立体、丰富、广阔的学术文化平台，紧扣"拉美研究"这一主题，对接我国拉美战略的实施，切合我国重点区域研究的发展需求。论坛设有"拉美国情研究"、"拉美的语言和文化研究"、"拉美文学研究"三个分论坛。来自全国包括港澳台地区的 20 余所高校的近 90 名博士和硕士研究生参加了研讨。上海外国语大学西方语系论坛组委会在会前组织专家对入选论文进行了匿名评审，有 38 篇论文分别获得一等奖、二等奖和三等奖，获奖论文收入《外语与文化》论文集，由上海外语教育出版社出版发行。

中国社会科学院研究员、中国拉美协会副会长江时学教授和教育部外指委西班牙语分委会主任委员、上海外国语大学西方语系陆经生教授在论坛上分别以《拉美研究的若干问题》和《拉丁美洲：区域国别研究的金矿沃土》为题作了主题报告。江教授从学术角度介绍拉美研究中的重要概念及政治与经济的关

系等若干问题；陆教授从我国西班牙语教学、人才需求、热点领域等多个维度指出中拉关系及其学术研究发展潜力巨大，但彼此了解尚浅，交流沟通不足，拉美尚有我国学界未曾开发的大片处女地，期盼着青年学子奋发有为。

学术论坛获得了丰硕成果，促进了研究生之间的交流互鉴，拓宽了学术视角，加深了学界情谊，有助于青年学者对拉美国情与文化进行更加丰富、深入的关切和研究。

六、北京外国语大学开始培养西班牙语翻译专业硕士

为适应社会对汉语和西班牙语互译高层次专业人才的需求，北京外国语大学西班牙语语言文学专业在多年培养"西班牙语翻译理论与实践"学术型硕士研究生和博士研究生的基础上，2015年9月迎来了第一批（7人）以"译"为核心的应用型西班牙语翻译专业硕士（MTI），分为口译和笔译两个方向，开启了汉语和西班牙语之间高层次翻译人才培养的新篇章。

学生通过全国硕士研究生入学考试录取，采取脱产学习或半脱产学习等培养方式，全日制学习期限为2年，半脱产学习期限为3年。培养过程中，课堂教学与课外翻译实践相结合，特别重视实践环节，强调翻译实践能力的培养和翻译案例的分析，要求培养过程中笔译方向的学生有10万字以上的笔译实践，口译方向的学生有100小时以上的口译实践。课程设置包括公共必修课（3门，6学分）、专业必修课（5门，10学分）、口译或笔译方向必修课（4门，8学分）、专业选修课（3门，6学分）和翻译实习2学分，共5大板块，总学分不低于32学分。学位论文撰写时间一般安排在第4学期，按照要求完成学位论文并通过学位论文答辩者，获得翻译专业硕士学位。

翻译专业硕士基于强化和提高学生职业技能的理念，遵循翻译教学的规律，强调"从实践中来，到实践中去"的实践核心和应用特色。教学过程中，始终突出学生的主体地位，即实践的主体，教师必须要求学生动笔、动口，自己只起到指导和点评的作用；授课教师从实践中成长起来，具有丰富的实践经验和很强的业务技能，用以指导学生的翻译活动。作为专业研究生教育，培养过程突出"专"字，笔译和口译的课程教学均区分西汉和汉西不同的翻译操作

方向，在各个方向进行专门强化训练；各翻译方向的教学又分为 1、2、3 三个层级，在循序渐进中走向高远，即在"专"的同时追求并实现"精"。

当然，没有理论指导的实践是盲目的实践，学生须学习一定数量的语言和翻译理论课程，在实践的过程中要适时运用理论阐释和解决问题，使实践活动在科学的轨道上前进。

七、召开"2015 年全国高校西班牙语专业教学研讨会"

教育部外指委西班牙语分委员会及中国高等教育学会外语教育研究分会于 2015 年 10 月 14 日至 17 日在西南科技大学召开"2015 年全国高校西班牙语专业教学研讨会"，62 所大学的代表参加了会议。会议内容为：

(1) "中国高等院校西班牙语教育研究"课题组工作情况通报与研讨；

(2) 2015 年西班牙语专业水平测试（四、八级）总结及测试改革研讨；

(3) 西班牙语专业主干教材及本科教学大纲修订工作研讨；

(4) 全国高校西班牙语专业教学点最新情况通报；

(5) 全国西班牙语专业年度会议情况介绍。

10 月 15 日，教育部外指委西班牙语分委员会成员、中国高等教育学会外语教育研究分会西班牙语常务理事以及本专业测试专家咨询组成员开会，重点就 2015 年对高校西班牙语专业四、八级水平测试之试题结构、题量和总分做尝试性改革后的结果、存在的问题及解决办法等进行了研讨。会议肯定了改革的举措，决定在此基础上进一步细化和完善工作，使测试不断走向规范、科学、合理。

八、获得两项国家社科基金项目

上海外国语大学西方语系于漫教授 2015 年申请获得国家社科基金一般项目"国际比较视野下我国西班牙语课程标准研究"，拟从国内外对比着手，对我国西班牙语教学的课程标准展开研究，通过量表和国际参照探讨我国西班牙语教学课程体系的特点，丰富我国外语学科课程标准研制的视域和范式，总结和借鉴海外"可为我所用"的经验，在此基础上构建适合中国国情的西班牙语课程标准，以期为切合中国外语学习者的教学理论与方法研究提供理论依据和实践参考。

上海外国语大学西方语系曹羽菲副教授2015年申请获得国家社科基金青年项目"国际比较视野下面向拉美地区的语言传播战略研究"，拟从国际语言竞争、移民与区域融合、商业经济、文化多样性、身份认同等角度，通过个案研究和对比分析考察世界主要国家在拉美进行语言传播的背景与现状，探讨各种语言在该地区传播过程中所体现出来的政治价值、经济价值和文化价值，以期为新时期我国语言政策和语言规划研究，尤其是面向拉美地区的汉语国际传播提供理论依据和实践参考。

九、教材、教参出版

郑书九、刘元祺主编的《全国高等院校西班牙语教育研究》于2015年8月由外语教学与研究出版社出版。进入新世纪以来，我国高校的西班牙语专业教育出现"井喷式"发展景象，美好的发展机遇也意味着巨大的挑战。在此背景下，2008年北京外国语大学西班牙语专业郑书九教授组织本校和上海外国语大学共6位专业教师启动该课题研究。课题分为"高等院校西班牙语本科课程研究"、"高等院校西班牙语师资状况研究"、"高等院校西班牙语专业四级水平测试研究"、"高等院校西班牙语专业八级测试研究"、"高等院校西班牙语专业学生状况研究"等五个分课题。历经7年精心调研、归纳、分析和总结，完整、准确地掌握了当下我国西班牙语教育的现状、成就以及问题与对策，最终形成这部学术专著。

书中指出，在本科教学方面，课程设置仍然沿袭传统的教学思路，缺乏创新，各校大同小异，缺乏宏观的、有区别、有特色、与社会高速发展形势相适应的整体设计，近30多年来虽已出版教材60余种，但尚无一套系统、科学、符合社会需求的系列教材；专业师资是本专业当前面临的最严峻的问题，教师的数量、质量、学历构成、职称比例、年龄与教龄结构以及男女比例均令人担忧，这些是导致教学质量整体下滑的主要因素；关于学生专业水平的测试与评估，四级、八级水平测试虽已连续举行多年，也具有一定的规模和影响力，但缺乏系统、科学的理论研究与指导；对学生现状的调研发现，学生的学习动机、学习习惯、自我评估以及用人单位对学生的评价和需求等方面的研究还基本是空白。

该课题的研究成果可作为制定我国高校西班牙语教育发展政策的依据，具有一定的理论价值与实践指导意义，有利于我国西班牙语专业人才培养在科学、健康、有序的道路上前进。

《现代西班牙语听力教程1》由常福良编著，于2015年10月在外研社出版，属于"现代西班牙语"教材系列。该听力教程共有4册，为高等院校西班牙语专业听力课程设计编写，其特点主要是：强化学习者科学训练听力的意识，使用全新训练方法，帮助学习者提高语言水平的同时，树立交际信心；全部内容由来自西班牙和拉美的多位外国专家录音，使学习者领略不同地区西班牙语语音的多样性。第1册适用于高校西班牙语专业一年级上学期教学，根据零起点精读课教学进度，将《现代西班牙语学生用书1》中的语音、词汇、语法规范等内容渗透在语料中，以听、说的形式训练提高并检验学习者理解和运用西班牙语的熟巧程度；按"从小到大"的语言单位，各单元分别设置"语音"、"词汇"、"句子"、"短文"板块，其中语料的数量、篇幅及难度随学习者的接受能力逐步递增；练习形式和数量丰富，各板块有"基础练习"、"更多练习"、"选择练习"及"强化练习"的划分，以便使用者根据教学实际选择使用。

2015年出版的教材或教学参考书还有：

《现代西班牙语 学生用书2》，董燕生、刘建编著，外研社出版；

《现代西班牙语 学生用书3》，董燕生、刘建编著，外研社出版；

《西班牙语语法一点通》，陆恺甜编著，外教社出版。

---

[1] 中华人民共和国商务部，2015，2015年商务工作年终综述之十五：抓住机遇加快推进中拉经贸合作提质升级 [OL]，http://www.mofcom.gov.cn/article/ae/ai/201601/20160101244377.shtml（2016年9月7日读取）。

[2] 2011年的数据来源：《2011年全国西班牙语专业教学研讨会材料汇编》，四川外语学院成都学院，2011年11月。

2012年的数据来源：《2012年全国西班牙语专业教学研讨会材料汇编》，天津外国语大学西班牙语系，2012 年 10 月。

2013 年的数据来源：《2013 年全国高校西班牙语专业教学研讨会材料汇编》，中山大学翻译学院，2013 年 10 月。

2014 年的数据来源：《2014 年全国高校西班牙语专业教学研讨会材料汇编》，青岛大学外国语学院，2014 年 9 月。

2015 年的数据来源：《2015 年全国高校西班牙语专业教学研讨会材料汇编》，西南科技大学外国语学院，2015 年 10 月。

[3] 数据来源：《2015 年全国高校西班牙语专业教学研讨会材料汇编》，西南科技大学外国语学院，2015 年 10 月。

第五节　阿拉伯语 [1]

一、阿拉伯语教学改革情况

2015 年，我国秉承互利共赢的一贯原则，推动"一带一路"与阿拉伯国家发展战略的对接，得到大多数阿拉伯国家的积极响应，为阿拉伯国家经济发展开辟了新前景，也为我国阿语专业的发展创造了有利条件。根据教育部公布的"2014 年度高校新增本科专业"名单，2015 年有三所高校新增阿拉伯语本科专业，分别为浙江工商大学、兰州交通大学和银川能源学院。根据高考志愿填报参考系统所得数据，2015 年开设应用阿拉伯语专业的高职院校达到 11 所，比 2014 年的 3 所增加了 8 所 [1]。根据中国研究生招收信息网 2015 年硕士专业目录查询所得数据，加上笔者所掌握的信息，2015 年全国招收阿拉伯语专业硕士研究生的院校为 13 所。

2015 年，阿语专业在国家政策、教育理念、培养方案、重大考试等方面没有重大改革举措，但包括老校在内的各高校阿语专业都在为提高人才培养质量努力探索。部分高校，如对外经济贸易大学、北京语言大学、黑龙江大学、大连外国语大学阿语专业开始实施修订后的新版本科人才培养方案。与老版培养方案相比，新版在学分分布、课程设置方面有一些微调，更加注重课程的连贯性与整体性，注重学生语言综合运用能力的提高和知识面的拓展，注重实践教学。另有一些院校，如北京外国语大学、北京第二外国语学院等，通过狠抓低年级教学的方式，夯实学生的语言基本功，为学生在高年级通过自主学习，提升语言能力、拓宽专业知识面、提高社会适应性和应变能力、拓宽就业渠道打下坚实基础。如二外阿拉伯学院成立"基础阶段教学工作坊"，定期举行集体备课、听课观摩、最新教学理念分享，以帮助青年教师成长，完善教师队伍梯队建设，促进教师更新教育理念、改进教学方法、提高教学质量。北外阿语专业则以学风建设为引领，通过加强学生日常考勤管理，严肃学籍管理要求，狠抓教学秩序、教学规范和教学质量。如每学期开学前，由各任课教师负责制

1　本节作者：叶良英，北京外国语大学。

定课程教学大纲，就课程的教学内容、考核方式、课程所要达到的能力目标、知识目标、素质目标进行详细描述，使学生对课程有总体了解。每学期中，由教研室主任负责，通过问卷调查的方式，敦促学生从教学态度、教学内容、教学方法、教学管理、教学效果五个方面进行评教，以增进师生之间的沟通，使教师有机会根据学生反馈，适时调整教学内容、教学方法，提高教学综合能力。为提高学生的基础理论知识与专业实践能力，帮助他们建立多元化的知识结构，北外阿语专业设立必读书目检查制度与学术护照制度，鼓励学生通过自主阅读指定书目、听讲座等方式不断完善自己的知识系统；开设阿语角、读书会等"第二课堂"活动，以巩固、消化"第一课堂"学习成果，鼓励学生将所学语言知识运用于实际交际，提高阿语实践能力。

二、招生及就业情况

1. 招生

作为"一带一路"战略的人才保障，高校阿语专业肩负着为社会输送合格、优秀阿语人才的重任，因此，除新开设阿语专业的院校不断增多外，部分高校也扩大招生规模，为人才培养提供保障。2015 年，中国高校阿语专业招生规模最大的是宁夏大学、西北民族大学、浙江越秀外国语学院、四川外国语大学成都学院，分别招收本科生 125 名、96 名、66 名、61 名；四川外国语大学和西安外国语大学各招收 60 名。其他招收两个班级约 40—55 名本科生的有北外、上外、北二外、天外、大外、浙外、南京大学金陵学院等。其他院校均招收一个班级，人数在 15—30 名之间。据估算，2015 年全国阿语专业本科招生人数约为 1,200 人。其中老牌阿语专业院校共招收本科生 210 名，硕士研究生 52 名，博士研究生 10 名（详见表 2.13），基本与去年持平。15 年全国共招收阿语专业硕士研究生 80 人，博士研究生 10 人。

表 2.13 中国老牌院校阿语专业 2015 年招生人数

院校名称	本科招生人数	硕士招生人数	博士招生人数
北京大学	21	4	2
北京外国语大学	48	17	2
北京第二外国语学院	47	6	/
北京语言大学	37	12	1
对外经济贸易大学	17	6	1
上海外国语大学	40	7	4
总计	210	52	10

2. 就业

2015 年 4 月，在教育部高校学生司的指导下，全国高校学生信息咨询与就业指导中心主办的"一带一路"大型网络招聘会、全国高校就业联盟工作座谈会在西安召开，旨在为相关专业高校毕业生提供就业机会。对于阿语专业来说，虽然随着"一带一路"战略的推进，就业市场对阿语人才的需求呈现旺盛态势，但从全国范围来看，除老牌知名院校的多数毕业生能进入国家部委、政府机关、大型央企国企、事业单位就职之外，还有一部分毕业生选择读研和出国留学外，大部分其他高校的毕业生均就业于与阿拉伯国家有业务往来的中小微企业，还有部分毕业生从事与阿语专业无关的工作或未能顺利就业（见表 2.14）。

表 2.14   中国老牌院校阿语专业 2015 年就业率统计

院校名称	本科毕业生人数	本科就业率	研究生毕业人数	研究生就业率
北京大学	17	94.1%	8	100%
北京外国语大学	47	100%	12	100%
北京语言大学	31	100%	8	100%
对外经贸大学	25	100%	9	100%
北京第二外国语学院	38	100%	6	100%
上海外国语大学	38	100%	11	100%

下面以北外阿拉伯学院为例具体说明老牌知名院校阿拉伯语专业毕业生就业去向：

北外阿拉伯学院 2015 届共有全日制统招毕业生 59 人，其中本科生 47 人，硕士研究生 10 人，博士研究生 2 人。截至 2015 年 9 月，已全部就业，就业率为 100%（见表 2.15、2.16）。

表 2.15 北外阿语专业 2015 届研究生就业情况统计

	公务员	事业单位	国企	股份制企业	就业率
人数	4	6	1	1	12
比例	33%	50%	8.5%	8.5%	100%

表 2.16 北外阿语专业 2015 届本科生就业情况统计

	国内读研	公务员	事业单位	国企	股份制企业	国外读研	就业率
人数	3	11	3	16	9	5	47
比例	6%	23%	6%	34%	19%	11%	100%

其他院校以区域划分，每一区域取其中一所院校，以说明阿语专业 2015 年的大体就业情况。

华北地区以天外为例，天外阿语专业 2015 届共有本科毕业生 37 人，其中 36 人顺利就业，就业率为 98%，就业去向为：国内读研 3 人，出国留学 1 人，各类企业 32 人，未就业 1 人。有硕士毕业生 3 人，就业率 100%，就业去向为读博 1 人，高校教师 1 人，企业 1 人。

东北地区以大外为例，大外阿语专业 2015 届共有本科毕业生 49 人，其中 48 人顺利就业，就业率为 97.9%，就业去向为：国内读研 7 人，出国留学 1 人，地方公务员 2 人，事业单位 4 人，国有企业 6 人，其他企业 28 人。有硕士毕业生 4 人，就业率 100%，就业去向为高校就职 2 人，国企 1 人，其他企业 1 人。

西北地区以宁夏大学为例，宁夏大学阿语专业 2015 届共有本科毕业生 49 人，其中 39 人顺利就业，就业率为 80%，就业去向中有地方公务员、事业单位，但大部分就职于中小企业。

西南地区以川外为例，川外阿语专业 2015 届共有本科毕业生 23 人，其中 22 人顺利就业，就业率为 95.7%，未就业的 1 人在国航实习。就业去向为：国内读研 2 人，事业单位 2 人，自主创业 1 人，各类企业 17 人。

江南地区以扬州大学为例，扬大阿语专业 2015 届共有本科毕业生 20 人，其中 16 人顺利就业，就业率为 80%，就业单位与阿语的相关度约为 30%，工作地点几乎都集中在江苏省和上海市。就业去向为：国内读研 3 人，事业单位 2 人，其他均就业于各类企业。

大学毕业生是国家宝贵的人才资源，其就业问题不仅关系到学生个人的成长成才，也关系到专业的持续健康发展，关系到社会稳定和人民群众的根本利益。北外阿语专业指导学生就业的经验可总结为以下几点：1）全系师生共同努力，广泛动员校友资源，不断扩大就业渠道。2）协助学生尽早进入角色，确定就业意向，做好就业准备。3）努力为学生创造各类实习机会，使学生在就业简历的填写和各类考试中赢得先机，提升就业竞争力。4）引导学生针对适合自己的单位有选择地投递简历，确保就业岗位的充分利用。5）除整体的就业指导外，针对毕业生的不同特点，特别注重个体辅导，帮助学生分析优劣势，进行合理的自我定位，确定合适的就业目标，引导其成功就业。

三、学术会议

1. 中国—阿拉伯国家大学校长论坛及学者研讨会

2015 年 9 月 12 日，由宁夏教育厅、宁夏大学与北方民族大学共同承办的"第三届中国—阿拉伯国家大学校长论坛及学者研讨会"在银川举行。本届论坛吸引了来自阿拉伯国家和其他地区共计 26 个国家，74 所大学负责人以及中方 53 所高校代表 330 多人出席。论坛以"服务'一带一路'建设，创新合作平台"为主题，就"中阿大学在服务'一带一路'建设中的合作机遇与以往合作成功经验借鉴"、"完善中阿大学师生双向流动和交换机制"、"构建中阿大学合作平台的新举措"等议题进行了深入研讨，签署了一批中阿大学合作交流协议，联合发表了《中阿大学校长论坛圆桌会议银川宣言》，形成了"2015—2019 中阿高等学校共同行动计划"。[2]

2. 第三届"中东形势回顾与展望"研讨会

2015 年 2 月 9 日，由北京大学外国语学院阿语系、北京大学阿拉伯伊斯兰文化研究所、北京大学中东研究中心主办的"第三届'中东形势回顾与展望'研讨会"在北京友谊宾馆举行。

与会的我国外交部资深外交家和中国国际问题研究专家们就 2014 年中东局势变化及 2015 年中东局势走向等议题进行了深入的交流和讨论，特别对伊核问题、"伊斯兰国"、海湾局势、巴以和平进程等地区热点问题作出了深入解读和预测。专家们认为，2014 年中东局势变迁可概括为"在动荡中艰难转型，但'乱'中有'秩'"。2015 年趋缓将占据主流，这是人心思稳、"伊斯兰国"发展趋势、大国地区战略面临挑战的必然结果。应特别关注海湾局势的变化，尤其是沙特王室政权可能对地区形势产生的影响。[3]

3. 伊斯兰国家发展与"一带一路"建设研讨会

2015 年 11 月 8 日，由河北大学伊斯兰国家社会发展研究中心主办，北京语言大学阿拉伯研究中心承办，17 家大学及社会研究机构协办的"伊斯兰国家发展与'一带一路'建设研讨会"在北京语言大学召开。来自传媒、文化、哲学、国际关系等不同领域的海内外专家学者近百人参会，就"一带一路"沿线国家的发展以及我国"一带一路"战略建设等话题展开了开放、多元的研讨。

会上，河北大学伊斯兰国家社会发展研究中心、北京语言大学阿拉伯研究中心、北京外国问题研究会、北京大学国家战略传播研究院、中国社会科学院世界传媒研究中心等 17 家国内高校及社会研究机构共同倡议成立了"'一带一路'沿线国家研究智库联盟"，并发布了《"一带一路"沿线国家研究智库联盟倡议书》。《倡议书》指出，该智库联盟将整合国内不同学科领域有实力，但又相对分散的研究资源，搭建跨学科、多领域研究平台，以实现学术资源、信息、成果共建共享，推动对"一带一路"沿线国家系统深入的研究，为我国"一带一路"战略建设提供智力支持。

联盟将秉承"和平合作、开放包容、互学互鉴、互利共赢"的丝路精神，吸收更多国内有实力的研究机构参与；并积极与"一带一路"沿线国家的相关研究机构开展交流、合作，打造具有国际影响力的智库平台。[4]

4. 中阿传播创新与发展国际研讨会

2015 年 9 月 14 日，由国家新闻出版广电总局研修学院、河北大学新闻传播学院、河北大学伊斯兰国家社会发展研究中心主办，北京语言大学阿拉伯研究中心承办的"中阿传播创新与发展国际研讨会"在北语举行。来自埃及、苏丹、阿尔及利亚、约旦、阿联酋等国家的 16 位新闻媒体方面的外籍专家参加此次国际论坛。

中阿双方与会代表在加强中阿媒体务实合作，实现优势互补；将广播电视媒体建成丝绸之路的重要桥梁，促进并推动高等教育与新闻传播的跨国交流；推动中阿传播媒体在政策沟通与对话、内容互通互鉴、技术交流与产业合作等方面的联系；打造"一带一路"框架下的服务型媒体等方面达成了共识和合作意向。双方代表还分别宣读了《发起中阿高校与媒体合作论坛倡议书》，建议每年在中阿国家举办一次论坛，倡议尽早建立中国与阿拉伯国家文化与媒体学者多元交流渠道。[5]

5. "一带一路"与中国伊斯兰教发展研讨会

2015 年 11 月 28 日至 29 日，由北京外国问题研究会、北京叶柏文化传播有限公司主办，北京外国语大学阿拉伯学院和河北大学伊斯兰国家发展研究中心协办的"'一带一路'与中国伊斯兰教发展研讨会"在京举行。近百名与会专家学者和中青年伊玛目围绕"一带一路"，全面回顾伊斯兰教在中国本土化的光辉历程，热议宗教如何与社会主义社会相适应，共建文化多元、民族团结与社会和谐，畅想实现中华民族伟大复兴的美好前景并达成共识。

在为期两天的座谈中，与会学者系统讲述了"一带一路"将如何改变和造福世界，阐述了"一带一路"与中国外交的相互关系，分析了"一带一路"赋予中国穆斯林的使命和机遇。

在"青年伊玛目"论坛中，数十位来自全国各地的中青年伊玛目围绕"如何理解伊斯兰教与本土化"、"中国穆斯林青年国际视野"和"东西部穆斯林青年观念差异"进行了鲜活而丰富的观点碰撞，以渊博的经训知识和前沿观念共同探讨了全球化、城市化和现代化背景下的中国伊斯兰教现状和发展趋势，并就如何服务于"一带一路"和中国企业"走出去"战略、与时俱进高扬伊斯兰教中正和平核心理念、引导伊斯兰教众远离激进与极端和反对恐怖主义献计献策。[6]

6. 第四届阿拉伯研究论坛暨"阿拉伯地区变局中的大国博弈"学术研讨会

2015 年 9 月 25 日，北京第二外国语学院阿拉伯研究中心举办"第四届阿拉伯研究论坛暨'阿拉伯地区变局中的大国博弈'学术研讨会"。会议邀请了埃及金字塔集团总监、金字塔报业集团主席、约旦《观点报》主编，以及国内十余位知名中阿专家学者、资深外交家，共同探讨阿拉伯地区变局中的大国博弈问题。

与会代表围绕"中东局势的总体研判"、"反恐与中东格局演变"、"变局后阿拉伯世界的对外关系"、"崛起的大国与国际集团对构建国际新秩序的影响"、"美国在中东变局中的窘境"、"叙利亚危机中的大国博弈"等议题进行了深入的分析与研判。[7]

7. "突尼斯问题暨阿拉伯伊斯兰文化"研讨会

2015 年 6 月 12 日，大连外国语大学举办了"突尼斯问题暨阿拉伯伊斯兰文化学术研讨会"。国内近 30 位专家学者出席研讨会，并就"突尼斯的历史、现状与展望"、"中东剧变对阿拉伯语言文学和阿拉伯语教学的影响"、"阿拉伯伊斯兰文化"等主题展开热烈讨论。会上，外交部前副部长杨福昌代表与会嘉宾致辞。他强调研究突尼斯乃至整个阿拉伯地区的国情、文化、政治变革、经济发展，对中国文化"走出去"和中国企业"走出去"，加强中国与西亚、北非各国互利共赢的合作关系有着重要意义。他还指出中阿产业互补性强，经历剧变的阿拉伯国家经济亟需资金和技术支持，阿拉伯国家"向东看"的政策与中国"向西进"的发展战略能够顺利对接，中阿合作必将因"一带一路"战略构想的推进更上一层楼。[8]

8. 第三届全国阿拉伯语专业研究生论坛

2015 年 12 月 12 日，由中国阿拉伯语教学研究会、中国阿拉伯文学研究会主办，北京大学外国语学院阿拉伯语言文化系、北京大学中东研究中心、北京大学东方文学研究中心承办的"第三届全国阿拉伯语专业研究生论坛"在北京大学举行。来自全国 12 所高校阿拉伯语专业的硕士、博士研究生及青年老师共 70 余人参加此次论坛。论坛共收到论文 50 余篇，涉及"阿拉伯语言"、"阿拉伯文学"、"阿拉伯伊斯兰文化"和"中东研究"四个研究方向，汇编为《第三届全国阿拉伯语专业研究生论坛论文集》。论坛为全国阿语研究生提供了一个展示、交流和提高的平台。[9]

四、专业活动

1. 沙特图尔基亲王访问北语并出席《阿卜杜拉国王和他的王国》出版启动仪式

2015 年 11 月 4 日，应北京语言大学邀请，沙特亲王图尔基·本·阿卜杜拉、白德尔·本·阿勒·沙特、穆罕默德·本·费萨尔以及沙特国王办公厅顾问阿卜杜拉赫曼博士访问北语，并出席《阿卜杜拉国王和他的王国》出版启动仪式暨授予图尔基亲王荣誉教授仪式。

北语李宇明书记会见了沙特亲王一行，并为图尔基亲王题词"剑胆琴心"，为白德尔亲王题词"四海一家"、为穆罕默德亲王题词"丝路情深"作为纪念。校长崔希亮教授向图尔基亲王颁发荣誉教授及阿拉伯研究中心学术委员会荣誉主任聘书。

图尔基亲王在讲话中提到"鉴于北京语言大学在阿拉伯语言、文化教学和研究领域的卓越贡献，特将沙特人心目中最崇高、最珍贵的天房金门幔帐转交给北京语言大学阿拉伯研究中心永久保存，作为中沙友谊的见证向公众展示。"

在崔希亮校长和图尔基亲王等沙特贵宾的见证下，阿拉伯研究中心执行主任罗林教授与社科文献出版社蔡继辉总监签署《阿卜杜拉国王和他的王国》出版协议。仪式结束后，图尔基亲王将天房金门幔帐（伊斯兰历 1431 年，公历 2010 年）转交北京语言大学阿拉伯研究中心。[10]

2. 阿拉伯大诗人阿多尼斯访问北京外国语大学

2015 年 10 月 28 日，享誉世界的当代阿拉伯大诗人、思想家阿多尼斯访问北京外国语大学，与中国诗人树才一起，为出席活动的数百名外国文学和阿拉伯文化爱好者带来一场题为"与阿多尼斯一起，寻找世界的诗意"的精彩思想对话。

阿多尼斯精通法语等语言，但只用阿拉伯语创作，以"向阿拉伯语的美丽与曾经有过的辉煌表示忠诚"。阿多尼斯与树才围绕生命、诗歌、翻译、旅行等多个话题展开探讨，不时迸发出智慧与诗意的火花。

提到诗人故乡叙利亚的当前处境，阿多尼斯表示，曾震惊世界的那个淹死在海边的叙利亚男童的画面，浓缩了叙利亚当今的一切苦难。此次活动，不仅让听众感受了诗人丰富的精神世界，也让大家领略了诗歌与阿拉伯语的魅力，增进了对诗歌与人生的思考。[11]

3. 外指委阿语年会暨高校阿语专业负责人联席会议和基础阶段阿拉伯语教学研讨会

2015 年 10 月 30 日，由教育部外指委阿拉伯语分委员会主办、大连外国语大学意阿语系承办的外指委阿拉伯语分委会 2015 年年会暨高校阿拉伯语专业负责人联席会议在大外召开，来自全国 42 家高校、出版单位的 60 余名代表出席了本次会议。

开幕式上，阿语分委会主任委员周烈教授希望与会代表努力做好阿语的教学、科研与文化传承，把全国的阿语教育事业推向新的台阶。在接下来的会议中，周烈教授对 2014—2015 年度阿语分委会工作进行了总结，北大傅志明教授对阿语教学研究会的工作进行了总结，并讨论确定了 2015—2016 年度的工作计划及在新组织框架下开展工作的思路。阿语专业四级测试专家组组长北外叶良英副教授就 2015 年专业四级测试进行了总结。

联席会后举办了全国高校阿拉伯语专业基础阶段教学研讨会，与会教师围绕阿语精读课教学、任务型教学法的应用、阿语写作能力的培养、应用文翻译等主题宣读了论文，进行了研讨。[12]

4. 阿拉伯文学研究会 2015 年年会暨学术研讨会

2015 年 12 月 5 日，中国"阿拉伯文学研究会 2015 年年会暨学术研讨会"在天津外国语大学举行。来自社科院外国文学研究所及全国多所高校和科研单位的阿拉伯文学研究专家和阿拉伯语言文学专业的硕士、博士研究生，约 70 余位代表出席此次研讨会。研讨会围绕"阿拉伯现当代文学与社会、文化的变迁"议题展开讨论。研讨会期间还举行了阿拉伯文学研究会常务理事会议，商定了 2016 年年会等相关事宜。[13]

5. 第四届 "CRI 杯" 全国高校阿拉伯语演讲比赛

由中国国际广播电台主办、北京语言大学承办的第四届"CRI 杯"全国高校阿拉伯语演讲比赛决赛于 2015 年 12 月 18 日在北语落下帷幕。本届比赛吸引了全国 30 多所大专院校上百名阿拉伯语专业学生参加，经过初赛、复赛的激烈角逐，来自北外、北语、上外、北二外、川外等院校的 24 名选手入围决赛。最终，来自北外的马晔和北二外的叶萌荣获高年级组一等奖，来自北外的刘锦睿和北语的白鹭荣获低年级组一等奖，其余选手分获二、三等奖。

外交部副部长张明在颁奖仪式上对该赛事给予高度评价。他说："'CRI 杯'这一平台，给中国高校阿拉伯语师生提供了展示机会，也为中国阿拉伯语教学发展和人才建设发挥了积极推动作用。两天的比赛为我们求人才、识人才、选人才提供了难得的机会。参赛选手们在比赛中展现了娴熟的语言驾驭能力，让我们对中国的阿拉伯语教学水平刮目相看，也让我们对阿拉伯语在中国的认同和发展感到信心满满。"[14]

6. 首届"阿盟杯"全国高校阿拉伯语书法比赛

2015 年 12 月 18 日，由阿拉伯国家联盟驻华代表处主办，北京语言大学中东学院和阿拉伯研究中心承办的首届"阿盟杯"全国高校阿拉伯语书法比赛暨纪念世界阿拉伯语日活动在北语圆满落幕。

本次比赛自 11 月底开赛，收到了来自全国 30 余所高校的近 400 幅参赛书法作品。经过第三方中外专家的严格评比，北语阿语专业 2014 级本科生张涵荣获一等奖。参加本次比赛的 200 多幅优秀作品将于 2016 年作为埃及中国文化年系列文化交流项目之一，在中国开罗文化中心展出。

颁奖仪式当天正值世界阿拉伯语日，为表彰国内老一辈阿拉伯语教学工作者的辛勤付出和卓越成就，阿拉伯国家联盟驻华代表处向国内多所高校退休的阿拉伯语教授颁发荣誉证书，感谢他们为阿拉伯语教学和研究、传播推广阿拉伯伊斯兰文化、培养一代又一代的阿拉伯语专业人才所做的巨大贡献。[15]

7. 中国人眼中的阿联酋摄影展

2015 年 6 月 10 日，由北京外国语大学主办，中国人民对外友好协会、中国驻阿联酋使馆、阿联酋驻华使馆协办的"丝绸之路闪耀的海湾明珠——中国人眼中的阿联酋摄影展"在北外阿拉伯学院成功举办。北外党委书记、中国人民对外友好协会副会长，以及阿联酋、约旦、巴林、巴基斯坦等国驻华大使等50 余位来宾出席了活动。中央电视台阿拉伯语频道、新华社、人民网等媒体对活动进行了采访报道。

此次展出的 130 幅优秀作品均由中国驻阿联酋大使馆提供，由工作、生活在阿联酋的中国人拍摄。题材涉及阿联酋独特的自然风光、现代建筑、风土人情、多元文化，还有多幅记录中阿友谊和高层交往的珍贵照片。所有作品曾于2015 年 5 月 21 日至 23 日在阿联酋阿布扎比国家大剧院成功展出。[16]

8. 第七届全国高校阿拉伯语青年教师暑期培训班

2015 年 8 月 12 日至 16 日，由外指委阿拉伯语分指委、中国阿拉伯语教学研究会共同主办，上海外国语大学东方语学院承办的"第七届全国高校阿拉伯语青年教师暑期培训班"在上外虹口校区成功举办。来自全国 18 所高校的近 30 名青年教师参加了本期培训班。

培训班邀请北京大学阿语系主任林丰民教授、上外阿语专业蔡伟良教授、陆培勇教授、王有勇教授和陈万里教授、中东研究所马丽蓉教授和台湾政治大学阿语系主任郑慧慈教授进行了为期四天的授课。另外，培训班还特邀了美国德州基督教大学 Manochehr Dorraj 教授。培训主题涉及语言教学、文学研究、中东问题和课题申报等 9 个专题。培训分专题授课和互动讨论两个环节。教授们深厚的学术积淀、开阔的学术视野、幽默睿智的表达对学员们启发良多。互动环节中，学员们踊跃提问，气氛热烈。培训班还安排了学员沙龙，为学员之间的直接交流搭建了平台。[17]

五、全国高校阿拉伯语专业四级测试

2015 年全国高校阿拉伯语专业四级测试于 5 月 16 日上午顺利举行，全国共有 32 所院校参加本次测试，其中包括 4 所专科院校，比去年的 27 所增加 5 所。2015 年报考总人数为 1,489 人，实际考试人数 1,465 人，缺考人数 24 人，其中应届考生人数 1,087 人。报考总人数比 2014 年的 1,186 人增加 303 人。北京地区的 5 家院校集中在北京语言大学考点考试，其他的 27 个考点分别由参加考试的院校自行组织安排。

四级测试总分为 120 分，全国最高分 110.375 分，最低分 12.275 分，全部参试考生的平均分为 53.6 分，应届考生的平均分为 56.93 分，通过率为 47%，良好率 8.6%，优秀率 3.8%。成绩跟往年相比有明显下降。

测试的客观题部分由同义词、反义词、语法、完型填空、标符和篇章阅读理解 6 部分构成，得分率最低的是完型填空和篇章阅读理解，说明学生以下能力有待加强：理解和把握文章主旨大意、段落大意和中心思想的能力，理解全篇的逻辑关系的能力，根据已知信息进行合理的推理判断并预测新信息的能力，对语篇意义的连贯性和语言运用准确、得体性的把握程度，对上下文的精细理解和缜密的逻辑判断的能力。

主观题由阿汉互译、应用文、命题作文几部分构成，主要考查学生的实际语言运用能力，即理解、翻译、表达能力。从得分可以看出，学生普遍存在语言表达能力欠缺、阅读理解及综合分析能力差等问题。

六、专著、辞典、教材出版

1. 专著、论文集

1)《中庸与调和：儒家和阿拉伯伊斯兰思想的比较研究》

昆仑出版社 2015 年 1 月出版，北京外国语大学阿拉伯学院吴旻雁著。

该书以儒家文化中的中庸思想和阿拉伯伊斯兰文化中的调和思想为研究对象，分析其发生的根源和历史发展流变，并以此为出发点，用互为视角的方法透视中国文化和阿拉伯伊斯兰文化，对其进行比较，继而了解和认识中国和阿拉伯相对稳固的文化结构和重古尚古的情结，以及近代以来两个民族在面对西方文化的挑战时所表现出的对传统的依恋，实现现代化转型的困难等问题。

2)《阿尔及利亚柏柏尔主义研究》

社会科学文献出版社 2015 年 10 月出版，对外经济贸易大学阿拉伯语系黄慧著。

该书论述了阿尔及利亚柏柏尔主义的根源、表现、特征与发展趋势，以及阿尔及利亚的民族国家构建和政治发展等问题。

3)《认知语言学视角下阿拉伯语应用偏误研究》

北京语言大学出版社 2015 年 5 月出版，北京语言大学中东学院李振华著。

该书以认知语言学为理论基础，从词汇、语法、短语、句子和语篇结构等层面入手，探讨汉阿两个民族的认知特点和思维方式对两种语言产生的影响，分析中国阿拉伯语学习者产生偏误的深层认知原因。

4)《隐喻视阈下的阿拉伯语派生构词研究》

世界图书出版公司 2015 年 11 月出版，四川外国语大学阿语系吴昊著。

该书在吸收中外隐喻研究成果的基础上，结合洪堡特的语言世界观和沃尔夫的语言相对论，从隐喻认知角度阐明阿拉伯语派生构词中词型与词义的联系，语音理据与词义的联系，说明阿拉伯语派生构词是阿拉伯人的生活隐喻图式，是阿拉伯人以联系性、整体性为特点的逻辑性思维方式的体现。

5）《二战后中东伊斯兰国家发展道路案例研究》

宁夏人民出版社 2015 年 8 月出版，上海外国语大学陈万里等著。

著作选择了非阿拉伯伊斯兰国家伊朗与土耳其，阿拉伯伊斯兰国家埃及、沙特、伊拉克与利比亚，以及阿拉伯伊斯兰区域性组织海湾阿拉伯国家合作委员会作为研究案例，在借鉴与批判现代化理论和中东伊斯兰国家发展的客观现实基础上，运用综合分析方法，从政治、经济和社会发展等层面，较为深入地分析了二战后中东伊斯兰国家在发展道路的方向抉择、政策实施和社会治理等方面的历史发展进程。

6）《阿拉伯发展报告黄皮书（2014—2015）》

社会科学文献出版社 2015 年 11 月出版，北京语言大学中东学院罗林主编。

该书以"转型与动荡"为主题，总报告对阿拉伯地区的民主转型、地区形势等进行了研究分析；专题篇对埃及、利比亚、突尼斯、伊拉克、叙利亚、沙特等国当前政治形势进行具体评估；国际关系篇分别对阿拉伯世界整体地位、巴以问题发展走向、恐怖主义态势、教派矛盾、阿拉伯舆情动向等内容进行全面评估；国别篇对美国、俄罗斯等外部大国和地区在中东的战略动向以及中国"一带一路"倡议、中国与海合会自贸区谈判等问题进行深入研讨。

7）《阿拉伯研究论丛》（2015 年第 1、2 期）

社会科学文献出版社于 2015 年 1 月、12 月出版，北京第二外国语学院周烈等主编。

该论丛以阿拉伯研究论坛为依托，选取学者于论坛上宣读的学术论文，编选成册，内容聚焦于广大阿拉伯国家的政治、经济、社会、文化及外交等方面。

8）《中国—阿拉伯国家博览会中阿经贸关系发展进程 2014 年度报告》

宁夏人民出版社 2015 年 8 月出版，由对外经济贸易大学杨言洪等主编。

报告讲述了中阿经贸关系 2014 年的整体发展进程，涵盖了阿拉伯国家的整体经济及财政状况、中东政治危机对中阿经贸关系发展的影响、中阿双边贸易关系与投资现状、中阿服务贸易的现状和特点、阿拉伯国家的基础设施与制造业概况等方面的内容。

2. 教材

1)《新编阿拉伯语》(第六册)

外语教学与研究出版社 2015 年 1 月出版，北京外国语大学阿拉伯学院国少华主编。

该教材为北京市高等教育精品教材立项计划资助的重点项目《新编阿拉伯语》精读教材中的最后一册。教材以高等学校阿拉伯语专业《高年级阿拉伯语教学大纲》为依据，广泛借鉴国内外优秀阿语教材和英语教材，注意增加培养学生思想道德素质、文化素质和心理素质的内容，加大相关社会文化知识和基本科学常识的篇幅，做到结构合理，内容丰富，实用性强，具有时代气息和文化内涵。

2)《阿拉伯文学史纲》(古代部分)

上海外语教育出版社 2015 年 8 月出版，上海外国语大学陆培勇编著。

该教材为《普通高等教育"十一五"国家级规划教材·新世纪高等学校阿拉伯语专业本科生系列教材》中的一部，涉及的"古代文学史"时间跨度约为一千年，分为蒙昧时期、伊斯兰初期和伍麦叶时期、阿拔斯时期（包括安达卢西亚时期和埃及法蒂玛时期）以及土耳其时期。其中，作者对阿拔斯时期光辉灿烂的伊斯兰文学着墨最多，叙述最为详尽。

3)《阿拉伯语报刊阅读与实用句型》(上下册)

旅游教育出版社，北京第二外国语学院阿拉伯学院侯宇翔等编著。

该教材坚持"泛读教学巩固精读教学"的基本编写原则，通过报刊文本、生词诠释、例句演示和双向翻译等方法巩固阿拉伯语专业学生在精读课程中学习的常用句型，通过常用句型的再感知、再使用帮助学生将常用句型内化为实用句型，从而提高学生的基本阅读能力，为阿拉伯语写作水平的提升奠定实用句型基础。

七、科学研究项目

1. 阿拉伯当代思想文化中的传统与西化矛盾问题研究

国家社科基金项目，由北二外阿拉伯学院肖凌主持。课题以阿拉伯当代著名思想家个案研究为切入点，以传统与西化矛盾问题阈为线索，综合国内外文献资料信息，厘清阿拉伯当代思想文化中传统与西化矛盾问题的发展脉络；突出对阿拉伯思想文化中理性主义思想发展的研究，纠正西方学术界对于阿拉伯文化的阐释所产生的文化霸权主义影响。

2. 优素福·盖尔达维中间主义思想及其对中国穆斯林的影响研究

国家社科基金项目，由宁夏大学阿拉伯语学院周丽娅主持。

3.《中国梦与中国道路》阿译项目

国家社科基金中华学术外译项目，由北外阿拉伯学院叶良英主持。

4. 20 世纪以来的阿拉伯现代文学离散写作研究

教育部人文社科研究青年基金项目，由上外阿语系陆怡玮主持。

课题以 20 世纪以来阿拉伯作家的离散（Diaspora）写作为研究对象，通过对其概念之具体内涵与外延的梳理，进一步拓展阿拉伯现代文学的研究疆域、勾勒其发展谱系；同时针对阿拉伯离散写作的详细读解，更为深入地理解这一群体的文化心态与身份认同，进而对他们在西方文化中的生存困境产生更清楚的认知，以期为愈演愈烈的文明冲突找寻疏导路径与对策。

5. 半岛电视台的成功经验及其对我国对阿传播的启示

国务院新闻办项目，由宁夏大学阿拉伯语学院白楠主持。

[1] 高考志愿填报参考系统，2015，"高校专业查询"[OL]，http://gkcx.eol.cn（2016 年 4 月 1 日读取）。

[2] 人民网，2015，中阿大学校长论坛确定未来四年中阿高等教育战略合作重点 [OL]，http://news.youth.cn/gn（2015 年 9 月 12 日读取）。

[3] 北京大学新闻网，2015，北京大学召开"中东形势回顾与展望（2015）"研讨会 [OL]，http://sfl.pku.edu.cn（2015 年 3 月 18 日读取）。

[4] 北京语言大学新闻网，2015，"伊斯兰国家发展与一带一路建设研讨会"在北语召开 [OL]，http://news.blcu.edu.cn（2015 年 11 月 9 日读取）。

[5] 北京语言大学新闻网，2015，中阿传播创新与发展国际研讨会在北语举行 [OL]，http://news.blcu.edu.cn（2015 年 9 月 18 日读取）。

[6] 北京外国语大学阿拉伯学院网站，2015，阿拉伯学院策划、协办"'一带一路'与中国伊斯兰教发展"研讨会 [OL]，http://arab.bfsu.edu.cn（2015 年 12 月 4 日读取）。

[7] 北京第二外国语学院新闻网，2015，第四届阿拉伯研究论坛暨"阿拉伯地区变局中的大国博弈"学术研讨会举办 [OL]，http://news.bisu.edu.cn（2015 年 9 月 29 日读取）。

[8] 大连外国语大学新闻网，2015，我校举办"突尼斯问题暨阿拉伯伊斯兰文化"学术研讨会 [OL]，http://ieo.dlufl.edu.cn（2015 年 6 月 23 日读取）。

[9] 北京大学外国语学院阿拉伯语系新闻网，2016，第三届全国阿拉伯语专业研究生论坛在北京大学举办，http://www.arabic.pku.edu.cn，2016 年 1 月 4 日。

[10] 北京语言大学新闻网，2015，沙特图尔基亲王访问北语并出席《阿卜杜拉国王和他的王国》出版启动仪式 [OL]，http://news.blcu.edu.cn（2015 年 11 月 6 日读取）。

[11] 北京外国语大学阿拉伯学院网站，2015，阿拉伯大诗人阿多尼斯访问我校 [OL]，http://arab.bfsu.edu.cn（2015 年 11 月 2 日读取）。

[12] 中国高校之窗网站新闻，2015，教育部外指委阿拉伯语分委会 2015 年年会暨高校阿语专业负责人联席会议在大连外国语大学隆重召开 [OL]，http://www.gx211.com/news（2015 年 11 月 10 日读取）。

[13] 天津外国语大学新闻网，2015，中国阿拉伯文学研究会 2015 年会暨学术研讨会在我校胜利召开 [OL]，http://yafei.tjfsu.edu.cn（2015 年 12 月 8 日读取）。

[14] 新浪网新闻，2015，第四届"CRI 杯"全国高校阿拉伯语演讲比赛成功举办（组图）[OL]，http://news.sina.com.cn（2015 年 12 月 18 日读取）。

[15] 北京语言大学新闻网，2015，首届"阿盟杯"全国高校阿拉伯语书法比赛举行 [OL]，http://news.blcu.edu.cn（2015 年 12 月 21 日读取）。

[16] 北京外国语大学阿拉伯学院网站，2015，"中国人眼中的阿联酋摄影展"在我校成功举办 [OL]，http://arab.bfsu.edu.cn（2015 年 6 月 17 日读取）。

[17] 上海外国语大学新闻网，2015，第七届全国高校阿拉伯语青年教师暑期培训班举行 [OL]，http://news.shisu.edu.cn（2015 年 8 月 20 日读取）。

第六节　日语 [1]

目前，我国开设日语专业的高校已达 506 所，截至 2014 年我国已有 129 个日语学科硕士点 [1]，与 1999 年实施扩招政策之前相比，增加了近 4 倍 [2]。日语由"小语种"逐渐变为"大语种"。近年来，受国际关系、社会经济发展等因素的影响，高校日语学科在培养合格的日语人才的历程中，历经种种挑战。

一、改革情况

经过在中国知网上的论文检索，可知关于 2015 年我国日语教育工作者的研讨热点聚焦于课堂教学改革、日语课程设置等方面。

1. 课堂教学改革

2015 年，教学改革仍然是广大日语教育工作者关注的焦点。这说明随着对日语人才培养要求的不断提高，改进课堂教学越来越成为一个不可回避的现实问题。关于教学研讨有以下特点：第一，注重学生的主体性，积极导入参与型、任务型教学法或 CBI 理念下注重内容的教学方法 [3]。第二，积极运用网络、计算机、移动平台、移动终端等多媒体手段开展教学，以求改进外语教学环境 [4]。这些情况的变化说明当前的日语教学改革试图摆脱传统的教学模式和教学方法。

2. 探索新的培养模式

2015 年日语界仍对人才培养模式问题显示了特别的关注。关于复合型人才的探讨，有以下特点。第一，积极探讨 IT、商务、财经等领域的日语复合人才培养，显示出当前复合型人才培养的时代性特征 [5]。第二，依据地域特点，探究产学融合的日语人才培养机制或针对当地人才市场需求调研，为地方性本科院校的日语人才培养提供策略 [6]。第三，开始积极关注独立学院，探索适合独立学院发展和有利于学生就业的应用型人才培养模式。[7]

1　本节作者：朱桂荣，北京外国语大学。

二、就业情况

2015 年在中日双方共同努力下，两国关系逐步走出僵局，但改善势头还很脆弱 [8]。据日本贸易振兴机构（JETRO）2 月 17 日发布的数据显示，2015 年以美元计价的中日贸易额同比减少 11.8%。受中国经济减速影响，两国间的进出口额均表现低迷。[9]

为缓解紧张的就业形势，提高日语专业学生的就业率，高等学校极为重视并积极组织各种就业活动。2015 年 4 月 11 日在中国人民大学举办了第 18 届日资企业联合招聘会。该招聘会由中国日本商会主办，参加企业有丰田汽车（中国）投资有限公司、日立金融设备系统（深圳）有限公司北京科技分公司、全日本空输株式会社北京办事处、电装（中国）投资有限公司、积水医疗科技（中国）有限公司等。[10]

2015 年 12 月，北京外国语大学与北京日本学研究中心联合举办了日企就职说明会。参加企业有积水医疗科技（中国）有限公司、NTT 通信系统（中国）有限公司、倍乐生商贸（中国）有限公司、日本通运（中国）有限公司、日本航空公司、北京电通广告有限公司、卡西欧（上海）有限公司等多种行业。此类就职说明会为日语专业学生的就业提供了良好的契机。

三、学术会议

2015 年 8 月 28 日至 30 日，由教育部高校大学日语教育指导委员会和大学日语教育研究会主办的"2015 年跨文化交际与日本语教育国际研讨会"在黑龙江大学举行，150 余人出席了会议。该研讨会开设了"跨文化交际与日语教育"、"课程设置与评价体系"、"教师的专业发展与教学"、"国标、高中课标的评价体系"四个论坛以及与翻译、跨文化交际、日本文学、日语语言学、日本文学、日语教育相关的五个分科会，与会者展开了热烈讨论。该研讨会上还举行了中国日语教学研究会黑龙江分会的成立揭牌仪式。[11]

除此之外，在 2015 年，国内日语教育以及日本研究各界举办了很多主题特色鲜明、影响较大的国际学术会议，如表 2.17 所列。

表 2.17　2015 年国内举办的部分日语国际研讨会 [12]

序号	研讨会名称	主办单位	会议时间和地点
1	第一届全国高校日语专业教学发展论坛	外语教学与研究出版社	4 月 25 日至 26 日（北京市）
2	2015 年日本语学国际研讨会—中国日本语教育研究会西北分会成立大会	西安外国语大学	5 月 8 日至 10 日（陕西省西安市）
3	2015 年大学日语教育与日本学研究国际研讨会暨中国日语教学研究会上海分会年会	中国日语教学研究会上海分会、上海理工大学外国语学院	5 月 15 日至 17 日（上海市）
4	中国大学日语专业国家标准制定研讨会	教育部高等学校日语教育指导委员会	5 月 29 日至 31 日（天津市）
5	中日相互理解和日语教育日本研究国际学术研讨会	中国日语教学研究会东北师范大学中国赴日本留学生预备学校	6 月 27 日至 29 日（吉林省长春市）
6	第一届高校日语专业基础阶段课程设计与教学方法研修班	外语教学与研究出版社	7 月 12 日至 15 日（辽宁省大连）
7	第四届中日韩语言文化比较研究国际研讨会	延边大学外国语学院·日本学研究所	8 月 17 日至 19 日（吉林省延边市）
8	2015 年日语偏误与第二语言习得研究国际研讨会	北京第二外国语学院	8 月 25 日至 26 日（北京市）
9	北京日本学研究中心成立三十周年国际学术研讨会"亚洲日本研究的可能性"	北京日本学研究中心	10 月 24 日至 25 日（北京市）

四、专业活动

2015 年国内日语界举办了一系列不同主题的日语教师研修活动。

1. 第三届全国高校日语教师专业发展论坛暨日语骨干教师专业发展研修会（北京）

"第三届全国高校日语教师专业发展论坛暨日语骨干教师专业发展研修会"于 8 月 21 日至 23 日在北京外国语大学召开。研修会的主题是"如何评价日语学习"，83 名日语教师参加了研修活动。中国外语测评研究与开发中心主任、北京外国语大学韩宝成教授从外语教育课程目标、语言测试理论与实践和教育目标分类学等视角介绍了外语测试的目标、内容和方法的现状和改革问题。夏威夷大学马诺阿分校近藤 Brown 妃美教授介绍了日语测试的信度和效度，并以 ACTFL-OPI 和日语能力测试为例，介绍了"以促进学生学习为目的"的日语测试应具备的条件。在工作坊上，参会教师充分研讨了教学评价案例并完成了改进工作。[13]

2. 第十届全国大学日语教师研修班（厦门）

由北京日本文化中心及高等教育出版社主办的"第十届全国大学日语教师研修班"于 2014 年 7 月 15 日至 19 日在厦门举行。该研修以"日语教育研究"为主题，共有 130 余位教师参会。国内外专家名师围绕"二语习得研究与日语教育"这一切入点介绍了研究动向，探讨了日语教学法实践。[14]

3. 2015 年日本语教育学实践研修会（北京）

2015 年日本语教育实践研修会由日本国际交流基金会北京日本文化中心和北京日本学研究中心联合举办，分为暑期集中研修和实践成果报告会两部分。夏季集中研修于 8 月 16 日至 20 日在北京日本学研究中心举行，15 名大学日语教师参加了研修，通过报告课题、导师指导、小组讨论等方式不断完善课题内容，最终形成了可操作的实践研究计划。夏季研修结束后，教师返回教学一线，按照研修期间确定的计划开展教学实践研究。该研修会自举办以来，以其内容充实、系统性强、与教学实践紧密结合等特点得到了广大教师的认可。[15]

4. 地区巡讲日语教师研修会

"地区巡讲日语教师研修会"由国际交流基金北京日本文化中心与各院校共同举办。2015 年 10 月—12 月，北京日本文化中心共实施了三次地区巡讲，主要情况如下。

表 2.18　2015 年地区巡讲日语教师研修会

序号	研修活动名称	主办单位	研修时间	学校数量	教师人数
1	2015 年第一届地区巡讲日语教师研修会 [16]	北京日本文化中心、天津外国语大学	10 月 17 日	14	42
2	2015 年第二届地区巡讲日语教师研修会 [17]	北京日本文化中心、兰州理工大学大学	10 月 31 日	10	40
3	2015 年第三届地区巡讲日语教师研修会 [18]	北京日本文化中心、福建师范大学	11 月 8 日	13	49

五、其他活动

各高等院校、社会教育团体等积极举办了各类与日语相关的比赛。

1. 学生赛事

1）第十一届笹川杯全国高校日语语言文化知识大赛（吉林长春）

2015 年 11 月 14 日至 15 日，2015 年"笹川杯"全国高校日本知识大赛在吉林大学拉开帷幕。来自全国 94 所高校的参赛学生决出了团体赛和个人赛前三强。武汉大学、南京工业大学、吉林大学夺得"笹川杯"团体赛前三名。获胜学生将受邀赴日本进行访问活动。"笹川杯"全国高校日本知识大赛自2004年起，由日本财团提供特别赞助，日本科学协会与中国内地大学共同主办，为改善两国关系、增强日中青年的交流发挥了重要作用。[19]

2）第十一届中国人日语作文大赛（东京·北京）

第十一届中国人日语作文大赛从2015年1月开始启动，主题围绕中日青年的交流、中国年轻人不能理解的日本文化以及我们的日语外教三个部分。主办方收到来自中国28个省市区的大学、职业学院、包含初高中等180余所学校的共计4,133篇投稿。大赛设立奖项为最优秀奖（日本大使奖）1名、一等奖5名、二等奖15名、三等奖50名。2015年12月12日在日本驻华大使馆举行了表彰仪式，日本驻华大使木寺昌人为获奖学生代表颁奖，并鼓励这些友好的"文化使者"们再接再厉。[20]

3）其他大学日语活动

除上述比赛外，据不完全统计，一些院校还组织了以下大学生日语活动。

表2.19　2015年部分学生日语活动 [21]

序号	活动名称	主办或承办单位	时间
1	第六届彩云基金日语演讲比赛	彩云基金实行委员会	4月21日
2	第七届广西壮族自治区大学生日语演讲比赛	广西师范学院外国语学院	4月25—26日
3	第四届石家庄市日语演讲大赛	河北经贸大学	5月10日
4	第十九届沈阳日语辩论大赛	沈阳日本人会	5月23日
5	第九届"太湖杯"日语演讲比赛	无锡市人民政府外事办公室、无锡市外国语学会等	5月24日
6	海峡两岸第二届大学生日语演讲比赛	吉林大学外国语学院	9月13日

（待续）

（续表）

序号	活动名称	主办或承办单位	时间
7	"J.TEST 杯" 第四届全国高职高专日语技能大赛	教育部职业院校外语类专业教学指导委员会	10 月 17 日
8	第十届日语作文演讲比赛	广岛大学北京研究中心	11 月 14 日
9	第二届大学生日语演讲比赛	浙江大学外国语学院	12 月 11 日

2. 优秀论文评选活动

1）第八届中国日本学研究"CASIO 杯"优秀硕士论文奖评选活动

2015 年 10 月 24 日第八届中国日本学研究"CASIO 杯"优秀硕士论文奖颁奖典礼在北京外国语大学举行。参赛硕士论文分为日语语言、日本文学、日本社会文化 3 个大组，每组各设一、二、三等奖。本届共征集到全国 36 所高等院校推荐的 49 篇优秀硕士论文，其中，语言组 19 篇，文学组 15 篇，社会文化组 15 篇。活动至 2015 年已举办八届，在中国的日本研究界培养语言人才产生巨大影响。[22]

2）第十五届中日友好中国大学生日语本科毕业论文大赛

2015 年 11 月 20 日至 21 日，第 15 届中日友好中国大学生日语专业学生毕业论文大赛在北京第二外国语学院举行。本次论文评审分为语言、社会文化和文学等三个组。天津外国语大学、东华大学、中国人民大学的学生分别获语言组一、二、三等奖。复旦大学、北京第二外国语学院、南开大学的学生分别获文学组一、二、三等奖。本届社会文化组一等奖轮空，外交学院、华东师范大学以及浙江大学的学生分别获二、三等奖。[23]

六、高等院校日语专业四级八级考试

据上海外国语大学谭晶华教授提供的信息，2015 年参加日语专业四级考试的学校为 294 所，报名者 19,950 人，实考人数 19,512 人，合格率为 53.19%。

参加日语专业八级考试的学校为 262 所，报名者 7,372 人，实考人数 6,503 人，合格率为 51.27%。上半年四级考试考委会巡查了山西财经大学（太原市）；下半年八级考试巡查了湖北大学（武汉市），一切正常。这些年因中日关系持续不佳，部分民办、独立学院招生人数减少，有些地区因就业、实习等问题导致八级考试参加者减少较多。目前在酝酿筹备日语专业四八级考试的修订工作。

七、大学日语

2015 年我国日语教育工作者在积极尝试大学日语的教学改革，例如探究基于建构主义的教学模式、任务型教学法、情景教学法、TARGET 模式的应用、MOOC 建课等。[24]

据北京大学赵华敏教授提供的信息，教育部大外教指委日语分委会协办了"第三届中国日语教学研究会 2015 年大学日语教师专业发展论坛暨骨干教师研修会"。同时，参与主办了"跨文化交流与日本语教育国际研讨会"（前述）。在该会议期间，完成了教育部大外教指委日语分委会的换届工作，河南大学王铁桥教授担任第三届会长。

八、主要出版物

2015 年出版了大量与日语相关的刊物，现将部分内容展示如表 2.20。

表 2.20　2015 年出版发行的主要日语专著、词典、教材等

序号	出版社	书名	作者 / 编者 / 译者
1	高等教育出版社	跨文化理解与日语教育	赵华敏
2	华东理工大学出版社	日语教育与日本学	徐曙
3	外语教学与研究出版社	日本和歌物语集	张龙妹 邱春泉 廖荣发译

（待续）

（续表）

序号	出版社	书名	作者/编者/译者
4	高等教育出版社	教师、课堂、学生与日语教育	冷丽敏
5	高等教育出版社	二语习得研究与日语教育	（日）横山纪子
6	高等教育出版社	日语教学研究方法与应用	（日）馆冈洋子
7	南开大学出版社	日语的特质	金田一春彦著 黄伟译
8	南开大学出版社	日语接头词 接尾词	刘笑明
9	山东人民出版社	中国大学商务日语能力指标体系构建研究	孙守峰
10	上海交通大学出版社	中国日语学习者日语词汇处理过程研究（日文版）	蔡凤香
11	南开大学出版社	精编日本文学史	许译分编著
12	上海交通大学出版社	丰子恺译日本古典文学翻译研究	徐迎春著
13	上海交通大学出版社	日语动词的体及其句法条件探析	金镜玉
14	上海交通大学出版社	日语教师课堂教学与自我发展研究	王冲
15	社会科学文献出版社	日语复句句式变化研究	陈燕青
16	西南交通大学出版社	日语语音教学中关于肢体语言的有效指导方法研究（日文版）	崔春福
17	上海人民出版社（上海世纪出版社集团）	现代日本语态研究——以可能态为中心	王丹

（待续）

（续表）

序号	出版社	书名	作者/编者/译者
18	人民出版社	中日当代修辞学比较研究——以王希杰和佐藤信夫为例	肖书文
19	中国宇航出版社	中日外交文化比较	张永涛
20	世界图书出版公司	日语误用辞典	市川保子编著
21	外语教学与研究出版社	日语口语教程	朱春跃（日）新井润著
22	上海交通大学出版社	日文报刊选读	周晓杰
23	武汉大学出版社	日语初级阅读教程	国艳萍　常娜　窦林娟
24	对外经贸大学出版社	商务日语基础教程	刁鹏鹏
25	南开大学出版社	南开国际商务日语系列教材：新编国际商务日语口译（日译汉）	王凯
26	北京大学出版社	新日本社会	边静
27	外语教学与研究出版社	新经典日本语（会话教程）（第一册）（配 CD-ROM 光盘）	大连外国语大学
28	外语教学与研究出版社	新经典日本语（第二册）（基础教程）（同步练习册）	大连外国语大学
29	外语教学与研究出版社	新经典日本语基础教程（第三册）（配 MP3 光盘）	大连外国语大学
30	外语教学与研究出版社	新经典日本语听力教程（第二册）（教师用书）	大连外国语大学

（待续）

（续表）

序号	出版社	书名	作者/编者/译者
31	外语教学与研究出版社	新经典日本语（第三册）（听力教程）（配MP3光盘一张）	大连外国语大学
32	外语教学与研究出版社	新经典日本语听力教程（第三册）（教师用书）	大连外国语大学
33	外语教学与研究出版社	新经典日本语写作教程（第一册）	大连外国语大学
34	外语教学与研究出版社	新经典日本语写作教程（第二册）	大连外国语大学
35	外语教学与研究出版社	日语近代语自称词的研究	祁福鼎

九、科学研究项目

高校日语专业在 2015 年获得多项省部级科研项目立项（见表 2.21、2.22、2.23）。

表 2.21　2015 年度教育部人文社会科学研究规划基金、青年基金项目评审表[25]

序号	主持者	所属院校或基地	项目名称	项目类别
1	申淑子	中国人民大学	关于中日韩共用汉字的应用与推广研究	规划基金项目
2	杨秀云	常熟理工学院	功能认知视域下日语元话语分析与应用研究	青年基金项目
3	徐雄彬	东北师范大学	日语教育与"皇民"驯化——近代日本对中国东北朝鲜族的文化殖民	青年基金项目

（待续）

（续表）

序号	主持者	所属院校或基地	项目名称	项目类别
4	洪洁	南京邮电大学	语法化视阈下日语"名词＋だ"结构分化机制研究	青年基金项目
5	王莹	天津科技大学	汉日拟声拟态词综合对比研究	青年基金项目
6	陈婷婷	安徽师范大学	日本成长小说及其文化特性研究	青年基金项目
7	王天慧	大连海事大学	横光利一小说艺术研究	青年基金项目
8	孔月	大连理工大学	隐喻视域下芥川龙之介小说中的中国书写	青年基金项目
9	张秀强	广东外语外贸大学	中日比较文学视域下的尾崎红叶文学研究	青年基金项目
10	谭杉杉	华中科技大学	日本白桦派文学的伦理书写研究	青年基金项目
11	张楠	南京理工大学	《源氏物语》的道家思想源流研究	青年基金项目
12	周萍萍	外交学院	日本教科书中的"军国美谈文学"研究（1894—1945）	青年基金项目
12	赵建萍	新疆大学	战后日本大众文学视阈中的西域表象研究	青年基金项目
14	孙敏	国际关系学院	日本的人神信仰研究	青年基金项目
15	徐敏	南京晓庄学院	中日陶行知研究比较——生活教育在东亚两种现代化进程中的境遇和走向	规划基金项目

表 2.22 2015 年国家社科基金年度项目 [26]

序号	主持者	所属院校或基地	项目名称	项目类别
1	岳辉	吉林大学	日本伪满殖民语言政策与汉语"协和语"研究	一般项目
2	陈月娥	上海财经大学	日本汉字问题与语言政策研究	一般项目
3	蒋义乔	北京师范大学	日本古代文学对谢灵运的接受研究	一般项目
4	吴艳	南开大学	日本国策文学中关于南京屠城及相关日军杀戮行径的史料性记载研究	一般项目
5	吴光辉	厦门大学	现代日本学者想象与重构中国形象的研究	一般项目
6	马英萍	厦门大学	战后日本关于侵华战争的文学书写及多元史观研究	一般项目
7	谯燕	北京外国语大学	两岸三地现代汉语对日语借词的吸收及创造性使用研究	一般项目
8	陶芸	中央民族大学	中日法律语言对比与互译研究	一般项目
9	孙海英	北方工业大学	基于背景化理论的日汉非限制性关系从句比较研究	一般项目

表 2.23 2015 年国家社科基金青年项目 [27]

序号	主持者	所属院校或基地	项目名称	项目类别
1	郭雪妮	陕西师范大学	长安都市景观在日本古代文学中的衍生与流变研究	青年项目

十、结语

在 2015 年这一年间中日关系虽逐步走出僵局，但未有明显改善。部分院校的日语专业招生和就业面临困难。日语专业国家标准虽然尚未正式发布，但已引起日语界的高度关注，引发了日语教学改革的积极研讨。相信日语界同仁能够通过共同努力，克服困难，在新形势下培养出适应时代需求的日语人才。

---

[1] 消息来源：教育部高等教育司副司长刘贵芹在"2013—2017 年教育部外语语言文学类专业教学指导委员会成立大会"上的讲话。

[2] 消息来源：曹大峰，日语专业研究生教育的回顾和思考，日语教育与日本学国际研讨会中国日语教学研究会上海分会年会演讲资料。

[3] 例如：王雅楠，刘硕，2015，日语专业高年级阶段学生参与型的精读教学法 [J]，《廊坊师范学院学报（社会科学版）》31（6）：114-122。
秦莲星，2015，任务型教学法在日语专业语法教学中的实验探析 [J]，《华夏教师》12：34-35。
曹巍，2015，基于"IMTC"教学模式下的课堂教学研究——以"日语视听说"课程为例 [J]，《现代交际》12：179-180 等。

[4] 例如：王方方，2015，日语教学中计算机网络技术的应用 [J]，《黑龙江科学》6：84-101。
席卫国，李明昊，2015，日语网络教学平台与本科生日语教学改革 [J]，《语言与教学》292-307。
史小华，2015，高校"基础日语"课程移动学习模式探究——以 QQ 移动学习平台应用为例 [J]，《牡丹江大学学报》24（12）：152-154 等。

[5] 例如：白玉兰，2015，IT 日语复合人才培养模式的改革与研究 [J]，《东华理工大学学报（社会科学版）》34（4）：377-379。
唐向红，段雪娇，胡伟，2015，跨学科人才培养的课程体系优化——以东北财经大学为例 [J]，《东北财经大学学报》，101（5）：52-56 等。

[6] 例如：张岩，2015，基于产学融合的应用型日语人才培养机制探索——以大连东软信息学院为例 [J]，《开封教育学院学报》，35（4）：103-104。
刘双喜，2015，津唐秦地区日语人才就业市场需求调研及应用型日语人才的培养策略 [J]，《唐山学院学报》，28（1）：105-108 等。

[7] 例如：张添羽，独立学院应用型日语人才培养存在的问题及对策——以 SCLT 理论为依据 [J]，《高等教育研究》，32（4）：50-69。

冯立华，2015，关于独立学院日语专业应用型人才培养模式的探讨 [J]，《湖北函授大学学报》，28（24）：99-100 等。

[8] 新华网，2015，中日关系保持回暖势头 但重回正常发展轨道依然任重道远——2015 中日关系大事记 [OL]，http://japan.xinhuanet.com/2015-12/04/c_134884761.htm（2016 年 3 月 12 日读取）。

[9] 金融界股票，2015，中日贸易额 6 年来首次两位数减少 [OL]，http://usstock.jrj.com.cn/2016/02/20003920583567.shtml（2016 年 3 月 12 日读取）。

[10] 豆瓣，2015，第十八届日资企业联合招聘会 [OL]，http://www.douban.com/group/topic/73919213/（2016 年 3 月 12 日读取）。

[11] 黑龙江大学官网，2015，"2015 年跨文化交际与日语教育国际研讨会"在我校举行 [OL]，http://www.hlju.edu.cn/info/1043/1854.html（2016 年 3 月 12 日读取）。

[12] 北京日本文化中心，2015，研讨会通知 [OL]，http://www.jpfbj.cn/sys/?p=543（2016 年 2 月 29 日读取）。

[13] 北京日本学研究中心，2015，第三届全国高校日语教师专业发展论坛暨日语骨干教师专业发展研修会在我校成功 [OL]，http://www.bjryzx.org/content/?632.html（2016 年 2 月 29 日读取）。

[14] 第 10 回全国学日本語教師研修会，2015，第 10 回全国大学日本語教师研修会—实施报告．pdf[OL]，http://www.jpfbj.cn/sys/wp-content/uploads/2016/04/（2016 年 2 月 29 日读取）。

[15] 2015 年日本語教育学实践研修 [OL]，http://bjryzx.org/content/?633.html（2016 年 2 月 29 日读取）。

[16] 地域巡回日本語教师研修会①天津 [OL]，http://weibo.com/p/1001603915555466823665?from=singleweibo&mod=recommand_article#_loginLayer_（2016 年 2 月 29 日读取）。

[17] 地域巡回日本語教师研究会②兰州 [OL]，http://blog.sina.com.cn/s/blog_8e214bab0102w1nj.html（2016 年 2 月 29 日读取）。

[18] 地域巡回日本語教师研究会③福州 [OL]，http://blog.sina.com.cn/s/blog_8e214bab0102w2pw.html（2016 年 2 月 29 日读取）。

[19] 人民网，2015，2015 年笹川杯全国高校日语语言文化知识大赛在吉林大学举行" [OL]，http://edu.people.com.cn/n/2015/1116/c1053-27821082.html（2016 年 3 月 1 日读取）。

[20] 日本东方新报，2015，"第十一届中国人日语作文大赛在北京颁奖" [OL]，http://www.livejapan.cn/home/home_headLines/20151214/1022.html（2016 年 3 月 1 日读取）。

[21] 日本文化中心，2015，日本文化中心通知，[OL] http://www.jpfbj.cn/sys/?p=543（2016 年 3 月 1 日读取）。

[22] 清华大学，2015，外文系学生获第八届中国日本学研究"CASIO 杯"优秀硕士论文一等奖［OL］，http://www.tsinghua.edu.cn/publish/shss/1839/2015/2015102614022 0390167386/20151026140220390167386_.html（2016 年 3 月 1 日读取）。

[23] 百利天下留学，2015，"第十五届中日友好大学生本科毕业论文大赛举行"［OL］，http://japan.bailitop.com/news/20151204/79489.html（2016 年 3 月 1 日读取）。

[24] 例如：成恩才，2015，现代教育技术在二外日语教学中的作用［J］，《考试周刊》（2）：88-89。

万玲玲，2015，MOOC 建课初探——关于本校二外日语慕课建课的构思［J］，《广州广播电视大学学报》，72（5）：18-21,107-108 等。

[25] 中国高校人文社会科学信息网，2015，2015 年度教育部人文社会科学研究规划基金、青年基金、自筹经费项目评审结果公示一览表［OL］，http://www.sinoss.net/uploadf ile/2015/0720/20150720074718982.pdf（2016 年 3 月 1 日读取）。

[26] 国家哲学社会科学规划办公室，2015，2015 年国家社科基金年度项目和青年项目立项结果公布［OL］，http://www.npopss-cn.gov.cn/n/2015/0625/c219469-27206694. html（2016 年 3 月 1 日读取）。

[27] 国家哲学社会科学规划办公室，2015，2015 年国家社科基金年度项目和青年项目立项结果公布［OL］，http://www.npopss-cn.gov.cn/n/2015/0625/c219469-27206694. html（2016 年 3 月 1 日读取）。

第七节　朝鲜语[1]

一、改革情况

2015 年各高校朝鲜语专业深化教学改革。一方面强调语言技能训练，提倡"反转教学"；一方面注重综合素质的培养，加大朝中翻译和中朝翻译等高级课程，同时还扩大课型，增加外交、历史等课程，个别学校迈出的步伐比较大。北京外国语大学在对高年级开设的课程以外引入国际金融、外交课程。大连外国语大学改变传统思路，着眼提高学生的创新能力，培养学生的思辨能力，以中级朝鲜语教程为例，探讨以培养思辨能力为主的课题教学模式。

二、招生及就业情况

各大高校的本科生招生数量日益稳定，部分高校扩大本科招生。如：北京外国语大学在 2015 年在原有的基础上，另外招收一个平行班（24 人），不仅学习朝鲜语，同时专攻国际金融。

全国各大高校的就业呈现不错的势头，除部分学生选择出国留学、保研或读研，各大高校还会为学生举办就业讲座、疏导等，普及就业知识，达到良好的就业效果。如大连外国语大学为正在读二年级的 2014 级学生举办职业生涯规划教育之性格解析讲座，并于 2015 年 11 月 25 日邀请韩国专家为大连外国语大学韩国语系举办韩企职场生活及面试技巧讲座。南京大学开展系列讲座"职业发展导航工程"，为学生就业导航。就业面进一步扩大向社会各个领域渗透，除各大部委机关、各地区公安安全系统等公务机构以外，还到韩国企业、中国企业、银行、航空等各个领域就业。

1　本节作者：王光明、金京善，北京外国语大学。

三、学术会议与专业活动

2月由延边大学朝鲜半岛研究协同创新中心（原"东亚跨文化研究协同创新中心"）主办的"东北亚形势与中国外交"研讨会在南开大学举行，来自外交部、中国现代国际关系研究院、中国国际问题研究院、军事科学院、北京大学、复旦大学、延边大学朝鲜半岛研究协同创新中心的专家学者和外交部重大攻关项目"东北亚和平安全机制构建"课题组的部分成员参加会议。

2015 年 6 月 20 日，由韩中人文学会、北京外国语大学亚非学院韩国语系与韩国学研究中心与世界亚洲研究信息中心共同主办，唐山通达集团赞助的"韩中人文学会第 36 届国际学术会议"开幕式在北外举行。会议以"中韩交流与人文学翻译的方向"为主题，来自中国、韩国、日本、新加坡、哈萨克斯坦等国家的 80 余名专家学者参加会议并宣读论文。

2015 年 8 月 17 日至 19 日，为促进国内外专家学者之间的学术交流与合作，由延边大学外国语学院、延边大学日本学研究所主办，韩国日语日文学会（韩国）、中国日语教学研究会少数民族院校分会（中国）、朝鲜族研究学会（日本）、新泻县立大学（日本）、弘前大学国际交流中心（日本）、明治大学大学院教养设计研究学科（日本）等协办的"第四届中日韩朝语言文化比较研究国际学术研讨会"，来自中国、日本、韩国等国家和地区的 300 余名专家学者参加了研讨会。

2015 年 8 月 22 日，"中国朝鲜—韩国文学研究会 2015 年学术会"在延边大学隆重召开。学术会的主题为"东亚视域下朝鲜韩国文学的传统性与现代性"，充分展示近年中国朝鲜—韩国文学研究会的学术研究前沿成果。

2015 年 9 月 11 日，由吉林大学东北亚研究院、吉林大学东北亚研究中心、《东北亚论坛》编辑部、斯德哥尔摩国际和平研究所共同主办，主题为"朝鲜经济发展现状与展望"的国际学术研讨会在吉林大学召开。来自吉林大学、中国核工业集团公司、中国社会科学院、辽宁省社会科学院、延边大学以及大连外国语学院等国内专家学者与斯德哥尔摩国际和平研究所、斯·赛德尔基金会韩国首尔办事处、联合国 1874 决议案专家小组、英国皇家联合军种研究所、挪威大使馆、格罗宁根大学等国外专家学者 20 余人参加会议。

2015 年 10 月，由中国国际关系学会、外交学院、延边大学朝鲜半岛研究院主办，延边大学国际政治学科承办的"朝鲜半岛问题与周边大国关系"专题研讨会召开。通过专题研讨会的召开，专家学者们深入交流了朝鲜半岛的当前局势与问题，推动了朝鲜半岛的相关研究。同时，通过此次活动，加强了延边大学及其与其他各兄弟院校的交流，延边大学的朝鲜半岛问题研究得到了各兄弟院校专家学者的肯定，为今后的广泛合作奠定了基础。

四、学生赛事及活动

2015 年 6 月 15 日，韩国成均馆大学主办的第 9 届成均馆韩国语作文比赛在北京举行，共有来自全国 52 所高校韩国语专业的 88 名学生参加了此次比赛，本次作文大赛的题目是"引路人"。

2015 年 9 月 16 日，第三届"精彩韩国"韩语资讯编译大赛颁奖仪式于对外经济贸易大学举行。对外经贸大学第三次蝉联获奖人数最多的"精彩院校"奖。本次大赛由环球网和韩国驻华使馆联合主办，中国各地大学参与协办，意在全面展示韩国形象，帮助中国网民了解韩国，推进两国民间友好关系的发展。

2015 年 11 月 20 日，由中国翻译协会与北京第二外国语学院共同主办的全国口译大赛——"永旺杯"第八届多语种全国口译大赛在北京第二外国语学院举行。参加本次大赛的 83 名选手分别来自北京大学、北京外国语大学、上海外国语大学、北京第二外国语学院、北京语言大学、中国人民大学、天津外国语大学、上海外国语大学、广东外语外贸大学、梨花女子大学等 41 所国内外著名院校。本次大赛获得了日本驻华大使馆、德意志联邦共和国驻华大使馆以及俄罗斯文化中心的鼎力支持。本次大赛设日语、法语、德语、俄语、韩国（朝鲜）语五个组，其中日语组分为同声传译和交替传译两种形式，其余四组均为交替传译。试题分为中译外和外译中两个环节，内容包括时政、经济、科学等多个领域。选手依据录音，现场翻译。评委由外交部、新华社、中央电视台、中央人民广播电台、中国国际广播电台、中央编译局、中国社科院等翻译界的知名专家、学者担任。

2015 年 11 月 28 日下午，2015 年"谜尚杯"韩国文学作品读后感大赛颁奖典礼暨韩国文化体验会在中央民族大学举行。读后感大赛的指定书目为韩国著名作家金爱烂的作品《我的忐忑人生》。大赛由韩国文学翻译院主办，中央民族大学外国语学院朝鲜语系承办，谜尚中国—北京爱博信化妆品商贸有限公司协办并提供独家赞助。此次大会历时三个月，组委会共收到来自全国 34 省、市、自治区的 556 份报名申请，296 篇读后感作品。经过评选委员会委员长金春仙老师等 11 位评委的三轮审查，最终确定了获奖名单。来自天津师范大学的林沈慧同学以细腻的笔触，写出了对小说中最核心部分的"爱"的感悟，获得了本次大赛的一等奖。北京语言大学的方园与中央民族大学的张琰获得二等奖。北京大学的宗帅、大连外国语大学的袁青瑶及张海莉同学获得三等奖。另有十名同学获得了佳作奖。

2015 年 12 月 5 日，第十届"锦湖韩亚杯"中国大学生韩国语演讲大赛北京预选赛在中国人民友好协会落下帷幕。本次比赛汇集了来自北京语言大学、北京大学、北京外国语大学、对外经贸大学、中国传媒大学等多所高校选拔出的 17 位优秀韩国语专业学生。"锦湖韩亚杯"中国大学生韩语演讲比赛由中国人民对外友好协会、中韩友好协会以及韩中友好协会主办，韩国锦湖韩亚集团为大赛提供赞助，是中国大学生韩国语竞技比赛中的权威赛事之一，以"中国梦"为主题。12 月 19 日，第十届"锦湖韩亚杯"中国大学生韩国语演讲大赛全国总决赛在成都西南民族大学隆重举行。经过全国九个地区预选赛的激烈角逐，本次大赛共有 25 位选手入围总决赛，最终，来自北京第二外国语学院的杨畅同学摘得桂冠。"锦湖韩亚杯"中国大学生韩国语演讲大赛历经十年风雨，逐步发展成为国内影响力最大、最为专业人士认可、也最受大学生欢迎的韩国语大赛之一。大赛为韩国语专业的学生搭建了一个与韩国交流并展现专业水平的平台，也是这些同学设计自己未来道路的良好契机。同时，大赛亦见证了中韩两国交往的不断深入。

五、重要考试

2015 年朝鲜语（韩国语）方面的大型考试其一为韩国发起并实施的韩国

语能力考试（TOPIK, Test of Proficiency In Korean），本考试2015年起在韩国的考试次数由4次增加到6次，分别是1月份、3月份、4月份、7月份、10月份和11月份。在中国的考试时间依旧是4月和10月，分两次进行，考试地点有29处，分处中国各地，由于考生数量巨大及次数和场地有限，考试受到一定影响。

此外，中国教育部高校外语专业教学指导委员会非通用语分委员会委托中国韩国（朝鲜）语教育研究学会和延边大学负责组织的全国高校朝鲜语专业四级考试（TKM-4）于6月举行，全国高校朝鲜语专业八级考试（TKM-8）于12月举行。2015年12月12日进行的全国高校朝鲜语专业八级考试共有42所院校参加，报名人数1,074人，考试人数1,035人，通过人数927人，通过率89.28%；优秀人数71人，优秀率6.86%。

六、专著、辞典、教材出版

教材方面呈现多样，有写作方面的《韩国语写作教程》，由金龙，崔顺姬，金基石联合编写；有翻译方面的《韩中翻译教程》，由全香兰，周晓波编写。此外还有列车上专用的教材，是兰州铁路局兰州车站编写的《韩语读本》。韩国大学的对外韩语机构编写的延世韩国语学堂的《延世韩国语阅读1》、《延世韩国语阅读2》和《延世韩国语阅读3》。教辅方面有外语教学与研究出版社出版的《完全掌握新韩国语能力考试全真模拟试卷（初级）》，由金载英编著，《第27回—第30回韩国语能力考试官方指南＋真题＋精解（初级）》，由韩国国际教育评价院编著。

词典方面有朴基官编纂的《韩国语会话词典》。

第三章　高等职业外语教育 [1]

一、高等职业外语教育的改革与发展

1. 国家政策及教育部相关文件

1）中央发展职业教育的理念和要求逐步得到落实

2015 年，是"十二五"规划收官之年，是《国家中长期教育改革和发展规划纲要（2010—2020 年）》实施承前启后之年。自 2014 年习近平总书记对职业教育作出重要批示和国务院召开全国职业教育工作会议后，2015 年 3 月，为了促进职业教育法的贯彻实施，推动我国现代职业教育加快发展，全国人大常委会决定对职业教育法实施情况组织开展执法检查。这是职业教育法施行 19 年来常委会第一次就此开展执法检查，为把现代职业教育的理念、思想、定位、功能、作用在国家法律层次固定下来奠定了基础，提出的六个方面 24 项问题是完善现代职业教育法规制度的问题导向，对于推动职业教育改革发展具有重要意义。

2）职业教育发展迅速，成效显著

2014 年高等职业教育规模稳步发展，全国共有高职（专科）院校 1,327 所，比上年增加 6 所，占据全国 2,529 所普通高校的"半壁江山"[1]；在校生 1006.6 万人，首次突破一千万，已占整个高等教育规模的 40%[2]；组建了基本覆盖国民经济各门类的 62 个行（专）业教学指导委员会，形成产教融合发展的工作机制；开展现代学徒制培养，确定了 165 家首批试点单位；印发推进集团化办学的意见，建成职教集团 1000 多个，覆盖 70% 以上的高职（专科）院校和近 3 万家企业 [3]。

3）职业教育的国家顶层设计已具雏形

在国家制度方面，先后出台了《国务院关于加快发展现代职业教育的决定》、《现代职业教育体系建设规划（2014—2020 年）》、《引导部分地方普通本

1　本章作者：周雪峰，河北外国语职业学院。

科高校向应用型转变的指导意见》，将每年 5 月第二周设为"职业教育活动周"；在内涵培养方面，制定了《高等职业教育创新发展行动计划（2015—2018 年)》、《关于深化职业教育教学改革全面提高人才培养质量的若干意见》、《中等职业学校德育大纲》和《关于建立职业院校教学工作诊断与改进制度的通知》；在产教融合方面，颁布了《关于深入推进职业教育集团化办学的意见》和《关于开展现代学徒制试点工作的意见》，组建了新一届行业教学指导委员会；在学校管理方面，出台了《职业院校管理水平提升行动计划（2015—2018 年)》和《职业院校数字校园建设规范》；在终身学习方面，出台了《关于推进职业院校服务经济转型升级面向行业企业开展职工继续教育的意见》、《关于推进学习型城市建设的意见》和《全国老年教育发展规划》等。

2. 加快标准体系建设，职业教育专业教学更加科学化、标准化、规范化

1）修订专业目录

教育部职业院校外语类专业教学指导委员会（以下简称职业院校外指委），2014 年在完成中等职业学校 6 个外语专业的教学标准制定工作后，2015 年又完成了高等职业学校外语类专业目录的修订任务。外语类专业总数由原来的 27 个调减到 16 个，保留 14 个、更名 1 个、合并 11 个 [4]。在此基础上，职业院校外指委同行业专家编写了外语类专业简介，其主要内容包括：专业代码、专业名称、基本修业年限、培养目标、就业面向、主要职业能力、核心课程与实习实训、职业资格证书举例、衔接中职专业举例、接续本科专业举例。2015 年10 月教育部正式印发《普通高等学校高等职业教育（专科）专业设置管理办法》和《普通高等学校高等职业教育（专科）专业目录（2015 年)》，这是关系我国加快发展现代职业教育的一项全局性重要举措，在改革人才培养模式，提高人才培养质量，增强高等职业教育人才培养针对性和适用性等方面都具有十分重要的意义。

2）制定顶岗实习标准

2015 年职业院校外指委完成了 2014 年行业指导职业院校专业改革与实践项目"职业院校旅游英语专业顶岗实习标准"。项目组先后调查了国内及美国、

德国等国外的 79 家企业和 31 所职业院校，按照专业与产业、企业、岗位对接，专业课程内容与职业标准对接，教学过程与生产过程对接的原则，明确了旅游英语专业顶岗实习的目标与任务、内容与要求、考核与评价等，为进一步规范顶岗实习提供了基本制度保障。同年，2015 年行业指导职业院校专业改革与实践项目"职业院校应用西班牙语专业顶岗实习标准"又获立项。[5]

3）取消"鸡肋"职业资格，降低不必要的门槛和就业成本

自 2014 年以来，国务院先后分 5 批取消了国务院部门和全国性行业协会、学会未经批准自行设置的水平评价类 272 项职业资格[6]，标志着职业资格证集中清理工作基本完成。其中涉及外语类专业的有国际商务人员、国际货运代理从业人员资格、国际商务单证员、国际贸易业务员、外贸英语、全国外贸跟单员、全国国际商务英语等资格证书。短时间内来看，这些职业资格的取消对于外语类毕业生获取"双证书"会有一定的影响，也不免使有些职业院校担心某些专业的课程设置失去依据。但长远而言，取消为了考证而考证的职业资格，保留必需和真正有用的职业资格证书，有利于营造良好的技术技能人才成长环境，建立科学规范化评价人才体系。

二、招生及就业情况

1. 招生

2014 年全国高职（专科）院校招生规模有较快增长，高职（专科）、本科与研究生招生的结构比由 2013 年的 41.9：50.1：8.0 调整为 43.1：48.9：7.9。2014 年高职（专科）招生 338.0 万人，比 2013 年增加 19.6 万人，增长 6.2%[7]。2014 年高职（专科）外语类专业招生 9.9 万人，比 2013 年减少近 2 万人；2015 年高职（专科）外语类专业招生 10.42 万人，比 2014 年增加 5,000 人，增长 5.3%，约占全国高职（高专）招生总数的 3% 左右。总的来看，2015 年外语类招生出现回暖趋势，扭转了近几年来生源逐年下滑的现象。

2. 就业

2014 届大学生毕业半年后的就业率（92.1%）比 2013 届（91.4%）略有上升，比 2012 届（90.9%）上升 1.2 个百分点。其中，本科院校 2014 届毕业生半年后的就业率为 92.6%，比 2013 届、2012 届（分别为 91.8%、91.5%）均有所上升（分别上升 0.8、1.1 个百分点）。全国高职（专科）毕业生 318.0 万人，毕业生半年后的就业率为 91.5%，比 2013 年（90.9%）略有上升，比 2012 届（90.4%）上升 1.1 个百分点；续读本科的比例从 2013 年的 3.8% 上升到 4.2%；创业比例为 3.8%，比 2013 年（3.3%）高了 0.5 个百分点。可以看出，近三届大学毕业生半年后就业率呈现稳定趋势。毕业生选择升学、自主创业的比例呈现持续和较大的上升趋势。[8]

全国高职（专科）英语类专业毕业生半年后就业率最高的是旅游英语和商务英语（均为 93%），其中，商务英语专业毕业生半年后就业率（2013 届 91%）出现回升。应用英语专业为 92%，英语教育为 91%，近两年持平。[9]

三、重大赛事

1. 全国职业院校技能大赛

1）"高教社"杯英语口语赛项

2015 年 6 月 2 日至 4 日，2015 年全国职业院校技能大赛高职组"高教社"杯英语口语比赛暨第十一届"高教社"杯全国高职高专实用英语口语大赛总决赛在安徽水利水电职业技术学院圆满落下帷幕。59 位才华横溢的选手从全国百万名高职（专科）学生中脱颖而出。最终，获英语专业组一等奖的有上海工商外国语职业学院的王聪等 3 位同学，获二等奖的有日照职业技术学院的杨刚等 6 位同学，获三等奖的有鞍山师范学院高等职业技术学院的鲁振等 9 位同学。获非英语专业组一等奖的有苏州港大思培科技职业学院的王凡等 3 位同学，获二等奖的有长沙民政职业技术学院的周雨晨等 6 位同学，获三等奖的有福建卫生职业技术学院的俞旭艳等 9 位同学。

2）全国职业院校技能大赛高职组"导游服务"赛项

2015 年 6 月 17 日至 19 日，2015 全国职业院校技能大赛高职组"导游服务"赛项全国总决赛在浙江旅游职业学院隆重举行。共有来自全国 86 所高职（专科）院校的 136 名选手参加比赛，其中英语导游组 51 名，普通话导游组 85 名。在英语导游组比赛中，获一等奖的有浙江旅游职业学院的周婕等 5 位同学，获二等奖的有北京青年政治学院的刘伟乾等 10 位同学，获三等奖的有上海旅游高等专科学校的代晓燕等 16 位同学。

2. 全国职业院校信息化教学大赛

2015 年全国职业院校信息化教学大赛于 11 月 7 日至 9 日在南京举办，共有 989 件参赛作品参加了信息化教学设计、信息化课堂教学、信息化实训教学等 3 个项目的比赛。[10]

全国高职（专科）院校外语作品在此次大赛中取得了优异成绩。来自北京工业职业技术学院等的 7 件作品获一等奖，来自广西交通职业技术学院等的 7 件作品获二等奖，来自广西电力职业技术学院等的 14 件作品获三等奖。

3. 职业院校外指委组织的全国学生技能大赛

1）全国高职高专越南语和泰语技能竞赛

2015 年 5 月 21 日至 23 日，在广西国际商务职业技术学院成功举办了"第四届全国高职高专越南语和泰语技能竞赛"。共有 93 名学生参加了本次比赛，最后南宁职业技术学院的黄红梅等 9 名同学获一等奖，广西国际商务职业技术学院的钟嘉欣等 14 名同学获二等奖，西双版纳职业技术学院的李桂莲等 25 名同学获三等奖。

2）全国高职高专德语口语技能大赛

2015 年 5 月 29 日至 31 日，由歌德学院（中国）参与协办的"第三届全国高职高专德语口语技能大赛"在山东外事翻译职业学院举办。共有 64 名学生参加了本次比赛，最后上海行健职业学院的陈嘉仪等 7 名同学获一等奖，深圳

职业技术学院的李彤等 13 名同学获二等奖，海南外国语职业学院的练俞芝等
18 名同学获三等奖。

3）全国高职高专日语技能竞赛

2015 年 10 月 15 日至 18 日，由日本 J．TEST 中国事务局参与协办的
"J.TEST 杯"第四届全国高职高专日语技能竞赛决赛在青岛职业技术学院举办。
共有 197 名学生参加了本次比赛，最后山东外事翻译职业学院的张漫兮等 9 名
同学获个人赛项一等奖，山东外贸职业学院的吴婷等 17 名同学获二等奖，广
东科学技术职业学院的吴晓媛等 25 名同学获三等奖；获团体赛项一等奖的有
青岛职业技术学院戴林坤、韩松林、李瑶、都慧玉、刘梦琦等 5 支代表队，获
二等奖的有上海科学技术职业学院王鸿鹏、李婧艾、林诗芸、赵颖等 9 支代表
队，获三等奖的有无锡商业职业技术学院钟兴、齐磊、顾雨蔚、王楚等 14 支
代表队。

4）全国高职高专韩语口语技能大赛

2015 年 10 月 29 日至 31 日，由韩国培材大学和大连理工大学出版社参与
协办的第二届"培材大工杯"全国高职高专韩语口语技能大赛决赛在长春职业
技术学院举办。最后获个人赛项特等奖的有山东外国语职业学院的雷雅岚等 3
名同学，获一等奖的有上海工商外国语职业学院的汤洋等 5 名同学，获二等奖
的有山东外贸职业学院的李珊珊等 10 名同学，获三等奖的有河北外国语职业
学院的耿晴等 16 名同学；获团体赛项特等奖的是大连职业技术学院高莹莹、
窦悦萌、柴政、张欣瑶、宋宇代表队，获一等奖的有上海工商外国语职业学院
李澄、吉俐、乔梦婷、张陈晨等 3 支代表队，获二等奖的有江苏农林职业技术
学院黄莎莎、梁玲玉、包冰怡、胡青芸等 5 支代表队，获三等奖的有威海职业
学院曹海燕、王海文、于小轩等 7 支代表队。其中 53 名获奖学生获得韩国培
材大学一年、半年或十周的语言研修免学费的机会。

5）全国高职高专英语写作大赛

2015 年 12 月 9 日，第六届"外研社杯"全国高职高专英语写作大赛总决
赛在北京举办。800 多所院校的 20,000 余名学生参加了初赛,629 所院校的 1,650

名学生参加了复赛，176 名学生参加了总决赛。最后，获公共英语组一等奖的有长沙航空职业技术学院刘思洋等 10 名同学，获二等奖的有无锡商业职业技术学院陈小艺等 30 名同学，获三等奖的有海南政法职业学院钟卓欣等 81 名同学；获英语专业组一等奖的有深圳职业技术学院郭丹青等 5 名同学，获二等奖的有江苏经贸职业技术学院季佳钰等 15 名同学，获三等奖的有武汉信息传播职业技术学院谭春燕等 34 名同学。

4. 职业院校外指委组织的教师教学大赛

1）全国高职高专韩语教学大赛

2015 年 6 月—9 月，北京语言大学出版社和韩国釜山外国语大学参与协办了第一届"北语社杯"全国高职高专韩语教学大赛，共有 30 名教师参加了本次比赛。最后，山西旅游职业学院的李石哲等 3 人获一等奖，威海职业学院的徐云飞等 7 人获二等奖，威海职业学院的谭绍玉等 8 人获三等奖。其中获得一、二等奖的 10 名教师于 2016 年 1—2 月赴韩国釜山外国语大学免费研修学习一周。

2）全国高职高专外语多媒体课件大赛

由大连理工大学出版社协办的"2014 全国高职高专外语多媒体课件大赛"共有 148 作品参赛。经过 2015 年 5 月份的最终评选，芜湖职业技术学院的陈婧等 3 人获微课组一等奖，浙江工贸职业技术学院的朱杨琼等 7 人获二等奖，石家庄邮电职业技术学院的赵荣改等 17 人获三等奖；绵阳职业技术学院的陶然等 8 人获单机版课件组一等奖，黑龙江交通职业技术学院的关玉梅等 24 人获二等奖，长春职业技术学院的王洋等 23 人获三等奖；山东外贸职业学院的韩佳等 2 人获网络版课件组一等奖，德州学院的张锦辉获二等奖，山东商业职业技术学院的赵媚等 2 人获三等奖。

5. 2015 年第一届外语教学成果评审

2015 年 12 月，职业院校外指委与浙江大学出版社合作，开展了"2015 年第一届外语教学成果评审"的申报工作。共有 101 所高职（专科）院校的 129

项成果参加了申报，其中申报参加专业外语教学成果奖评审 38 项、公共外语 45 项、行业外语 23 项、综合改革 23 项。本届教学成果奖的评审将坚持以质量为核心，突出职业外语教育的实践性、创新性和其与新技术的融合性。本届教学成果奖评审的结果将于 2016 年夏发布。

四、外语类教学资源建设

1. "十二五"职业教育国家规划教材

《教育部关于深化职业教育教学改革全面提高人才培养质量的若干意见》（教职成 [2015]6 号）中指出"各职业院校应严格在《书目》中选用公共基础必修课教材，优先在《书目》中选用专业课教材。"2014 年 4 月，教育部公布了第一批"十二五"职业教育国家规划教材书目，入选的 4,738 种教材中，外语教材 197 种 [11]；2015 年 7 月，2,611 种教材入选第二批"十二五"职业教育国家规划教材，其中外语类有 76 种。[12]

入选的"十二五"规划教材应对接职业标准和岗位要求，注重吸收行业发展的新知识、新技术、新工艺、新方法，并及时修订，确保优质教材进课堂，努力提高技术技能人才培养质量。

2. 英语 MOOC 平台建设

职业院校外指委与北京仕达鸿教育科技发展有限公司、智慧树网合作，持续推进高职英语教学改革创新实践项目"高职英语专业 MOOC 教学平台"建设。目前，旅游英语专业已经完成旅游英语和饭店英语 2 门课程的 MOOC 平台建设，并开始试运行，有 6 所院校、200 多名学生参与。英语教育和商务英语专业 MOOC 平台已经开始征集资源和招募微课主讲教师，应用英语专业和高职英语 MOOC 平台的建设正在积极筹划中。

"高职英语专业 MOOC 教学平台"的建设推动了现代教育技术与英语教学深度融合，为高职（专科）院校优质英语教学资源共建共享、探索线上线下相结合的混合式英语教学模式改革作出了贡献。

五、科学研究项目

1. 行业指导职业院校专业改革与实践项目

2015年10月，职业院校外指委完成2014年行业指导职业院校专业改革与实践项目"职业院校旅游英语专业顶岗实习标准"和"语言类部分专业企业生产实际教学案例库"建设。"职业院校旅游英语专业顶岗实习标准"以"优秀"成绩结题。

同时，获批2015年行业指导职业院校专业改革与实践项目"英语教育专业企业生产实际教学案例库"和"应用西班牙语专业顶岗实习标准"立项。这两个项目在2016年7月结题。

2. 职业院校外指委的合作课题

2015年1月，职业院校外指委与句酷批改网合作开展"基于大数据的高职英语写作教学创新研究课题"立项工作，全国106所高职（专科）院校的131个课题获准立项，其中重点课题30个、一般课题101个，资助经费达352,000元。

5月，进行了第二期"英文报刊教学与高职英语教学改革课题"的中期检查；6月，开展了重点课题答辩工作，75个获准立项中的17个重点课题参加了答辩。本期课题与《21世纪英文报》合作开展，资助经费达85,000元。

6月，进行了"基于网络的外语教学实践研究课题"的中期检查；7月，开展了重点课题答辩工作，176个获准立项中的48个重点课题参加了答辩。本期课题与北京文华在线科技发展有限公司合作开展，资助经费达496,000元。

3. 国家及省部级课题

随着国家越来越重视职业教育，高职（专科）外语教师的科研意识和科研能力也在不断提升。2015年外语教师面向教学，面向地方生产建设第一线，突出技术实用性，探索高职教育特色，多项国家级、省部级科研课题获得立项

（见表 3.1）。

表 3.1　2015 年高职（专科）外语类立项科研课题（部分）

序号	主持者	所属院校或基地	项目名称	项目类别
1	俞曦霞	湖州职业技术学院	外国文学世界主义视域中的 V.S. 奈保尔研究	教育部规划基金项目
2	凌来芳	浙江金融职业学院	中国戏曲跨文化传播之外宣翻译研究——以越剧为例	教育部规划基金项目
3	安岩	河北外国语职业学院	基于交际语言学本土化的应用型本科院校俄语教学与评价机制研究	教育部青年基金项目
4	张秋华	泉州幼儿师范高等专科学校	基于教育信息化的高效英语课堂教学实践研究	福建省教育科学"十二五"规划重点课题
5	邱立珍	宁波城市职业技术学院	比较文化学视阈下的英国和中国海岛文化研究	浙江省哲学社会科学规划课题
6	钟丽	江西外语外贸职业学院	基于项目教学法的高职英语师范生教学技能培养实践研究	江西省高等学校省级教学改革研究课题
7	刘祥荣	日照职业技术学院	基于职业技能大赛反拨效应的高职英语教学改革研究与实践	山东省职业教育教学改革项目
8	计道宏	郧阳师范高等专科学校	英语中动结构的认知生成动因分析研究	湖北省教育厅人文社会科学研究重点项目
9	李楠	安阳职业技术学院	高职高专英语任务型阅读教学中学生主体性的研究	河南省教育厅人文社会科学研究规划项目

4. 教研论文

高职（专科）教育更强调实证研究。外语教师立足专业建设、课程设计、实践教学和教材研发等，潜心研究、推进教改、服务教学并及时总结、撰写教育教学论文，推动了先进教学经验的提炼和传播，促进了教师的专业发展和业务水平，部分已发表论文见表3.2。

表 3.2　2015 年高职（专科）外语教师发表论文（部分）

序号	期刊	篇名	作者
1	外语界	加强英语类专业基本建设，推进教育教学改革——高等职业学校英语类专业教学标准解读	刘黛琳 周雪峰
2	中国职业技术教育	高职外语教育改革与发展的路向：从依附到屹立	刘黛琳 杨文明
3	当代外语研究	大数据时代 MOOCs 对高职高专英语教学的影响	闵阅 老青
4	教育与职业	论高职外语教师实践教学能力的提升	李太生
5	中国教育学刊	论高职院校英语课堂教学中的文化导入	石蕊
6	职业技术教育	高职行业英语项目课程开发的实践策略——以《机电行业英语》课程为例	杨修平
7	职教论坛	基于微课的高职英语混合式学习模式研究	马国庆
8	中国成人教育	优化高职英语项目化教学的思考和建议	史丽珍
9	教育探索	高职公共英语实践教学研究与探讨	张洪颖 袁俊娥
10	当代教育科学	高职院校公共英语课程建设方法探究——评《新技能英语高级教程》	杨晓燕
11	教育理论与实践	高职高专商务英语翻译教学研究——评《商务英语翻译实务》	张艳华

六、师资培训

1. 国培项目

2015 年 6 月—8 月，职业院校外指委分别组织教师参加在湖南外贸职业学院举办的国培项目"国际贸易实务专业培训班（企业顶岗）"和"服务外包知识与技能培训班"，共 35 人参加。国培项目提高了高职（专科）院校外语教师的专业知识、技能水平及教学能力，加快了"双师型"师资队伍建设。

2. 职业院校外指委组织的培训

2015 年 8 月，在湖南外贸职业学院举办"全国职业院校外语教师商务知识培训班"，47 人参加。培训分为"商务知识普及"和"商务知识提高"两个班。商务知识普及班注重普及系统全面的外贸商务知识，培养学员在原有外语基础上增强商务知识；商务知识提高班旨在扩大商务知识面，拓展商务外语教学方法和国际性思维。

2015 年 8 月，在山东旅游职业学院举办"全国职业院校外语教师旅游业务知识培训班"，19 人参加。培训本着"理论讲授与实践考查"相结合、"旅游业务知识＋教学方法探讨"相结合的原则，按照"专题讲授＋座谈交流＋现场教学"相结合的方式进行。

2015 年 8 月，在河北外国语职业学院举办"全国职业院校外语教师微课设计与制作培训班"，164 人参加。培训进一步推动了高职（专科）外语教师专业发展和教学能力的提升，促进了现代教育信息技术与外语教育教学的深度融合。

七、国际交流与合作

2015 年，职业院校外指委继续保持与国外高等院校和教育机构的交流与合作，积极引进国外优质教育资源，开展学生技能大赛、教师教学大赛、专业师资培训和海外短期研修等项目。随着经济全球化的发展和教育资源的全球流动，各高职院校外语专业积极探索国际化的举措，加快国际化步伐，主动适应社会经济发展的需求。部分合作项目见表3.3。

表3.3　2015年国际交流与合作项目（部分）

序号	项目名称	中方合作单位	外方合作单位
1	全国高职高专德语口语技能大赛	职业院校外指委	歌德学院
2	全国高职高专韩语教学大赛	职业院校外指委	韩国釜山外国语大学
3	韩语教师研修班	职业院校外指委	韩国釜山外国语大学
4	全国高职高专韩语口语技能大赛	职业院校外指委	韩国培材大学
5	学生海外研修班	职业院校外指委	韩国培材大学
6	应用韩语专业高等专科教育	浙江旅游职业学院	韩国顺天乡大学
7	海外留学	河北外国语职业学院	韩国大邱大学韩国培材大学
8	赴日研习	无锡商业职业技术学院	日本国际友好宾馆协会
9	海外留学	南宁职业技术学院	泰国理工皇家大学泰国佛统皇家大学
10	海外留学	湖南外国语职业学院	埃及卡福拉·谢赫大学

八、职业院校外指委工作平台

为做好职业教育外语教学成果的宣传工作，扩大影响，职业院校外指委与北京仕达鸿教育科技发展有限公司合作搭建了外语教指委的工作网站（http://www.moewyjzw.com/）。网站开辟有"通知公告"、"政策文件"、"会议交流"、

"技能大赛"、"交流共享"等栏目。网站的顺利开通和运行，既是职业院校外指委与企业合作的成果，也为高职（专科）外语教育教学拓宽了交流与共享信息的平台。

---

[1] 数据来源：http://www.moe.gov.cn/srcsite/A03/s180/moe_633/201508/t20150811_199589.html（2016 年 3 月 20 日读取）。

[2] 数据来源：http://www.moe.gov.cn/jyb_xwfb/gzdt_gzdt/s5987/201509/t20150915_208334.html（2016 年 3 月 20 日读取）。

[3] 数据来源：http://www.moe.gov.cn/jyb_xwfb/moe_176/201511/t20151123_220559.html（2016 年 3 月 20 日读取）。

[4] 中华人民共和国教育部,2015,《教育部关于印发 < 普通高等学校高等职业教育（专科）专业设置管理办法 > 和 < 普通高等学校高等职业教育（专科）专业目录（2015年）> 的通知》教职成 [2015]10 号。

[5] 教育部行业职业教育教学指导委员会工作办公室，2015,《关于公布 2015 年行业指导职业院校专业改革与实践立项项目的通知》教行指委办函〔2015〕19 号。

[6] 数据来源：http://www.moe.gov.cn/（2016 年 3 月 20 日读取）。

[7] 数据来源：http://www.gov.cn/guoqing/2016-01-25/content_5035980.htm（2016 年 3月 20 日读取）。

[8] 麦可思研究院，2015,《2015 年中国大学生就业报告》[M]。北京：社会科学文献出版社。

[9] 刘黛琳，2015,《英语类高职高专毕业生社会需求与培养质量跟踪评价报告（2015)》[M]。北京：北京语言大学出版社。

[10] 中华人民共和国教育部，2015,《教育部办公厅关于公布 2015 年全国职业院校信息化教学大赛获奖名单的通知》教职成厅函 [2015]56 号。

[11] 中华人民共和国教育部，2014,《教育部关于公布第一批"十二五"职业教育国家规划教材书目的通知》教职成函 [2014]12 号。

[12] 中华人民共和国教育部，2015,《教育部关于公布第一批"十二五"职业教育国家规划教材书目的通知》教职成函 [2015]11 号。

第四章　基础外语教育

第一节　高中英语 [1]

一、改革情况

1. 高考改革

　　2015 年是深入推进高考综合改革，研讨制订改革方案的重要年份。《国务院关于深化考试招生制度改革的实施意见》（国发〔2014〕35 号）（以下简称"实施意见"）及相关配套文件颁布一年多来，各省、市、自治区着力推动改革方案落实、落地，已取得阶段性成果。目前，除上海、浙江已发布方案外，其余 29 个省份均已形成考试招生制度改革实施方案及相关配套文件。同时，增加使用全国卷省份的任务也已基本完成。辽宁、江西、山东 3 省份 2015 年已使用全国卷；安徽、福建等 8 省份已申请自 2016 年起使用全国卷。由此，2016 年高考使用全国卷的省份将从 2014 年的 15 个增加到 26 个。[1]

　　2014 年，上海市和浙江省率先启动高考综合改革试点。2015 年，相关改革正在扎实推进当中。河北、广东、甘肃、江西、宁夏、江苏、青海等地都已正式向社会公布了本地的招考制度改革方案，明确了高考制度改革的实施时间表和路线图[2]；部分省市，如北京市，也已将改革方案提交教育部，等待批复[3]。其中，河北、广东、江苏、青海等地明确将 2018 年作为高考综合改革的启动年份，2021 年高考正式实行新的高考综合改革方案。考虑到本地区的社会、经济、教育综合发展情况，宁夏、甘肃等地则将高考综合改革的启动时间推迟一年，定在 2019 年，新高考方案首次开考时间为 2022 年。

　　从已公布的综合改革方案来看，各省市均遵循了"实施意见"的要求。考生总成绩由统一高考的语文、数学、外语 3 个科目成绩和高中学业水平考试 3 个科目成绩组成。其中，统一高考的语文、数学、外语科目不变、分值不变，

1　本节作者：康艳、王俊雅、史娇敏，首都师范大学。

不分文理科，外语科目提供两次考试机会。计入总成绩的高中学业水平考试科目，由考生根据报考高校要求和自身特长，在思想政治、历史、地理、物理、化学、生物等科目中自主选择。

除考试制度外，各地还根据"实施意见"的要求，改革招生录取方式。其中，河北、江西等地提出从 2016 年起合并本科三批和本科二批。广东提出，从 2016 年起，将原第二批本科 A 类及 B 类两个招生录取批次调整合并为"第二批本科批次"。上海市在改进录取批次上则更进一步，在 2014 年公布的高考综合改革方案中明确指出，从 2016 年起，合并本科第一、第二招生批次。"

在配合实施招录新政的同时，各大高校也纷纷开展自主招生录取改革试点。2015 年，复旦大学、上海交通大学在夏季高考中首次开展综合评价录取改革试点，社会俗称为"新千分考"，即自主招生选拔放在高考出分后进行，根据高考成绩筛选面试资格，总成绩包括高考成绩（60%）、面试成绩（30%）和高中学业水平测试成绩（10%）[4]。此举不仅充分体现了新高考的"综合"特点，而且将自主招生安排在高考以后，还时间于高中，便于学生集中精力备战高考。由于两高校"自主选拔试验"在上海的招生量合计达千人规模，此次试点在考生中有着风向标的意义。

2015 年底，上海市对外发布了 2016 年春季高考的试点方案。考试科目确定为"统一文化考试 + 院校自主测试"。统一文化考试采用与高中学业水平考试接轨的方式，考试科目为语文、数学、外语 3 门科目，总分为 400 分。其中，语文、数学两科目总分 150 分。外语直接使用高中学业水平考试的成绩，分值为 100 分。外语试卷分设英、俄、日 3 个语种，由报考学生任选 1 种，考试时间为 90 分钟。[5]

为了深入了解深化课程改革、适应高考招生制度改革的情况，2015 年 10 月，浙江省教育厅组织相关人员对全省 11 个市的 30 所一级特色示范高中进行了巡查，并于 11 月发布了《浙江省深化普通高中课程改革巡查报告》[6]。报告显示，各学校能够及时调整学校课程方案，统筹安排三年教学计划，努力分散考试节点，教学秩序良好。多数学校尊重学生选择权，探索多样化的选课走班模式；大力推进特色课程群和精品学科课程群建设；重视生涯规划教育；统筹校内外资源，完善各种资源。但是，巡查也发现了一些问题，如并开科目过多、选修课程课时不足、学生综合素质评价工作滞后等。

2015 年，在高考改革的大背景下，大部分省市都按照"实施意见"的要求，有条不紊地制定并实施高考综合改革方案。值得注意的是，由高考综合改革所带来的走班制教学，在充分尊重学生选择权的同时，也给英语教师带来了不小的挑战。教师今后必将投入更多的精力，积极探索高效的教学模式来建设新课程，设计新课堂。

2. 高中英语新课程标准修订

2015 年，"核心素养"成为高中英语课程的焦点和热词。2014 年 3 月 30 日教育部正式印发《教育部关于全面深化课程改革　落实立德树人根本任务的意见》（以下简称"意见"），启动了普通高中课程的修订工作 [7]。意见指出，要充分认识全面深化课程改革、落实立德树人根本任务的重要性和紧迫性，准确把握全面深化课程改革的总体要求，着力推进关键领域和主要环节改革，切实加强课程改革的组织保障。意见提出，要着力研究制定学生发展核心素养体系和学业质量标准。教育部将组织研究提出各学段学生发展核心素养体系，明确学生应具备的适应终身发展和社会发展需要的必备品格和关键能力，突出强调个人修养、社会关爱、家国情怀，更加注重自主发展、合作参与、创新实践。意见还指出，要依据学生发展核心素养体系，进一步明确各学段、各学科具体的育人目标和任务，完善高校和中小学课程教学有关标准。教育部将在总体设计的基础上，先行启动普通高中课程修订工作。修订后的高中课程要合理确定必修、选修课时比例，打牢学生终身发展的基础，增加学生选择学习的机会，满足持续发展、个性发展需要。

立足于英语学科对核心素养的要求，正在修订中的高中英语课程标准体现出一系列的转向 [8]。课程的总体目标从原来的综合语言运用能力转变为包括语言能力、文化品格、学习能力、思维品质四个核心素养在内的英语学科核心素养。在学习内容上，将改变脱离语境的知识学习，将知识学习与技能发展融入主题、语境、语篇和语用之中，促进文化理解和思维品质的形成，引导学生学会学习，指向核心素养的培养。在学习方式上，将走向整合、关联、发展的课程，实现对语言的深度学习（即语言、文化、思维的融合）。

当前，培养学生的学科关键能力和良好品格已经成为新时期基础教育的目标。就英语学科而言，仅仅以语言运用能力作为核心目标还远远不够。英语教育要系统培养学生的思维能力，包括批判性和创造性思维能力；要改变学生的心智和生活，培养"全人"。学生不仅要学会一种国际上通用的语言，还应具有 21 世纪公民所应有的核心能力与思维方式 [9]。这对一线教师和教师教育者都提出了新的挑战。在改革的新形势下，外语教师应立足课堂实践，以提升学生具体学科关键能力为抓手，探索如何从零散的知识教学走向整合和关联的深度教学，在教学过程中实现学科育人的目标。教师还应在不断改进课堂教学的过程中反思和批判现有的教育价值观，重构教育价值观，探索适合自身需要的专业发展模式。

二、学术会议

2015 年，全国性的学术会议密集召开，会议大多围绕高考改革政策和英语学科核心素养展开，对深化高考改革、创新英语教育教学具有重要意义。

1. 2015 中小学名校校长国际峰会

2015 年 3 月 28 日至 29 日，以"基础教育核心素养培养"为主题的"2015中小学名校校长国际峰会"在北京市三十五中新街口校区隆重举行 [10]。本次大会由《中国日报社》、21 世纪英语教育联合会、全国民办中小学外语教学研究会和中国国际教育协会中学分会联合主办，中国教育学会外语教学委员会担任学术指导。国家教育部门的领导、专家，以及来自全国各地公办、民办学校和培训学校的校长及英语教师共 300 余人参会。会上，龚亚夫、褚宏启教授等作了主题发言，从英语教育的角度解读了核心素养的培养模式。为了让与会嘉宾更充分地了解西方教育在学生核心素养方面的实践，大会还特邀牛津国际公学成都学校总校长 David Bryce 和新西兰 Glendowie Primary School 校长 Anne Marie Biggs 作主旨发言。

2. 第十三届全国外国语学校英语教学研讨会

2015 年 5 月 28 日，"第十三届全国外国语学校英语教学研讨会"在上海外语教育出版社举办，来自全国各地的 120 余位外国语学校教学管理者和英语教师参会[11]。与会代表就外国语学校人才培养、课程设置、课堂教学等议题进行了探讨，深化了对外国语学校教育教学工作的认识。会上，教育部基础教育课程教材专家工作委员会委员、上海外国语大学梅德明教授作了题为《基于学生发展核心素养的基础教育课程改革——外国语学校的机遇与挑战》的主旨讲座。圣智出版集团培训专家 Michael McLoghlin 作了中学英语视听说教学法讲座。上外附中赵均宁副校长作了题为《国际化新形势下的外国语学校人才培养与外语教学》的报告。上海外国语大学王恩铭教授作了题为 Striving For Excellence in Your Career as Teacher of English 的讲座。研讨会还呈现了上外附中的两节公开课，由《全国外国语学校系列教材》综合教程主编、武汉外国语学校燕华兴校长进行点评。

3. 西部地区外语教育研究会 2015 年年会暨第四届学术论坛

2015 年 7 月 19 日至 21 日，由西部地区外语教育研究会主办、内蒙古大学外国语学院承办的"西部地区外语教育研究会 2015 年年会暨第四届学术论坛"在内蒙古大学召开[12]。来自西部地区 13 个省、市、自治区的 30 多所高校、科研机构和出版社近 120 名代表参加了此次会议。会上，董洪川教授作了题为《外国语文：学科专业建设与科研创新》的主旨发言。向明友教授作了题为《大学英语课程体系建设：〈指南：课程设置〉解读》的主旨发言。文旭教授作了题为《全人与全语：全人教育的科学范式探索》的主旨发言。刘瑾玉博士作了题为《严复手批〈国富论〉英文底本研究新发现——兼谈翻译史史料和分析方法》的主旨发言。本次会议还组织了"西部地区外语专业人才培养改革与创新"等六个分会场的小组讨论。与会的各位专家、学者围绕会议主题"新常态下西部地区外语教育研究"，从各自民族、地区特点出发，积极踊跃地阐发了对西部地区外语教育发展和建设的观点。讨论的具体内容涵盖大数据时代大学英语人才培养改革、"一带一路"战略下教学模式创新、民族院校师资队伍建设、教学管理、外语实习基地建设、翻译专业建设和教材编撰、语言研究等多个方面。

4. 首届互联网 + 学校教育高峰论坛暨第十二届全国中学骨干英语教师新课程教学高级研修班

2015 年 7 月 24 日至 28 日，首届"互联网 + 学校教育高峰论坛"在西安举行 [13]。论坛围绕"互联网 +"的前瞻分析和互联网 + 学校教育的融合发展趋势两大宏观主线展开，邀请了国内互联网界及教育界知名专家和来自全国的上千名教育信息化领域和基础教育界的专业人士、教研员、校长及一线骨干教师参会。同期举行的还有第十二届全国中学骨干英语新课程教学高级研修班与论坛。此次研修班的主题是"基础英语新常态教学途径的构建"，具体内容包括英语新常态教学途径的探索、英语考试改革与教学的思考、英语教育信息化的实践、新常态教学课型展示及研讨等。[14]

5. 2015 新高中特色发展论坛

2015 年 12 月 27 日至 28 日，由北京外国语大学、中国高中六校联盟、中国教育国际交流协会中学教育国际交流分会主办，明师国际教育研究院承办的"中国新高中特色发展论坛——2015：分层走班制背景下的高中英语（精品课）课程建设与创新观摩研讨会"在北京市三十五中举办 [15]。华东师范大学终身教授、博导、考试评价研究院院长陈玉琨，北京师范大学教授、博士生导师王蔷，《义务教育英语课程标准》专家组核心成员鲁子问，原西北师大附属中学校长、西北师范大学教授刘信生等专家出席论坛并发表主题演讲，内容分别为：教育综合改革背景下的课程改革与创新、国家《高中英语课程标准》研制与修订思路解读、课表的变革——分层走班制下的课程教学思想与范式、比较教育视角下的本轮高中新课程改革等。来自全国各地近 400 位教育局局长、教研员、中学校长、教研组长和一线骨干教师参加了该论坛。据悉，该论坛将每年持续进行，在新课程研究院实践基地校轮流举办，形成高中新课程跨区域教研联合体，长期且深入地推进新课程改革在学校和课堂的实践和落地。

2015 年的学术会议紧扣新高考改革政策和高中新课标修订，聚焦教育综合改革背景下的课程改革与创新，对走班制改革等问题进行深入思考。全国基础教育专家与广大一线教师共同探讨核心素养及其培养模式，为教师指明了学科课程改革方向，为新课标的修订与顺利实施打下坚实的基础。

三、专业活动

2015 年，全国范围内举办的专业活动主要包括教师基本功大赛、课堂教学创新大赛、课堂教学设计大赛、教学征文活动等。这些活动不仅调动了外语教师参与教学研究活动的热情，更激活了外语教师的思维，激发其寻求自我发展的需要，提升了课堂教学能力和解决问题的能力。

2015 年 1 月，全国基础外语教育研究培训中心与《山东师范大学外国语学院学报》（基础英语教育）编辑部继续联合举办第十一届"新标准杯"基础英语教育教学论文大赛[16]。论文选题范围包括：课堂教学实践与探究、教师专业发展、教材使用与探究、教学评价与测试以及专家评课。大赛组委会邀请英语教育领域的专家组成评委会，对参赛论文进行评选。大赛设一等奖 8 名，二等奖 20 名，三等奖 20 名，优秀奖若干。部分优秀论文在《山东师范大学外国语学院学报》（基础英语教育）上发表。

2015 年 4 月 10 日至 6 月 2 日，剑桥大学外语考试部举办了"2015 剑桥英语明星教师大赛"[17]。大赛邀请母语为非英语并可证明自己具有一定英语水平的英语教师参赛。参赛教师在线提交一份自己原创且具有趣味性的教学活动。大赛设一等奖 2 名，二等奖 3 名，三等奖 100 名。所有成功提交作品的参赛教师均将获剑桥大学外语考试部签发的参赛证书。

2015 年 10 月 19 日至 23 日，第九届全国高中英语教师教学基本功大赛暨教学观摩研讨会在四川绵阳中学实验学校召开[18]。本次大赛持续 4 天，分为 3 个阶段：10 月 20 日为第一阶段，上午全体参会老师报到，参加开幕活动，聆听专家报告，下午进行全国英语教师说课大赛；10 月 21 日至 22 日为第二阶段，举行全国英语教师课堂基本功赛课大赛；10 月 23 日为第三阶段，为颁奖仪式和闭幕式。本次活动共吸引了全国各高中选拔的 22 名教师参加说课比赛，32

位教师参加基本功赛课大赛。

新课程改革对教师专业化带来了前所未有的挑战。教师是课改中最活跃的因素，也是最重要的决定因素。2015年的教师专业活动以丰富的形式提高了教师的教学设计能力、教学反思能力。教师之间的互相启发，智慧共享，使他们从单纯的教书匠转化为自觉的研究者、主动的实践者、严肃的反思者，最终实现教学理论素养和教学水平的全面提高。

四、学生赛事

2015年的学生赛事形式多样，内容新颖，异彩纷呈。这些赛事旨在提高学生的综合语言运用能力和语言核心素养，得到了全国广大师生的积极响应和高度赞誉。

2015年11月15日，第二十三届全国中小学英语能力竞赛（NEPCS）初赛正式拉开帷幕；12月13日举行了决赛[19]。该项赛事由国际英语外语教师协会中国英语外语教师协会（TEFL-China）和国家基础教育实验中心外语教育研究中心（NBFLTRC）主办，《英语辅导报》和《考试与评价》杂志社承办，是教育部正式批准的目前我国唯一的全国中学英语学科竞赛，是全国性的中学英语教学的评价手段和重要的奖励机制。比赛分初赛和决赛[20]。初赛由全国统一命题，包括笔试和听力。决赛分两种方式，各赛区可任选一种。第一种是只参加笔试（含听力），满分为150分。第二种是参加笔试（含听力）和口试。其中，笔试卷分数为150分，口试分数为30分，满分180分。口试方案和题目由竞赛组委会统一命制，各省级竞赛组委会选择是否统一参加口试。各地按出赛人数的10%择优参加全国决赛。据不完全统计，在2015年教育部批准的拥有自主招生条件的90所高校中，中国政法大学等20余所高校明确规定该项赛事的获奖者可具备申报条件。

"外教社杯"第七届全国中学生英语能力大赛全国总决赛于2015年8月20日在外教社举行[21]。总决赛形式分为口试和笔试两个环节，对所有选手的英语文字功底、演讲主题、英语发音、演讲技巧、反应能力等多方面进行综合考评。本次竞赛中，初、高中参赛选手围绕"发明"与"传统和变革"这两个演讲主题，制作精美的 PPT，阐述自己的观点，展示了当代中学生活跃的思维、开阔的视野和高质量的英语演讲水平。最终，来自大连市实验中学的蔡庚辰同学和来自上海外国语大学附属外国语学校的蒲心韵同学分获初中组和高中组特等奖。

2015 年 7 月 17 日至 21 日，第六届"外研社杯"中国青少年英语能力大赛暨英语新课程改革教学成果展示活动在北京市新英才学校圆满落幕[22]。该竞赛由全国基础外语教育研究培训中心、中国翻译协会共同主办。比赛全方位考察青少年学生在英语听、说、读、写、译等方面的知识和技能，及协作、思考、表达的能力和解决问题等能力。比赛项目灵活多样，包括快速拼词、看图说话、英语模仿、英语故事、快速阅读、阅读表达、书面表达、口语表达、电影配音、英语短剧、英语小合唱、视图与表达、英文书写、英文 PPT、英文手抄报、主题英文写作等。经过 3 天比拼，78 位选手荣获个人全能金奖，其中15 名选手获得 5 个组别"个人全能之星"的称号。

2015 年 7 月 28 日，由北京外国语大学主办、外语教学与研究出版社承办，全国基础外语教育研究培训中心、全国外语特色学校教育研究会、传递教育作为学术支持的第十二届"外研社杯"全国中小学生英语技能大赛全国总决赛圆满落下帷幕[23]。本届大赛首设团体赛，特别设计了"团体赛"与"个人赛"两种赛制。在个人赛中，选手们通过演讲、拼读单词、即兴朗读、情景应变、知识问答等形式进行比赛。最终，来自北京的刘香玖和白明睿、来自沈阳的高至简、来自杭州的赵千帆以及来自广州的张博阳等五位同学分获 A、B、C、D、E 5 个组别的个人赛冠军；深圳中学、辽宁省实验中学分别获得初中组和高中组团体赛冠军。

由《高校招生》杂志社主办、搜学网承办、英国文化协会提供学术支持的第十四届全国创新英语大赛总决赛夏令营于 2015 年 7 月 31 日在北京落幕[24]。总决赛通过情景演绎、分组辩论、外教帮帮忙和最强 PK 四个环节决出本届大赛的冠亚季军。最终，谢笑旸获得总冠军，杨洋和王屹骍分获亚军和季军。本届大赛新增"雅思之星"奖项，由英国文化教育协会的评委根据雅思考试评分标准选出。"雅思之星"及全国二十强每人可以获赠一张价值 1750 元的雅思免费考试券。本次大赛的优胜者有机会参加北大、清华等近百所联办高校的自主招生考试。

2015年9月，中国日报社二十一世纪学生英文报与凌声英语学习平台共同启动了首届"21世纪·凌声杯"全国中小学生英语新闻播报大赛[25]。选手需在素材规定范围内任选一篇英语新闻稿进行播报并录制成视频通过指定通道上传。播报主题主要围绕时事、娱乐、校园生活、科技等。中学时限不超过3分钟，小学时限不超过2分钟。组委会将根据智能系统测评体系的最终成绩，对小学、初一、初二、高一和高二共5个组别的学生分别设置最佳作品、最佳表达、最佳人气、最佳视频等奖项，并对教师颁发优秀指导奖及最佳组织奖等。

2015年度学生赛事活动形式和内容均有创新，更有利于改善学生的英语学习效果，提升人文素养。同时，部分赛事与高校合作，给予优胜学生自主招生资格或录取优惠条件，更增加了学生参与赛事的积极性。但在参与这些赛事的同时，学校和家长要以不增加学生负担为原则，合理选择赛事。

五、重要考试

据统计，2015年全国高考报名人数为942万，比2014年增加3万人，高考报名人数呈现止跌趋稳的态势。[26]

2015年，更多省份采用了新课标版全国卷[27]。其中，江西、山东以及海南省由自主命题试卷改用新课标版全国卷；广西由大纲版全国卷改为新课标版全国卷。试卷版本及其适用情况如表4.1。[28]

表4.1　高考试卷版本及适用范围

试卷类型	适用范围
新课标版全国卷（I）	河南、河北、山西、江西、山东
新课标版全国卷（II）	贵州、甘肃、青海、西藏、黑龙江、吉林、辽宁、宁夏、广西、内蒙古、新疆、云南、海南
自主命题试卷	广东、北京、安徽、湖北、天津、湖南、陕西、重庆、四川、江苏、浙江、上海、福建

纵观全国卷和各省市自主命题试卷，2015 年高考英语试卷难度系数与 2014 年相当。各地试卷及全国卷大多在"发展中求创新"，重视基础知识和基本技能，突出对英语学科素养的考查；试卷结构、考试内容和试卷难度相对稳定，词汇量要求稍有提高，部分省市恢复了听力测试[29]。

2015 年全国高考英语试卷主要有以下几个特点[29]。首先，试题选篇体裁和题材丰富，能力考查稳中求新。在今年的 15 套英语试卷（自主命题 13 套，全国卷 2 套）中，所有选篇都与当代社会生活有关，体裁有记叙文、说明文、议论文、应用文等，题材涉及故事、科普、人文、社会现象、文化活动等。在试题形式上，阅读"4 选 1"与"7 选 5"两种题型延伸了阅读能力的测评范围，既考查阅读理解，又考查篇章能力。完形填空与语法填空、短文改错相互补充，全面考查学生灵活运用词汇和语法的能力。短文写作内容贴近生活，侧重考查学生的语用能力。

其次，强化选拔功能，确保考试区分度。2015 年高考试卷中有一定比例的题目加大了难度，凸显了选拔人才的考试目标。例如，不少试卷的完形填空部分选取了夹叙夹议的文章，考生既要读懂故事内容，又要理解作者的个人感悟和人生哲理。全国二卷书面表达题要求考生描写尊重长辈，陪伴老人的机会。考生需要将个人践行核心价值观的经历、感悟与社会问题有机结合，既要求有真切的个人经历，又需要较高的语言组织和表达能力。此外，某些自主命题的试卷在词汇量上有所提升。例如，北京卷考查的词汇量由 2014 年的 2262 词增加至 2505 词[30]。上海卷中出现了诸多"新"词汇，包括最新列入词汇手册的单词以及报章杂志中经常提到的高频词。[31]

最后，高考卷英语卷立足中华文明、融入社会核心价值观、强化跨文化意识，体现出英语教育的文化使命。例如，2015 年全国一卷语法填空试题选用了介绍广西阳朔的文章作为素材。广东卷阅读部分第二节选取若干段有关中国文化在国外展演的英语片断，要求考生进行信息匹配。全国二卷的写作任务涉及中国的传统节日"重阳节"，也涉及体现中国文化特色的"包饺子"。更重要的是，它的主题直接关联中国的传统美德"尊重长辈"，点滴融入了社会主义核心价值观。北京试卷写作第一节是邀请美国朋友参加龙舟训练营；天津试卷写作部分则是与美国友好交流学校的中文班班长通信，联系出国交流并向其赠书事宜，助力提升跨文化交际能力。

从 2015 年英语高考试卷来看，考试更加重视语言实际运用能力，同时也将思维能力、道德品质、核心价值观、跨文化意识和能力纳入考核范围之内。不难看出，英语高考改革已经紧随英语课程标准改革的步伐，围绕"学科核心素养"展开，其最终目的在于培养"全人"。[32]

六、专著、辞典、教材出版

2015 年 3 月 18 日，教育部办公厅颁布了关于 2015 年中小学教学用书有关事项的通知[33]。通知规定，高中阶段仍使用《2011 年中小学教学用书目录（变动部分）》和《2009 年基础教育课程标准实验教学用书目录》中的教材。

除以上教材外，各大出版社也出版了不少外语类书籍。2015 年 2 月，畅销十余年的"书虫·牛津英汉双语读物"系列又添新套装[34]。其中，小学高年级套装新增品种包括 5 个小套装，36 册图书。初中套装新增品种包括 8 个小套装，88 册图书。套装配有 MP3 光盘，供读者随听随练。

2015 年 11 月，上海外语教育出版社出版了《高中英语口语训练和测试》[35]。该书由沪上名师徐欣幸、李永宁编著，配有诊断性测试题一套，用以评估学生能力；丰富的专项训练，以提高英语口语能力；以及 10 套模拟题，以提高口语考试成绩。

优秀图书和教辅材料是英语教学的有效辅助，也是对学生课堂语言学习的巩固与提升。面对纷杂多样、参差不齐的教辅材料，学生和家长要慎重且适量选取，切不可贪多而陷入题海之中。

七、科学研究项目

2015 年 1 月 23 日，"中国基础教育英语教学研究 2014—2017 年资助金项目立项评审会"在北京召开[36]。经过专家的认真复审、评议，最后确定立项项目共 61 项，其中与高中英语教育直接相关的课题有 29 项，涉及语法教学、写作教学、阅读教学、课堂研究以及农村和民族地区英语教学等问题。

　　2015 年公布的全国教育科学"十二五"规划课题中，没有与中学英语相关的课题 [37]。在国家社科基金项目、教育部人文社会科学研究项目评选结果中，与中学英语相关的有两项课题，均为教育部人文社会科学研究青年基金项目，分别是由兰州大学陈建林负责的"基于语料库的甘肃藏汉中学生英语书面语对比研究"和邢台学院赵清丽负责的"中小学英语课堂多模态话语有效性建构研究"。[38]

　　从基金评选的总体情况来看，2015 年高中英语相关的研究比 2014 年虽略有增多，但国家级和省部级项目对于基础英语教育的倾斜力度仍然不够。高校英语研究和基础英语教育之间存在脱节的现象，基础英语教育亟待高校研究者参与其中。政府相关部门应促进高校和中小学的合作研究，鼓励基础英语教学相关课题，以此提高基础英语教学和研究水平。

[1]　教育部，2015，31 省区市高考改革方案基本成熟 [OL]，http://www.moe.gov.cn/jyb_xwfb/xw_fbh/moe_2069/xwfbh_2015n/xwfb_151204/151204_mtbd/201512/t20151207_223273.html（2016 年 1 月 23 日读取）。

[2]　中国新闻网，2016，多省份招考制度改革方案出炉 明确高考改革时间表 [OL]，http://news.xinhuanet.com/politics/2016-03/06/c_128776470.htm（2016 年 3 月 9 日 读取）

[3]　光明网，2016，北京中高考改革方案已提交教育部 [OL]，http://politics.gmw.cn/2016-01/21/content_18594435.htm（2016 年 1 月 23 日读取）。

[4]　中国教育在线，2015，2015 年复旦大学"新千分考"浮出水面 [OL]，http://gaokao.eol.cn/shang_hai/dongtai/201506/t20150630_1282468.shtml（2016 年 1 月 23 日读取）。

[5]　中国教育在线，2015，2016 年上海春季高考方案公布：文化考试 + 自主测试 [OL]，http://gaokao.eol.cn/shang_hai/dongtai/201511/t20151109_1335566.shtml（2016 年 1 月 23 日读取）。

[6]　浙江省教育厅网站，2015，浙江省深化普通高中课程改革巡查报告 [OL]，http://www.zjedu.gov.cn/news/144835682175765411.html（2016 年 1 月 23 日读取）。

[7]　教育部，2014，教育部关于全面深化课程改革 落实立德树人根本任务的意见 [OL]，http://www.moe.edu.cn/publicfiles/business/htmlfiles/moe/s7054/201404/167226.html（2016 年 1 月 23 日读取）。

[8]　中关村第二小学，2014，通过英语教育培养学生的核心素养 [OL]，http://www.

zgcerxiao.com/jiaokeyan/2014/11/11/2014111185316.html（2016 年 1 月 23 日读取）。

[9] 王蔷，2015，基于学生学科核心素养发展的外语教师专业化途径探索 [R]。第六届全国外语教师教育与发展学术研讨会发言，云南昆明，2015 年 11 月。

[10] 网易教育，2015，2015 中小学名校校长国际峰会在北京隆重举行 [OL]，http://edu.163.com/15/0330/16/ALVI1LJ200294MBF.html（2016 年 1 月 23 日读取）。

[11] 上海外语教育出版社，2015，第 13 届全国外国语学校英语教学研讨会成功举行 [OL]，http://www.sflep.com/press-center/news/1146-13（2016 年 1 月 23 日读取）。

[12] 内蒙古大学新闻网，2015，西部地区外语教育研究会 2015 年年会暨第四届学术论坛在我校召开 [OL]，http://ndnews.imu.edu.cn/yw/201507/Article_20150722114756.html（2016 年 1 月 19 日读取）。

[13] 人民网，2015，首届互联网＋学校教育高峰论坛在西安举行 [OL]，http://sn.people.com.cn/n/2015/0727/c226647-25734977.html（2016 年 1 月 23 日读取）。

[14] 第十二届全国中学骨干英语教师新课程教学高级研修班，2015，互联网＋教育年度盛宴西安完美谢幕! [OL]，http://blog.moyi365.com/（2016 年 1 月 23 日读取）。

[15] 腾讯教育，2015，2015 新高中特色发展论坛聚焦分层英语课堂创新 [OL]，http://edu.qq.com/a/20151228/025572.htm（2016 年 1 月 23 日读取）。

[16] 知网空间，2015，第十一届"新标准杯"基础英语教育教学论文大赛通知 [OL]，http://xueshu.baidu.com/s?wd=paperuri%3A%28b85a14e96aa0b53788526b287d69c452%29&filter=sc_long_sign&tn=SE_xueshusource_2kduw22v&sc_vurl=http%3A%2F%2Fwww.cnki.com.cn%2FArticle%2FCJFDTotal-SDWG201501002.htm&ie=utf-8（2016 年 1 月 19 日读取）。

[17] 福建省教育考试院，2015，剑桥大学外语考试部举办"2015 剑桥英语明星教师大赛" [OL]，http://www.eeafj.cn/fkzxzx/20150423/4809.html（2016 年 1 月 19 日读取）。

[18] 四川省教育科学研究所，2015，第九届全国高中英语教师教学基本功大赛圆满闭幕 [OL]，http://www.scjks.net/Item/2442.aspx（2016 年 1 月 23 日读取）。

[19] 国家基础教育实验中心外语教育研究中心，2015，2015 年全国中学生英语能力竞赛（NEPCS）火热报名中 [OL]，http://www.tefl-china.net/Article/ShowArticle.asp?ArticleID=1955（2016 年 1 月 17 日读取）。

[20] 贵州丁丁网，2015，2015 年全国中学生英语能力竞赛（NEPCS）简章 [OL]，http://www.gzddg.com/newsShow.asp?dataID=760（2016 年 1 月 17 日读取）。

[21] 上海外语教育出版社，2015，第七届全国中学生英语能力大赛全国总决赛圆满落幕 [OL]，http://www.sflep.com/press-center/3-news/1171-2015-08-25-08-46-03（2016 年 1 月 17 日读取）。

[22] 中国青少年英语能力大赛（官网），2015，2015 年全国总决赛圆满落幕 [OL]，

http://www.eduenglish.com.cn:81/ShowNews.asp?NewID=530&LmID=1（2016 年 1 月 17 日读取）。

[23] 外研社，2015，2015"外研社杯"全国中小学生英语技能大赛全国总决赛成功举办 [OL], http://events.fltrp.com/plus/view.php?aid=34（2016 年 1 月 17 日读取）。

[24] 创新英语网，2015，第十四届全国创新英语大赛总决赛夏令营圆满落幕 [OL], http://www.engshow.cn/dskb/dskb/201508/1341.html（2016 年 1 月 17 日读取）。

[25] 21 世纪英语网，2015，2015 年"21 世纪·凌声杯"全国中小学生英语新闻播报大赛 [OL], http://elt.i21st.cn/article/13194_1.html（2016 年 1 月 17 日读取）。

[26] 中国教育在线，2015，2015 年中国教育在线高招调查报告 [OL], http://www.eol.cn/html/g/report/2015/index.shtml（2016 年 1 月 18 日读取）。

[27] 中国教育在线，2015，2015 年高考英语试卷分析 [OL], http://gaokao.eol.cn/zhidao/yy/201506/t20150617_1275760.shtml（2016 年 1 月 18 日读取）。

[28] 学科网，2015，2015 年全国各地高考英语试卷及解析 [OL], http://gaokao.zxxk.com/a434640.html（2016 年 1 月 18 日读取）。

[29] 京翰高考网，2015，2015 年全国各高考英语试卷评析 [OL], http://gaokao.zgjhjy.com/html/kq/201506/77306.shtml（2016 年 1 月 19 日读取）。

[30] 精华学校，2015，2015 北京高考英语试卷分析 [OL], http://www.jinghua.org/public/article/article_4722.shtml（2016 年 1 月 19 日读取）。

[31] 教育人生网，2015，2015 上海高考试卷评析 [OL], http://www.edulife.com.cn/Archiver/shownews-143663.html（2016 年 1 月 19 日读取）。

[32] 21 世纪英语网，2015，回归教育本质，核心素养不是空中楼阁 [OL], http://paper.i21st.cn/story/105228.html#searchaid（2016 年 1 月 19 日读取）。

[33] 中华人民共和国教育部，2015，教育部办公厅关于 2015 年中小学教学用书有关事项的通知 [OL], http://www.moe.edu.cn/publicfiles/business/htmlfiles/moe/s5972/201503/185287.htm（2016 年 1 月 20 日读取）。

[34] 外语教学与研究出版社，2015，书虫新年献礼：书虫·牛津英汉双语读物套装 [OL], http://www.fltrp.com/information/productinfo/417760.shtml（2016 年 1 月 20 日读取）。

[35] 外教社网友书屋，2015，高中英语口语训练和测试 [OL], http://books.sflep.com/english-for-high-and-secondary-vocational-schools/references-for-senior-high-schools/978-7-5446-4094-7-g-1309.html（2016 年 1 月 20 日读取）。

[36] 中国教育学会外语教学专业委员会，2015，中国基础教育英语教学研究 2014—2017 年资助金项目立项评审结果 [OL], http://www.eltchina.net/NewsDetails.aspx?ArticleID=623d977c2ba94731a7f03ec8a796c82e（2016 年 1 月 22 日读取）。

[37] 全国教育科学规划领导小组办公室，2015，全国教育科学"十二五"规划 2015

年度课题评审结果公示 [OL]，http://onsgep.moe.edu.cn/edoas2/website7/level3.jsp?id=1447293099405611（2016 年 1 月 22 日读取）。

[38] 教育部人文社科网，2015，教育部社科司关于 2015 年度教育部人文社会科学研究一般项目立项的通知 [OL]，http://www.sinoss.net/2015/0910/63527.html（2016 年 1 月 23 日读取）。

第二节　初中英语 [1]

一、改革与招生情况

为贯彻教育部《国家中长期教育改革和发展规划纲要（2010—2020)》和
2015 年全国教育工作会议精神，落实教育部有关部门关于推进中学英语测试与
评价改革和中考英语测试改革的指文，分析、总结和评价 2014 年全国各地中
考英语试题和了解 2015 年全国各地中考英语试题改革动向及命题趋势，帮助
教师找到中考英语总复习教学的高效方法，由国家基础教育实验中心外语教育
研究中心主办的"2015 年全国中考英语改革及中考英语总复习教学研讨会"于
2015 年 3 月 14 日至 15 日在北京召开 [1]。会议发言指出：目前中考英语试题存
在考试类型定位不准、选择题过多等问题，中考英语改革"首先要确定中考的
性质和英语考试类型，改变选择题太多，偏好考试技巧、策略投机取巧的浮躁
现状，使中考英语追求效度，关注后效，回归教学" [2]；2015 年中考英语"应
该集中试题命题权，由专门机构和专业人员命制，题型要稳中有变，增加题型
数量，大幅度减少选择题数量，增加部分建构和全建构反应题题型，提高试题
内容效度，加强中考英语总复习教学质量，弃题海战术"。[2] 大会还安排了五节
优秀中考英语总复习现场说课活动，并建议中考英语的复习教学计划应该根据
学生具体情况制定实施。本届会议对 2014 年中考英语试题进行了系统、科学
的分析，明确了 2015 年中考英语命题改革和中考英语总复习教学的思路。

二、学术会议

1. 第六届全国外语教师教育与发展学术研讨会 [3]

2015 年 11 月 13 日至 14 日，由中国英汉语比较研究会外语教师教育与发
展专业委员会主办，云南师范大学外国语学院承办，并由外语教学与研究出版
社协办的"第六届全国外语教师教育与发展学术研讨会"在云南师范大学举行。

1　本节作者：王巍、王颖、刘宏刚，东北师范大学。

近 300 名专家、教授、教师与学者参加了本次会议。会议主题为：外语教师教育与发展研究的国际视野与本土探索。会议形式包括主旨发言、专家工作坊、团队专题报告、分组发言以及互动研讨：国内外著名的专家、教授作了主旨发言；团队专题研讨均为各团队近些年开展的外语教师教育与发展实践与理论本土化或者校本化探索的成果；工作坊则对参加者进行了教师发展途径的引领；分组发言围绕着 9 项分议题展开；就外语教师教育与发展趋势在更大范围内开展学术对话，大会特别安排了一个小时左右的专家与参会代表的互动研讨环节。其中，云南师范大学文理学院纪佳池的"云南农村初中英语教师信念研究"探讨了初中英语教师信念的现状、转变及来源。首都师范大学孙咏梅的"中学英语课堂提问模式调查与分析"通过初高中不同水平课堂提问方式的调查，关注教师提问方式是否适应学生水平。

2. 全国首届中小学英语阅读教学学术研讨会 [4]

由北京师范大学主办、外语教学与研究出版社和北京大学附属小学联合承办的"全国首届中小学英语阅读教学学术研讨会"于 2015 年 9 月 18 日至 19 日在北京召开。会议邀请到国内外著名阅读教学研究的专家学者作了主旨发言，并进行小学低年级和高年级英语阅读教学示范课及专家点评，多位一线教师就英语阅读教学进行了探讨。在中学分会场 4 项专题研讨中，有一项探讨了初中阅读教学：《初中生英语阅读兴趣激发与动力维持》（罗敏江）。此外，"中国中小学生英语分级阅读体系标准研制"课题组也在此次会议上分享了其主要研究成果。此次会议为广大研究者、教研员和英语教师提供了英语阅读教学研究与实践交流的平台，为中小学生英语阅读素养的提高起重要作用。

3. 全国教育学会外语教学委员会第 19 次学术年会 [5]

在 2014 年教育部文件提出的深化课程改革、培养学生的核心素养的要求下，以"构建学生发展核心素养体系：目标与途径"为主题的"全国教育学会外语教学委员会第 19 次学术年会"于 2015 年 10 月 16 日至 18 日，在西安曲江宾馆举行。大会开设了 9 个专题会场，19 个教学工作坊，还分学段举行了优秀中小学英语教学课例研讨活动；同时，还举办了题为"英语教学如何拥抱'互联网＋'"以及"移动互联网技术在中小学英语中的作用"的分论坛；以及嵌套召开了《中国中小学英语教师专业发展参照框架》发布会，并组织主旨发言人与参会代表进行座谈互动。其中，有关初中英语教学发言的文章有：《初中英语阅读的文本教学研究》（谢建民）、《动机对初中生英语学习的影响》（温爱英）、《对初高中英语衔接策略的研究》（王淑敏）等。来自全国各地的外语教研员、大中小学外语教师、基础外语教育研究者、外语学习者、出版机构代表以及其他关注英语教育领域研究及发展、关心我国外语教育事业的 1,200 余人参加了本次年会。

三、专业活动

1. 中国教育学会 2015 年度课堂教学展示与观摩（培训）系列活动——初中英语展示与观摩培训会 [6]

2015 年 11 月 14 日，为了积极探索教师课堂教学的方式方法，进一步提高全国初中英语教师的专业水平和课堂教学能力，由中国教育学会外语教学专业委员会主办，山东省教育学会、山东省教育学会外语教学研究专业委员会以及青岛市普通教育教研室协办的"2015 年度课堂教学展示与观摩（培训）系列活动——初中英语展示与观摩培训会"在山东青岛隆重召开。来自全国各地的多名优秀教师进行课堂教学演示，向参会老师展示了精彩的课堂教学及专业点评。

与往届不同的是，在评价体系上，此次大赛的每堂课均由 4 位专家评委和 22 位来自一线的教师组成的大众评委共同打分，课后由两位专家加以点评，每半天赛程后均有大众评审代表总结发言。此外，大会规模大，来自全国各省、市、自治区的近 5,000 名专家及初中英语骨干教师参加了会议。此次观摩培训会为帮助各地区英语教师有效探索课堂教学模式，提升其整体素质，推动我国初中英语教学改革，提升英语教师教学水平有重大意义。

2. 第五届全国农村及少数民族地区中小学英语课堂教学与教师发展研讨会 [7]

为了全面贯彻落实国务院文件《乡村教师支持计划（2015—2020年）》，解决我国农村和少数民族地区英语教育存在的一些问题，以"推动农村和少数民族地区中小学英语教学改革，促进农村和少数民族地区中小学英语教师发展"为主题的"第五届全国农村及少数民族地区中小学英语课堂教学与教师发展研讨会"于2015年9月20日至24日在青海西宁举行。会议由国家基础教育实验中心外语教育研究中心主办，青海省中小学教学研究室与宁夏教育学会外语教学专业委员会协办。教育部有关部门领导、中外语言学及英语教学专家、教研员以及广大来自农村及各少数民族地区教师前来参加。会议重点研讨我国农村及各少数民族地区的英语教学现状及问题，交流经验，表彰成绩突出的优秀教师，树立典范。此外，会议还分小学、初中、高中3个学段有针对性地集中研讨和交流，举办了现场说课展示和评比活动。此次研讨会有效推动了农村和少数民族地区英语教育全面、健康和持续发展，为全面提升全国农村和少数民族地区英语教育发展水平有重要意义。

四、学生赛事

1. 第七届全国中学生英语能力竞赛 [8]

全国中学生英语能力竞赛，其前身为全国中学生英语阅读竞赛，是全国规模最大的综合性的英语学科竞赛。该项赛事经教育部正式批准，由上海外语教育出版社主办，并且作为全国性的中学英语教学的重要评价手段之一，自2007年以来，已成功举办了7届赛事，得到了广大中学生、家长以及教育部门的大力支持和认可。全国中学生英语能力竞赛旨在激发中学生英语学习兴趣，全方位、多角度地提高学生的听、说、读、写能力，并以此为基础增强学生的综合语言运用能力。同时，竞赛得出的数据也将为外语教学研究和改革提供参考依据，用于检测和评价全国各地区英语教学质量，从而有效促进我国中小学英语教学质量的普遍提高，增强中学生的人文素养和外语综合能力。

2015年"外教社杯"全国中学生英语能力竞赛圆满落下帷幕。本届竞赛依旧坚持选手自愿报名参加的原则，分为各赛区初赛、决赛和全国总决赛3个阶段。参赛对象为全国各省、市、自治区的在读中学生，初赛分成初中一、二年级和高中一、二年级4个级别，全国总决赛则分为初、高中两个级别。3月，各赛区组委会组织学生参加初赛，考试形式为笔试（含听力），5月各赛区组织复赛，竞赛形式为笔试和口试两个环节，笔试为淘汰赛，选出笔试前30名选手参加口试。然后在口试环节中分别选出各赛区初、高中前两名的选手参加全国总决赛。总决赛于2015年8月20日在外教社隆重举行，本届赛事历时一年，经过各赛区初赛和复赛的角逐，最终共有71名选手脱颖而出，进入了全国总决赛。

全国总决赛依然分为笔试和口试两部分，在口试环节中，主办方邀请到了有关专家对选手的演讲内容、演讲技巧、临场反应能力和语音面貌等综合能力进行考评。选手们首先要根据给定题目进行3分钟的演讲，然后回答评委提出的问题。本届竞赛初、高中选手分别围绕"发明"与"传统和变革"两个主题展开演讲。演讲主题的设定充分体现了与时俱进的原则，而且贴近学生的实际生活，充分给予选手们展示自我风采的机会，展现了当代中学生的精神风貌。

赛后，汤青老师和王欣老师分别从不同的角度对选手们的演讲进行了精彩的点评。汤青老师特别强调阅读的重要性，要求选手要加强演讲内容的深度以及批判性思维的训练，同时不能忽视问答环节的重要性，因为这是选手进行总结与反思的好机会，也会完善演讲内容的逻辑性和全面性，使选手能有进一步的提升。王欣老师则强调语言的准确性和多样性和演讲的立意，同时也希望选手加强批判性思维和语言逻辑性的训练和培养。

第七届全国中学生英语能力竞赛再一次为广大中学生提供了一个自我展示的平台，激发了中学生的英语学习动机和兴趣，发挥了他们无限的想象力和创造力，同时也增强了在校中学生的阅读能力和水平。这一切都将为我国英语教学的革新和发展提供宝贵的经验借鉴。

2. 第十三届全国中小学生英语演讲比赛 [9]

"21 世纪杯"全国中小学生英语演讲比赛由中国日报社主办，自 2002 年以来已成功举办 13 届精彩赛事。大赛作为每年 5 月在英国伦敦举行的国际英语公众演讲比赛中国区唯一选拔赛，面向全国中小学生举行，在高中组取得优异成绩的选手将代表中国参加国际比赛，以展现中国当代中学生的风采。

第十三届"21 世纪杯"全国中小学生英语演讲比赛已于 2015 年 3 月 22 日在河南大学成功落下帷幕。本届赛事旨在激发我国中小学生的英语学习兴趣，增强英语演讲能力和英语学习水平，并进一步提升校园英语学习的良好氛围，给不同地区的中小学生提供一个同场竞技的平台。本届大赛分别设有互联网赛场和落地赛场两部分，全程分为地区初赛、地区复赛、地区决赛和全国总决赛 4 个环节，并分为小学、初中、高中 3 个组别。各组分别围绕"我在校园里学到的最好的知识"、"当我重新发现 / 释放自己的时候"、"走向世界，改变自我" 3 个主题，自拟题目，进行演讲。选手们必须将自己录制的演讲视频上传到比赛官网，评委们会针对选手的演讲内容、语言质量、综合印象进行评选。经过历时近一年的激烈比拼，高中组来自上海外国语大学附属外国语学校的黄天逸获得"21 世纪最具潜力奖"，赴伦敦代表中国参加由国际英语联合会主办的"国际公众英语演讲比赛"。

本届大赛充分展示了我国中小学生的精神风貌，通过竞赛，选手们在英语演讲水平上得到了进一步的提升，也增强了英语学习的热情。与不同地区的优秀选手同场竞技也给予广大中小学生深度交流与学习的机会，促进英语水平产生质的飞跃。

五、升学考试

2015 年全国各地中等学校入学考试于 6 月 10 日至 30 日举行，英语是第三科考试，由于某些省市不将听力纳入中考总成绩，所以英语考试不含听力，因此各地区考试时间和英语总分数有所差异。2015 年全国中等学校入学考试英语科目很好地贯彻了《新课标》的要求，强调加大英语阅读量和提高英语听力水平，因此各地区英语试卷在题型和分值上也做出了相应的调整，各地区普遍提高了英语听力和阅读理解的分值，听力普遍从原来的 20 分增加到了 30 分，阅读理解由原来的 40 分上升到了 50 分。传统题型也有所改变，例如单项填空题目数量减少，分值降低；完形填空基本上将数量降到 10 道题目；在此基础上大部分省市增加了新题型，例如任务型阅读和综合填空。总体来看，这些变革体现了《新课标》对英语学科教学的新目标，即在增强听、说、读、写基本技能的基础上，培养学生的综合语言运用能力。综上，2015 年中考英语试卷呈现以下特征：

1）考试题型呈现多样化，灵活性更强。对语法知识、词汇短语辨析、习惯表达、固定结构、交际用语等考查的试题减少，强调将语言知识综合运用于实践，强化阅读和写作。例如河南省书面表达由 15 分增加到 20 分，安徽省则增加到 25 分；在阅读理解上，部分省市如北京市在原有 4 篇文章的基础上，增加了 1 篇任务型阅读文章，该文章在难度上有所增加，并且要求读完文章根据文章内容完成句子，而不是选择题，与传统阅读题相比灵活性有所加强。同时，天津市根据阅读题目难度的不同实行分层赋分，难度稍小的文章每题 2 分，难度稍大的文章每题 1 分。

2）考试内容贴近学生实际生活，紧跟时代步伐，能引起学生的强烈共鸣。这一点在书面表达上体现得尤为突出，例如福州市中考作文命题为"班级公约"，山西省命题为"我对课堂形式的建议"，都围绕着学生所最熟知的课堂为话题，同时要求学生根据自己的观察和想法，为自己所在的班级制定合理的规则等。因为学生对该话题较为熟悉，因此有话可说，充分激发了他们的语言产出。另一方面，关注身边的人，学会感恩也成为某些地区中考试卷的命题方向，例如吉林的作文题目为"我和父母的故事"，陕西作文命题为"走亲访友"。环境保护依旧是此次中考命题的热点，尤其体现在西北地区，例如克拉玛依的作文话题是"谈一谈你的家乡存在什么环境问题"，呼和浩特将作文命题为"写一封环境保护倡议书"，目的是增强学生的环境保护意识，从自身做起，成为一个富有责任感的社会公民。

3）命题遵循《新课标》的要求，关注学生的综合语言能力和人文素养。《新课标》强调学生在真实语境中实际运用语言的能力，否定过于传统的语法知识的死记硬背，因此今年中考命题减少了客观性的语法知识题，增加了主观性较强的应用型试题，同时听力所占的比重上升，一般不低于试卷总分的20%。例如沈阳市2016年预计将听力和口语考试成绩纳入中考总成绩，听力考试将采用人机对话的形式。《新课标》强调立足双基，突出交际。将枯燥乏味的语言知识置于富有语境意义的语篇当中考查，尤其体现在阅读理解的篇章体裁上，注重选用地道、真实的语言素材，突出语境化。同时注重培养学生的发散性思维，给予学生灵活表达自己观点的机会。例如十堰市2015年中考命题规定"适当增加开放性和探究性试题，力求体现对学生创新精神和实践能力的考查，设置一些答案不唯一的试题，有助于发展学生发散性思维。试题数量适当，留给学生足够的思考时间"。综上，2015年全国中考英语试题紧紧围绕课标要求展开命题，力求逐渐改变"哑巴英语"的现状，增强中学生的语言交际水平。

六、专著、辞典、教材出版

1. 专著

1）王笃勤，2015,《初中英语有效教学》，北京：北京师范大学出版社

该丛书秉承服务一线的编写宗旨，充分吸纳课程改革10年来各学科课堂教学创新的成果、经验，注重结合一线教学的实际问题，从新知识、新技能、新视野、新观念等方面指导学科的教学。该书文本简洁、实用，突出学科特点，让一线教师有"一点就通"的感觉，同时兼顾内容的引领性和前瞻性，试图做到立意高而不空，案例新而不虚，文字通而不涩。强调深挖学科内涵，旨在提高教学质量。

2）北京教育科学研究院基础教育教学研究中心，2015,《学科能力标准与教学指南：初中英语》，北京：北京师范大学出版社

该丛书是在北京教科院基础教研中心承担的北京市教改项目的基础上，进一步完善、丰富、提炼而成。受北京市教委委托，2012年北京市教科院在全面总结义务教育10年课程改革经验、汲取以往教育教学成果的基础上，依据国

家课程标准和北京市中小学教育教学的现状，研制了义务教育阶段中小学 27 个学科的教学指导意见、学科能力标准及教学指南。该研究成果为促进一线教师深入理解课程标准、有效实施课堂教学、促进学生全面发展、提高义务教育质量提供方向引领与有力支撑。该书主要内容包含 3 个部分：第一部分，提出该学科的教学指导意见。从学科本质出发，总体提出教学的基本原则和要求，指导教师教学行为的改进。第二部分，学科能力标准和教学指南。基于课程标准的研究，从促进学生学科能力发展的角度出发，研制学科能力标准，并围绕标准提出具体教学建议，为规范教师教学行为、推动评价改革、优化教学过程、提高教学质量提供参考和依据。第三部分，教学案例分析。通过真实经典的教学案例，进一步加深教师对教学指导意见及教学建议的理解与应用。

3）王国艳、蒋峰，2015，《初中英语优秀课例解析》，四川：西南交通大学出版社

《初中英语优秀课例解析》以课例为载体，旨在帮助初中英语教师了解和掌握初中英语课堂教学中的三种主流课型：功能对话课、语篇阅读课和单元复习课，每种课型都以课型设计思路解析、课例再现、课例分析三个板块构成。每个板块都注重理论与实践的契合，既对课型的设计理念、设计思路进行阐释和分析，又在课例点评板块将理论分析与操作层面做点对点的结合，分析这些设计理念和思路是如何在具体课例中体现的，从而帮助一线教师更好地理解教学设计的原则和方法。

4）基础教育教学研究课题组，2015，《初中学科教学指导系列初中英语教学指导》，北京：高等教育出版社

《初中英语教学指导》将《义务教育英语课程标准（2011 年版）》的教育理念和基本要求转变为具体的教学策略和方法，用于指导教学实践。全书包括五个部分：第一部分解读英语课程标准，帮助教师深入理解课程理念和课程目标；第二部分阐述课程内容，指导教师正确理解和把握总目标、学段具体目标和内容要求；第三部分依据课程标准的实施建议，阐述课堂教学应把握的原则、教学要求和基本规范，以及需要注意的问题；第四部分阐述教学设计的过程和一般方法，并就五种常见课型精选了典型案例；第五部分重点讨论对学生和教师的评价，明确基础教育发展性课程评价体系。该书可作为初中英语教师的培训教材，也可供中学英语教育研究者参考使用。

5）黄剑，2015，《学科教学详解·初中英语》，长沙：湖南教育出版社

该书旨在帮助教师准确把握课标要求，深刻理解学科知识内涵与学科教学精髓，熟练掌握新课程教学方法，有效提高新课程教学技能，从而确保新课程的顺利实施。编者希望通过该系列丛书的开发与推广，从观念层面、知识层面、操作层面给予教师以切实帮助，满足广大教育研究者、一线教师的教学需求。

2. 教材

1）张道真，2015，《初中英语语法》，北京：世界图书出版公司

该书是作者按教育部新课标的要求，对初中英语语法进行由浅入深的讲解。该书采用了一页讲解，一页练习的排版方式，目的是理论与实践相结合，以求及时巩固。讲解力求简练，练习尽量平易，使学生打下语法的基础。另外采用加入"小贴士"和书眉谚语的方式以突出重点和扩大知识范围。书后配有大量辅助材料，主要有复述材料和口语材料，如果读者能充分加以利用，不仅语法基础可以打得更牢，动口动笔能力也可得到提高。该书详尽而亲切地描述各类语法问题，词法与句法完美融合，例句丰富，图解形象，是学习者必备的语法工具书。

2）张振林，2015，《进阶特训——初中英语阅读理解》，北京：外语教学与研究出版社

《进阶特训——初中英语阅读理解》采用 VPCM 阅读方案，V（vocabulary）"词汇背囊"帮助扩大词汇量，攻克词汇储备不足障碍；P（pattern）"长难句式"、"典型句式"精巧分析，攻克句法难解障碍；C（culture）"文化微博"破除文化差异知识缺失造成的阅读障碍；M（method）"实战技法"阅读技巧精妙提炼，攻克解题方法不当障碍。《进阶特训——初中英语阅读理解》遵循"新、精、准、足"四个特点："新"：阅读完型的原创语料新；"精"：阅读完型的非原创试题选取精，依照中、高考命题模型命题精；"准"：各个年级及每本书内的初阶、中阶、高阶的体裁、难度分级准；"足"：题量充足，可以有效促进学生阅读能力的提高。

3）刘娟，2015，《名师伴读·初中英语听力》，广州：广东大音音像出版社

听、说、读是语言学习的基本技能。据美国著名语言学家保罗·潘金教授的统计，"听"占人们日常语言活动的45%，"说"占30%，"读"占16%，"写"仅占9%。由此可见"听"在语言交流中的重要地位。听力不仅是获取口语素材、解决哑巴英语的起跑线，更是获得英语高分的重要保障之一。为了使学生能够科学、高效地提高接收信息、选取信息的能力，该书的编写采用了英国听力教学法专家玛莉·安德伍德根据听力理论和记忆的心理规律提出的三段导学模式，即听前（pre-listening）、听中（while-listening）和听后（post-listening）3个步骤。这3个步骤概括了听力理解全部过程的思维活动，它们不仅适用于平时的听力训练，也适用于应试听力的全过程。

3. 辞典

1）王琳，2015，《最新实用英汉词典（第3版）》，北京：北京语言大学出版社

该词典包含三大部分：（1）英汉部分：涵盖8,000余词条；（2）同义词和反义词部分：涵盖约8,000词条；（3）附录：含5个附录。该词典具有以下特色：收词量大：共收录常用词10,000余条，词语搭配及常用词组30,000余个；释义清晰：单词的汉语释义简洁明晰、通俗易懂，有助于准确理解和使用；同反并收：同义词与反义词部分收录8,000余条，同义词与反义词对比记忆，效果更好；查找便捷：同义词部分单独成篇，左右分栏，查找更便捷；英美兼顾：以英式英语的拼写、读音和用法为主，兼顾美式英语的使用；实用性强：根据词汇使用频率的最新统计数据收录词条，适用于准备考试及日常英语学习和交流。

2）幺建华，2015，《新编英汉 英英 汉英词典（2015 年修订）》，北京：中国经济出版社

《新编英汉 英英 汉英词典（2015 年修订）》是国内首创的三合一的词典，集英汉、英英、汉英于一身。该词典区别于其他词典的最大特点是有一个独特的不规则动词表，囊括了国内和国外所有的不规则动词，特别方便查找，一次性完成。英英部分重点突出同义及近义词的辨别使用，有利于学生的日常积累和考场轻松得分。

3）高凌，2015，《新·英汉多功能词典》，北京：外文出版社

《新·英汉多功能词典》具有以下特点：

（1）收词精当。该词典收录基本词汇约10000 条，加上短语、派生词和复合词，词数总计15,000 余条。完全覆盖教育部颁发的《高等学校英语专业教学大纲》、《大学英语教学大纲》、《普通高中英语课程标准》、《义务教育英语课程标准（2011 年版）》所要求的全部词汇，同时注意收录出现于传媒或公众日常生活中的新词新义。

（2）功能齐全。该词典对各级各类测试中的常考词（约3,000 词左右）设立"用法"和"辨异"板块。这两个板块的内容既是英语学习的要点和难点，又是各级各类测试的题眼，而一般词典很少收录相关词汇。

（3）例句丰富。该词典对常用词均选配了足够的例句，语言地道，浅显生动，足资模仿。有些例句还取自大学和中学教材或考试真题，真正做到实用。

（4）附录实用。附录部分包括英语不规则动词表，部分国家、首都、人民、语言及货币一览表，世界地理知识等部分。这些附录为读者学习和查阅相关信息提供了便捷而独特的帮助。

七、科学研究项目

2015 年度教育部人文社会科学研究规划基金、青年基金、自筹经费项目[10]评审结果显示，包括教育学、哲学、法学、经济学等科研项目共计2,603 项，其中语言学类包含217 项，占总数的8.34%，与初中英语教学相关的有两项，分别是兰州大学陈建林老师的教育部青年基金项目"基于语料库的甘肃藏汉中学生英语书面语对比研究"和邢台学院赵清丽老师的教育部青年基金项目"中小学英语课堂多模态话语有效性建构研究"。

中国基础教育学会（国家基础教育实验研究中心）规划课题[11]的目的在于激励广大有志于从事教育科学研究的教育工作者积极开展教育理论与实践研究，探索基础教育教学的有效途径，为大力推进素质教育，促进基础教育全面、和谐、可持续发展，以及一线教师的教育教学提供研究成果和先进经验。2015年度重点立项课题获奖结果显示：在所有的209个项目中，有关中小学英语教学的项目有39项，占总数的18.66%，在这39项课题当中直接与初中英语教学有关的项目有14项，分别涉及初中英语分层教学行动研究、农村初中英语学困生形成原因及转化策略研究、初中生英语阅读方法与交际能力的提高、初中英语单词教学方式探究、提高初中生英语阅读能力的研究、初中英语写作能力的研究、初中英语有效整合教材切实提高教学效率的实践研究、利用多媒体优化初中英语课堂教学的研究、在英语教学中如何提高学生人文素养的实验与研究、英语课堂自主合作学习模式研究、激发和培养学生英语学习兴趣的研究、"读—说—写"英语教学模式研究等方面。

2015年1月23日，中国基础教育英语教学研究2014—2017年资助金项目[12]立项评审结果公示，经过专家评审组对各地已经通过立项初审的几十个项目的认真复审、评议，最后确定成功立项的项目共计61项，资助对象主要为中小学基础教育一线教师、教研员、大学教师等。其中涉及初中英语教学的项目有22项，包括高校课题背景下的初中英语学习模式的构建、初中英语情境化语法教学的实践研究、初中英语任务型教学实践研究、初中英语课堂教学有效性策略的研究、初中英语阅读课教学设计有效性研究、初中英语常见课型教学模式实践研究、中学英语六步导学课堂有效性研究、初中英语讲学稿在教学过程中的时效性探索及实践研究等课题。这些项目的选题将有效促进初中英语教育、教学质量的提高，从而大力推进基础教育课程改革的进程。

八、其他

"2015年中国教育学会第二十八次学术年会"在厦门召开，该会议再一次围绕近年来教育界的热门话题"学生核心素养的培养"展开深层次的讨论。自2014年教育部颁布的《关于全面深化课程改革 落实立德树人根本任务的意见》文件中提出要深化改革、加大培养学生的核心素养以来，学生核心素养的培养成为教育界备受关注的热点问题，目的是使我国的基础教育能够尽可能促进学生的健康发展。

我国学生核心素养的框架并非首创，是在成功借鉴其他国家核心素养理论框架的基础上，结合我国教学实际和未来教育教学的发展目标而初步制订的。例如早在2002年，美国就制订了《"21世纪素养"框架》，2007年进行了版本更新，该框架以学科核心为载体，包括三个技能领域，每个领域又含有若干素养。（1）生活与职业技能。包括灵活性与适应性、主动性和自我指导、社会和跨文化技能、工作效率和胜任工作的能力、领导能力和责任能力。（2）学习与创新能力。包括批判性思维和问题解决能力、创造性和创新能力、交流与合作能力。（3）信息、媒体与技术技能。包括信息素养、媒体素养、信息交流和科技素养。美国"21世纪素养"理论框架从宏观角度对学生的全面综合发展提出要求。

2010年新加坡也提出了"21世纪素养"框架，以核心价值观为基础，包括（1）交流、合作和信息技能。（2）公民素养、全球意识和跨文化交流技能。（3）批判性、创新性思维。该核心素养基本框架的提出，目的是使新加坡所有学校学科的教学都能够培养出充满自信的人、能主动学习的人、积极奉献的人、心系祖国的人。

有鉴于此，结合当下我国教育教学的现状和发展目标，教育部根据学生的成长规律和社会对人才的需求，把对学生德、智、体、美全面发展总体要求和社会主义核心价值观的有关内容进一步细化，从而研究制定出适合我国学生的核心素养体系。其中英语学科核心素养体系包括四个部分：（1）语言能力。指借助于语言以听、说、读、看、写等方式理解和表达意义的能力。（2）学习能力。指学生主动拓宽英语学习渠道，积极调适英语学习策略，努力提升英语学习效率的意识、品质和潜能。(3)文化意识。指对中华文化的理解和对优秀文化的认知,是学生在全球化背景下表现出来的包括知识、观念、态度和行为的品质。(4)思维品质。强调学生语言思维的逻辑性、批判性和创新性。英语学科核心素养体系的提出,将有效促进我国基础教育英语学科教学质量的提高,同时将有助于学生综合、健康、和谐发展。该体系自提出以来,一直得到教育研究者和一线教师的关注和支持,尤其在 2015 年教育改革快速发展的一年,"英语学科核心素养"作为一项全新的教育教学理念逐渐深入人心,并渐渐走向实际的英语课堂中,成为指导一线英语教师教学的重要思想基础。

[1] 国家基础教育实验中心外语教育研究中心,2015,关于召开 2015 年全国中考英语改革及中考英语总复习教学研讨会的通知 [OL], http://www.tefl-china.net/Article/ShowArticle.asp?ArticleID=1885(2015 年 12 月 30 日读取)。

[2] 国家基础教育实验中心外语教育研究中心,2015,2015 年全国中考英语改革及中考英语总复习教学研讨会在北京成功召开 [OL], http://mp.weixin.qq.com/s?__biz=MzA4OTUxMjUxNQ==&mid=204561068&idx=1&sn=65ff1bc26e30ee5d19e3eeb05e8630a4&3rd=MzA3MDU4NTYzMw==&scene=6#rd(2015 年 12 月 30 日读取)。

[3] 中国英汉语比较研究会外语教师教育与发展专业委员会,2015,第六届全国外语教师教育与发展学术研讨会 [OL],http://fls.ynnu.edu.cn/jsyth/zzfy.html(2015 年 12 月 30 日读取)。

[4] 北京师范大学,2015,热烈欢迎各位老师参加全国首届中小学英语阅读教学学术研讨会 [OL],http://bm.fltrp.com/teacher/2015reading(2015 年 12 月 30 日读取)。

[5] 中国教育学会外语教学专业委员会,2015,第 19 次学术年会在西安曲江宾馆举行 [OL],http://www.eltchina.net/NewsDetails.aspx?ArticleID=35f830668a1340ec8fcd33cd55f4d0ae(2015 年 12 月 30 日读取)。

[6] 中国教育学会外语教学专业委员会,2015,2015 年度课堂教学展示与观摩(培训)系列活动——初中英语展示与观摩培训会 [OL],http://www.eltchina.net/NewsRichList.aspx?ArticleTypeID=CourseType&ArticleSubType= 初中优质课(2015 年 12 月 30 日读取)。

[7] 国家基础教育实验中心外语教育研究中心,2015,关于举办第五届全国农村及少数民族地区中小学英语课堂教学与教师发展研讨会的通知 [OL],http://www.tefl-china.net/Article/ShowArticle.asp?ArticleID=1939(2015 年 12 月 30 日读取)。

[8] 中国英汉语比较研究会外语教师教育与发展专业委员会,2015,第七届全国中学生英语能力大赛全国总决赛圆满落幕 [OL],http://easyreading.sflep.com/2012/

zuixindongtai/2014/1107/248.html（2015 年 12 月 30 日读取）。

[9] 中国日报社，2015，第十三届全国中小学生英语演讲比赛圆满落幕 [OL]，http://contest.i21st.cn/teens2014（2015 年 12 月 30 日读取）。

[10] 中国高校人文社会科学信息网，2015，2015 年度教育部人文社会研究规划基金、青年基金、自筹经费项目评审结果公示一览表 [OL]，http://www.sinoss.net/uploadfile/2015/0910/20150910030755338.pdf（2015 年 12 月 30 日读取）。

[11] 中国基础教育学会（国家基础教育实验研究中心），2015，2015 年度重点立项课题获奖结果公示 [OL]，http://www.zgjcjy.org/index.htm（2015 年 12 月 30 日读取）。

[12] 中国教育学会外语教学专业委员会，2015，中国基础教育英语教学研究 2014—2017 年资助金项目立项评审结果公示 [OL]，http://www.eltchina.net/NewsDetails.aspx?ArticleID=623d977c2ba94731a7f03ec8a796c82e（2015 年 12 月 30 日读取）。

第三节　小学英语 [1]

一、改革情况

"英语学科核心素养"成为小学英语课程改革关键词。2014 年教育部印发了《关于全面深化课程改革 落实立德树人根本任务的意见》(简称《意见》)[1]，建议教育主管部门和高等学校研究制定学生发展核心素养体系和学业质量标准，并依据标准修订课程方案和课程标准，编写、修订高校和中小学相关学科教材，以此来改进学科教学的育人功能。在小学英语教学领域，关于"素养"的研究和探讨由来已久，但对其内涵、发展过程和特点、教学影响因素等方面的系统研究非常少。这主要源于人们对"素养"一词不同的界定。"素养"意为"经常修习涵养"[2]，比传统的"能力"的概念范围更广。英美国家通常用多种"素养"来评估学生的发展水平(如阅读素养、数学素养、科学素养等)，但未对"英语学科素养"的内涵进行过系统探讨。2015 年，学界着重探讨了"英语素养"的内涵与培养方法：在修订高中英语课程标准时，专家组引进了"素养"一词；王蔷和敖娜仁图雅基于文献研究，界定了"英语阅读素养"的内涵，认为"素养"即"能力"加"品格"[3]；很多学术研讨会和教师培训活动也围绕"素养"展开。然而，有些活动流于形式，主题看似是"素养"，但还是在讨论传统的"能力"范畴。总的来说，对于什么是"英语学科素养"，何种教学模式和方法有利于促进学生"英语素养"的全面发展等方面的探讨还需更加深入，小学英语教学研究人员应一方面建构系统理论，另一方面理论联系实践，指导小学英语教师结合当地情况进行课程教学改革。

二、学术会议

1. 第三届全国中小学外语教师名师大会 [4]

为进一步贯彻落实《国家中长期教育改革和发展规划纲要（2010—2020

1　本节作者：敖娜仁图雅，首都师范大学。

年)》中"国家对做出突出贡献的教师和教育工作者设立荣誉称号"的精神，2015 年 3 月 22 日至 25 日，以"中小学英语教学的反思，调整和发展"为主题的"第三届全国中小学外语教师名师大会"在上海举行。会议由教育部教师工作司、基础教育一司与二司领导，中国教师发展基金会、国家基础教育实验中心外语教育研究中心主办，《英语辅导报》北京研发中心承办。教育部有关领导、国内英语教育和教学专家、来自全国各地的名师代表参会。会议包括专家报告、主题论坛、名师代表先进事迹报告、名师典型课（说课）、名师科研成果展评、颁奖仪式等活动，共评选出 436 位名师、307 篇优秀学术论文、124 篇优秀教学课例、16 篇优秀文献著作和 65 项优秀科研课题。

2. 全国中小学名校校长国际峰会 [5]

为深入贯彻教育部《关于全面深化课程改革 落实立德树人根本任务的意见》的文件精神，探讨 21 世纪核心素养的培养方法以及如何通过英语教育实现立德树人的目标，2015 年 3 月 27 日至 29 日，以"21 世纪英语教育核心素养培养"为主题的"全国中小学名校校长国际峰会"在北京举办。本次峰会由中国日报社、21 世纪英语教育联合会、全国民办中小学外语教学研究会和中国国际交流协会中学分会共同主办。教育部基础教育二司技术装备处副处长吴菁、中国教育学会外语教学专业委员会理事长龚亚夫、多位外语教育专家以及来自全国各地公办、民办学校和培训学校的校长及英语教师共 300 余人参会。本次峰会为学校领导和教师搭建了良好的交流和沟通平台。

3. 第九届全国小学英语教师基本功大赛暨观摩研讨会 [6]

为建设高素质教师队伍，推进义务教育均衡发展，鼓励并表彰小学学段业绩突出、业务精湛的一线英语教师，2015 年 5 月 24 日至 29 日，以"优化英语课堂教学设计，提高小学英语教学质量"为主题的"第九届全国小学英语教师教学基本功大赛暨观摩研讨会"在辽宁省大连市举办。会议由国家基础教育实验中心外语教育研究中心主办，《英语辅导报》北京研发中心和《考试与评价》杂志社共同承办。教育部和省、市、教研部门有关领导、英语教育和教学专家、各地和各级英语教研员，小学一线教师和各省参赛教师共 1500 余人参会，是迄今为止参与人数最多的一届会议。会议包括教学基本功大赛、优秀课展评、现场观摩、教学回顾、专家点评、评议互动、教学研讨、论文交流与评比、名家座谈会、教学教研资源展等活动，共评选出基本功大赛一等奖 23 名、优秀课展评说课 19 名、优秀课展评一等奖 242 名和一等奖论文 281 篇。

4. 全国中小学英语阅读创新教学研讨会 [7]

2015 年 7 月 20 日至 22 日，"全国中小学英语阅读创新教学研讨会"暨全国教育科学十二五规划教育部重点课题"阅读策略在提升中小学英语阅读能力中的价值研究"第四次课题工作会在河北省北戴河召开。会议由全国基础外语教育研究培训中心主办，教育部基础教育课程教材专家工作委员会委员梅德明、课题负责人王彤、外研社基础分社社长申蓄、国内英语教学专家、来自全国各省、市、自治区的中小学英语教师、教研员共 400 余人参会。会议包括学术讲座、课题工作交流会和阅读教学课例交流等三部分。课题针对我国中小学英语阅读教学中的现实问题，基于课题实验研究，交流了教学过程中的难点和疑点，探讨了适切的阅读教学模式，为提升中小学生英语阅读效率、自主学习英语的能力、动力以及学业成绩提供了实践启示。

5. 全国首届中小学英语阅读教学学术研讨会 [8][9]

2015 年 9 月 18 日至 19 日，"全国首届中小学英语阅读教学学术研讨会暨中国中小学生英语分级阅读体系标准研制"课题成果发布会在北京举办。会议由北京师范大学外国语学院外语教育与教师教育研究所主办，外语教学与研究出版社和北京大学附属小学承办，共有来自全国各地的 500 名英语教师、教研员参与了此次会议。该研讨会邀请了近 30 位国内外著名阅读教学研究的专家和学者作了主旨发言，并基于北京师范大学王蔷主持的全国教育科学十二五规划"中国中小学生英语分级阅读体系标准研制"课题成果，结合现场课和专家讲座，交流总结了分级阅读课堂的教学经验，为中小学英语教师开展英语分级绘本课程提供了理论与实践启示。

6. 第五届全国农村及少数民族地区中小学英语课堂教学与教师发展研讨会 [10]

为深入贯彻国务院《乡村教师支持计划（2015—2020 年）》，研讨农村和少数民族地区英语课堂教学的方式、方法，解决教师在实际教学中的问题，推动农村及少数民族地区英语教育快速、健康、全面、协调、持续发展，全面提升农村和少数民族地区英语教育发展水平，2015 年 9 月 20 日至 24 日，以"推动农村和少数民族地区中小学英语教学改革，促进农村和少数民族地区中小学英语教师发展"为主题的"第五届全国农村及少数民族地区中小学英语课堂教学与教师发展研讨会"在青海省西宁市举办。会议由国家基础教育实验中心外语教育研究中心主办，青海省中小学教学研究室和宁夏教育学会外语教学专业委员会协办，《英语辅导报》北京研发中心和《考试与评价》杂志社承办。 教育部相关领导、中外语言学和英语教学法专家、全国城乡农村及少数民族地区中小学英语教师、英语教研员、科研人员和学校、教科研机构主管英语教学的领导参加会议。会议包括专家讲座、现场展示课、说课比赛以及课例和论文评选等活动，共评选出一等奖小学观摩课 14 个、二等奖小学观摩课 3 个、一等奖小学现场说课 14 个、一等奖论文 122 篇、二等奖论文 190 篇、三等奖论文 227 篇。

7. 第二届中小学英语教学发展思路研讨会 [11]

为探讨中小学英语学科核心素养的内涵以及培养模式，2015 年 9 月 23 日，以"解读英语教育核心目标，探索核心素养培养模式"的"第二届中小学英语教学发展思路研讨会"在江苏省南京市举办。会议由江苏省中小学教学研究室联合中央电视台"希望之星"大赛江苏组委会、江苏省教育学会外语教学专业委员会等多家机构共同举办。英语教育专家、教育主管部门领导、江苏省南京市教研员以及英语基础教育领域的 700 多名一线骨干教师参会。中国教育学会外语教学专业委员会理事长龚亚夫围绕英语核心素养的内涵、英语教学中的现有问题、发展和改革方向等议题进行了题为《英语基础教育与核心素养培养》的讲座，为基础英语教育课程改革提供了理论与实践启示。

8. 全国小学英语名师教学观摩暨有效教学创新模式研讨会 [12][13]

为加速推进我国小学英语教育教学改革，大面积提高小学英语教师的专业水平和课堂教学质量，探索小学英语有效教学的创新模式，2015 年 11 月 25 日至 27 日，"全国小学英语名师教学观摩暨有效教学创新模式研讨会"在广东省深圳市举行。会议由北京师范大学教师教育研究中心主办，中国教师教育网和深圳螺岭外国语实验学校联合承办。北京师范大学教师教育研究中心朱旭东、深圳市教育局领导、课程标准专家、全国各地小学校长、小学英语教师和教研员以及小学英语教学研究者共 700 余人参加了会议。会议包括专题讲座、专题报告、现场观摩课、微课和立体说课、观摩课反思与互动点评等活动，由中国教师教育网现场直播，面向全国小学英语教师和教研员，直观而真实地展示了小学英语名师高水平的教学竞技，为教师们提供了相互学习与交流、共同提高的平台。

三、专业活动

1. 中小学优秀外语教师出国留学奖学金项目 2015 年全国统一选拔考试 [14]

2015 年 6 月 19 日至 21 日，"中小学优秀外语教师出国留学奖学金项目"选拔考试在北京举行。此项目由教育部批准，国家基础教育实验中心外语教育研究中心和国家留学基金管理委员会于 2001 年联合成立，属国家公派留学项目。自项目启动以来，已有 1,292 位中小学优秀外语教师及英语教研员赴英国和美国进行为期 2—6 个月的外语语言知识和技能、现代外语教学法、教学手段、教学研究及教育管理等方面的培训。所有留学教师全部学成回国，在基础教育一线岗位上发挥着骨干作用并取得了丰硕的教学和科研成果。国家基础教育实验中心外语教育研究中心通过每年举办的全国统一性选拔考试遴选奖学金获得者。选拔考试分为听力、笔试和口试三个部分，主要考察基本的英语外语教学理论和综合英语语言知识。2015 年项目奖学金由《英语辅导报》北京研发中心提供，奖学金包括留学期间的学费（人民币叁万元）。本次选拔出的教师将赴英国布莱顿大学和美国乔治城大学等高校进行学习。

2. 基于学生核心素养的小学英语教学设计培训活动 [15]

2015 年 12 月 6 日至 7 日，由中国教育学会外语教学专业委员会、上海市教育学会中小学外语教学专业委员会主办的"基于学生核心素养的小学英语教学设计培训活动"在上海举行。中国教育学会外语教学专业委员会理事长龚亚夫、教育主管部门相关领导、英语教育专家、来自全国各地的外语教研员、中小学外语教师共 600 余人参加了本次活动。本次活动开展了专家讲座、小学英语教学展示、工作坊等学术交流与研讨活动，深入探讨了学生核心素养在小学英语课堂中的培养模式与方法。

3. 第九届全国中小学外语教师园丁奖评选活动 [16]

为贯彻落实《国家中长期教育改革和发展规划纲要（2010—2020 年)》中关于"加强教师队伍建设"的指示精神，全面提升教师素质，鼓励广大中小学外语教师不断提高外语教学水平，国家基础教育实验中心外语教育研究中心举办了"第九届全国中小学外语教师园丁奖评选活动"。根据评选标准，候选人应在培养人才方面成绩显著，外语教学或教研成绩突出。同时，活动优先考虑踏实工作，教学改革成绩突出，从听、说、读、写、译等方面培养学生取得优异成绩的教师以及在偏远山区、贫困地区、少数民族地区工作的教师。经过公平公正的评选，活动共选出了全国"十佳"小学英语教师。

四、学生赛事

全国小学生英语竞赛 [17][18]：为促进我国小学英语教学工作的改革，提高教学效益和质量，评估全国小学英语教育教学水平，大面积提高小学英语教学质量，国际英语外语教师协会中国外语教师协会和国家基础教育实验中心外语教育研究中心在 2015 年联合举办了"第十七届全国小学生英语竞赛"。竞赛经教育部有关部门批准，是目前我国小学英语唯一的全国性学科竞赛，是我国小学英语教学的一项重要的评价手段和激励机制。竞赛分低年级组、四年级组、五年级组和六年级组四个年级组进行，分初赛和决赛两个环节，共有来自全国

14 个省、市、自治区的 100 余名选手组成 14 个省级代表队参赛。全国总决赛及全国小学英语夏令营于 2015 年 7 月 20 日至 25 日在宁夏银川举办，选手们参加了全国优秀小学生英语学习经验交流会、第十六届全国小学生英语故事大赛、第九届全国小学生英语风采大赛、英语角、第十四届小学生英语短剧大赛等活动。在本次活动中，英语故事大赛评选出一等奖 27 名、二等奖 36 名、三等奖 30 名；英语风采大赛评选出一等奖 7 名、二等奖 15 名、三等奖 21 名；英语短剧大赛评选出一等奖 5 支代表队、二等奖 6 支代表队。

五、重要考试

1. 全国中小学英语学习成绩测试春季测试 [19]

2015 年 5 月 24 日，国家基础教育实验中心外语教育研究中心主办的"2015 年全国中小学英语学习成绩测试春季测试"在全国 20 多个省、市、自治区举行。测试分笔试和口试两部分进行。此次春季测试组织工作科学严密，口语考题话题新颖，贴近生活。笔试试题知识点全面、内容贴近生活，与教学进度同步、难易度梯度适中，且测试试卷采用全彩色设计印刷，图文并茂、趣味性强。测试结束后，各地考试办公室组织了巡视人员与参试师生座谈，针对 2015 年 12 月 19 日即将举行的冬季测试的组织工作、试卷质量、改革后的试题结构及试题难易度、答题时间等方面进行了讨论和答疑。

2. 全国中小学英语学习成绩测试冬季测试 [20][21]

2015 年 12 月 19 日，国家基础教育实验中心外语教育研究中心举办的"2015 年全国中小学英语学习成绩测试冬季测试"在全国 20 多个省、市、自治区举行。在各级英语教研部门的大力支持与各地各级考试办公室的共同努力下，各考区的组织工作井然有序，有条不紊。本次测试分为九个级别，测试对象包括从小学至高中各类学校的各年级学生。测试分笔试和口试两部分进行。测试当日，各考区的负责人到当地考场进行了巡视。测试结束后各地考试办公室组织了座谈会，讨论交流了考试中的问题。

六、专著、辞典、教材

1. 专著

表 4.2　2015 年出版的专著

序号	出版社	书名	作者	出版时间	主要内容
1	教育科学出版社	思维导图与小学英语教学	吉桂凤	2015 年 2 月	介绍思维导图在小学英语教学中的应用。
2	高等教育出版社	信息技术环境下的差异教学研究——小学英语差异教学的理论与实践	袁磊	2015 年 6 月	围绕信息技术环境下的小学英语教学，阐释差异教学的基本理论、模式、方法与策略。
3	西南交通大学出版社	新编小学英语教材教法	腾春燕 赵璐	2015 年 9 月	介绍英语课程标准、小学英语教材的特点和作用、教学设计、实施与评价。
4	西南交通大学出版社	小学英语文化教学读本	杨静林	2015 年 9 月	介绍文化教学的基本理论与教学策略。
5	中国海洋大学出版社	小学英语课堂教学实践的探索	余慧 张弛 鞠衍莘	2015 年 10 月	介绍小学英语课程的定位与目标、教材研究方法与课堂教学研究。
6	清华大学出版社	透视新课程理念下的小学英语教学	张敏	2015 年 11 月	解析英语新课程标准对小学英语教学的影响，介绍新理念指引下的教学和评价方法。

2. 教材

陈冬花编，2015，《小学英语教学设计》，高等教育出版社出版，该书是高等师范院校小学教育专业的基础课教材。该书以新课标为指导，依据"教师教育课程标准"（试行）编写，围绕小学英语教学设计，对教材与学情分析、教学目标设计、教学过程设计、教学方法设计及教学技巧运用、教学评价设计、教学媒体设计等进行阐述，并结合小学英语教学设计典型案例剖析小学英语不同课型的教学设计技巧，引导高师学生树立正确的小学英语课程观和教学理念。

七、科学研究项目

1. 2015 年国家社科基金青年项目 [22]

2015 年国家社科基金青年项目有效申报 7,067 项，立项 1,027 项，资助强度每项 20 万元。其中，与小学英语直接相关的项目有一项，即华东理工大学韦晓保主持的"维吾尔族双语儿童英语学习者语音意识及其读写能力获得和发展的关系研究"项目。

2. 中国基础教育英语教学研究 2014—2017 年资助金项目 [23]

2015 年 1 月 23 日，"中国基础教育英语教学研究 2014—2017 年资助金项目立项评审会"在北京召开。专家评审组对各地已通过立项初审的几十个项目进行了认真的复审、评议，最后确定立项项目共 61 项，其中 60 项资助项目中 A 级 6 项，各资助一万元；B 级 31 项，各资助五千元；C 级 23 项，各资助三千元。资助对象主要为中小学基础教育一线教师、教研员。其中，与小学英语直接相关的项目有两项，详细信息见表 4.3。

表 4.3 中国基础教育英语教学研究 2014—2017 年资助金项目立项中与小学英语直接相关的项目

序号	主持者	承担单位	项目名称	项目类别
1	张春玲	山东济南天桥区实验小学	"小哈姆雷特"的大舞台——构建有效的小学英语课本剧教学的研究	中国基础教育英语教学研究资助金项目
2	皇甫经纬 睢雯宇	中国矿业大学 山西原平市实验小学	扩大英语阅读输入量的理论与实践研究	中国基础教育英语教学研究资助金项目

[1] 中华人民共和国教育部，2014，教育部关于全面深化课程改革 落实立德树人根本任务的意见 [OL]，http://www.moe.edu.cn/publicfiles/business/htmlfiles/moe/s7054/201404/167226.html（2016 年 4 月 3 日读取）。

[2] 辞海编辑委员会（编），2009，《辞海》[Z]。上海：上海辞书出版社，2167。

[3] 中华人民共和国教育部，2014，教育部关于全面深化课程改革 落实立德树人根本任务的意见 [OL]，http://www.moe.edu.cn/publicfiles/business/htmlfiles/moe/s7054/201404/167226.html（2016 年 4 月 3 日读取）。

[4] 国家基础教育实验中心外语教育研究中心，2015，关于举办第三届全国中小学外语教师名师大会的通知 [OL]，http://www.tefl-china.net/Article/ShowArticle.asp?ArticleID=1904（2016 年 4 月 1 日读取）。

[5] 21 世纪英语教育联合会，2015，2015 中小学名小校长国际峰会邀请函——基础教育 21 世纪核心素养培养 [OL]，http://elt.i21st.cn/forum2015/（2015 年 4 月 1 日读取）。

[6] 国家基础教育实验中心外语教育研究中心，2015，关于举办第九届全国小学英语教师教学基本功大赛暨教学观摩研讨会的通知 [OL]，http://www.tefl-china.net/Article/ShowArticle.asp?ArticleID=1924（2016 年 4 月 1 日读取）。

[7] 全国基础外语教育研究培训中心，2015，全国中小学英语阅读创新教学研讨会第四届课题工作会议召开 [OL]，http://www.chinabfle.org/newsdetails.asp?icntno=4478（2016 年 4 月 1 日读取）。

[8] 中小学英语分级阅读研究指导中心，2015，全国首届中小学英语阅读教学学术研讨会通知暨"中国中小学生英语分级阅读体系标准研制"课题成果发布会 [OL]，http://www.chinareading.org/node/3698（2016 年 4 月 1 日读取）。

[9] 《英语学习》（教师版）编辑部，2016，阅读引领学习，语言开启思维——记全国首届中小学英语阅读教学学术研讨会暨"中国中小学生英语分级阅读体系标准研制"课题成果发布会 [J]，《英语学习》（教师版）（1）：28。

[10] 国家基础教育实验中心外语教育研究中心，2015，关于举办第五届全国农村及少数民族地区中小学英语课堂教学与教师发展研讨会的通知 [OL]，http://www.tefl-china.net/Article/ShowArticle.asp?ArticleID=1939（2015 年 4 月 1 日读取）。

[11] 牛津英语教研网，2015，第二届中小学英语教学发展思路研讨会暨 2016 年度"希望之星"英语风采大赛江苏（南京）赛区启动仪式在宁闭幕 [OL]，http://www.njyyjy.com/Article.asp?ArticleId=4993（2016 年 4 月 1 日读取）。

[12] 教师教育网，2015，全国小学英语名师教学观摩暨有效教学创新模式研讨会通知 [OL]，http://www.teacheredu.cn/sddt/sd/20151027/18201.html（2016 年 4 月 1 日读取）。

[13] 深圳市罗湖教育应用网，2015，螺岭成功举办"全国小学英语名师教学观摩暨有效教学创新模式研讨会" [OL]，http://www.luohuedu2.net/news/news_view.aspx?photo=1&ID=64635&CategoryID=6（2016 年 4 月 1 日读取）。

[14] 国家基础教育实验中心外语教育研究中心，2015，关于中小学优秀外语教师出国留学奖学金项目 2015 年全国统一选拔考试的函 [OL]，http://www.tefl-china.net/Article/ShowArticle.asp?ArticleID=1915（2016 年 4 月 3 日读取）。

[15] 中国教育学会外语教学专业委员会，2015，中国教育学会外语教学专业委员会"基于学生核心素养的小学英语教学设计培训活动"在上海举行 [OL]，http://www.eltchina.net/NewsDetails.aspx?ArticleID=0fbcc8c3a44a42f888784c8f4cea6371（2016 年 4 月 1 日读取）。

[16] 国家基础教育实验中心外语教育研究中心，2015，关于开展第九届全国中小学外语教师园丁奖评选活动的通知 [OL]，http://www.tefl-china.net/Article/ShowArticle.asp?ArticleID=1932（2016 年 4 月 1 日读取）。

[17] 国家基础教育实验中心外语教育研究中心，2015，2015 年全国小学生英语竞赛（NECPS）通知 [OL]，http://www.tefl-china.net/Article/ShowArticle.asp?ArticleID=1878（2016 年 4 月 1 日读取）。

[18] 国家基础教育实验中心外语教育研究中心，2015，2015 年全国小学生英语竞赛（NECPS）全国总决赛暨 2015 年全国小学英语夏令营在银川市顺利举行 [OL]，http://www.tefl-china.net/ Article/ShowArticle.asp?ArticleID=1946（2016 年 4 月 4 日读取）。

[19] 国家基础教育实验中心外语教育研究中心，2015，2015 年全国中小学英语学习测试 (NEAT) 春季测试在全国各地顺利进行 [OL]，http://www.neat.net.cn/Article/244.html（2016 年 4 月 2 日读取）。

[20] 国家基础教育实验中心外语教育研究中心，2015，关于举行全国中小学英语学习成绩测试（NEAT）2015 年冬季测试的通知 [OL]，http://www.neat.net.cn/report/201508/246.html（2016 年 4 月 1 日读取）。

[21] 国家基础教育实验中心外语教育研究中心，2015，2015 年全国中小学英语学习成绩测试（NEAT）冬季测试在全国各地顺利举行 [OL]，http://www.tefl-china.net/Article/Show Article.asp?ArticleID=1969（2016 年 4 月 2 日读取）。

[22] 全国哲学社会科学规划办公室，2015，2015 年国家社科基金年度项目和青年项目立项结果分布 [OL]，http://www.sinoss.net/show.php?contentid=62815（2016 年 4 月 1 日读取）。

[23] 中国教育学会外语教学专业委员会，2015，中国基础教育英语教学研究 2014—2017 年资助项目立项评审结果 [OL]，http://www.eltchina.net/NewsDetails.aspx?ArticleID=623d977c2ba94731a7f03ec8a796c82e（2016 年 4 月 1 日读取）。

第四节　中小学日语 [1]

一、高中日语课程标准修订工作的进展

2014 年 12 月 8 日，普通高中课程标准修订工作启动会在北京召开。其大背景是教育部落实中央全面深化改革的要求。"全面深化课程改革。加快推进普通高中课程方案和课程标准修订，增加选修课，提高课程的选择性。研究制定学生发展核心素养体系和质量标准，将党的教育方针细化具体化，系统落实到各学科。推动普通高中多样化特色发展，创新人才培养模式，满足不同潜质学生发展需要。"[1] 教育部基础二司 2015 年工作要点指出："全面推进普通高中课程修订。将学生发展核心素养和学业质量标准要求充实到各学科课程标准当中，进一步增强课程标准的思想性、科学性、可操作性和整体性。做好课程修订与高考综合改革政策的衔接，确保学和考的有机结合，增强育人效果。"[2] 高中课程标准的修订工作在教育部基础教育二司和国家基础教育课程教材专家工作委员会 [3] 的领导下开展工作。各学科课标组的组成原则是：原课标组专家与新进入的专家名额大体保持 1：1；学科专家和学科教育专家大体保持 3：2；来自师范院校和综合院校的专家大体保持 3：2；来自一线的专家（特级教师、优秀教研人员、优秀校长）占 25%，即每个学科组 2—3 位。同时成立综合组。综合组由课程专家、教育测量专家、教育行政和教研人员组成。综合组在教育部基础教育二司和专家工作委员会的领导下开展工作。综合组的职责是：

1）组织和协调 20 个学科课标修订组开展修订工作；

2）提出修订工作的顶层设计方案；

3）提出各个阶段学科组的任务和目标，督促学科组按时完成；

4）保持标准修订工作的全局性和整体性；

5）对标准修订工作中的难点、重点问题组织研究攻关，指导和支持各学科标准组开展工作。

课标修订整体工作根据如下安排推进：

1　本节作者：林洪，北京师范大学。

1）采取集中和分散相结合的工作方式，每个月集中一次，各组汇报进度、进展以及提交需综合组协调解决的问题；分散的工作方式由各组自定，活动内容或任务报综合组。

2）综合组的专家固定联系某个或几个学科组，深入了解情况，及时发现问题，及时跟进；建立网上情况汇总。

3）根据综合组专家的专业背景和工作经验，将分别负责完成修订标准所必须突破的重点和难点专题研究。

自"普通高中课程标准修订工作启动会暨第一次工作会"召开以来，截至2015年12月23日总共召开了十次工作会议。进入2016年后，主要工作是"深化课程改革。加快推进普通高中课程修订工作，组织开展可行性测试，广泛征求意见，进一步增强课程的思想性、科学性和适宜性。"[4]

1. 高中日语课程标准修订过程

高中日语课程标准修订组共有正式专家9人，原课标组专家3人，新进入的专家6人；学科专家4人、学科教育专家3人；来自师范院校专家3人、综合院校的专家5人；来自一线的专家1人。随着工作的进展，后又成立了测试组，测试组中有2人为课标修订组成员，又吸收了原课标组专家1人和一线教师1人作为测试组的正式成员，同时邀请了部分一线日语教师参与测试组的日常工作。

1）修订的主要过程

2014年12月8日至9日，高中课程标准修订工作启动。高中日语课程标准修订组（以下简称"修订组"）的首要任务为研究日语学科核心素养。

2015年1月14日至18日召开了第二次全体工作会议。会议的主要内容是学习普通高中课程方案与内容标准的关联、关于"核心素养"的几个关键问题的思考。经过一个多月的研究与讨论，英、日、俄、德、法、西6个语种的修订组认为，外语学科应该有相对统一的学科核心素养。2015年1月22日，经专家工作委员会和综合组的同意成立了"外语协作组"，共同研讨外语学科核心素养。2月9日，外语协作组在杭州召开了联合攻关研制会，经与综合组的专家共同探讨，初步确定了外语学科核心素养的表述："具有中国情怀、国际视野和跨文化沟通能力的人"，主要包括 4 个方面：语言、文化、思维和学习。到 2015 年年底，各个外语学科对这四个方面的具体表述有所差异，但这四个方面保持了统一。

学科核心素养的四个方面确定之后，修订组的主要任务就是研制日语学科核心素养的内涵、表现形式。这是 3 月 11 日至 15 日召开的第三次全体工作会议的主要内容，也是本次课标修订的最主要内容。这项工作到本文截稿时还在研制、征求意见和打磨过程中。

3 月份的第三次全体工作会议的另一大任务是讨论学科课程内容结构设计思路。研制的初步结果是：根据《普通高中课程方案（修订稿）》的要求，基本确立了高中日语课程由必修、选修 I、选修 II 三类课程构成。必修课程的课时（即高中毕业要求）由本次高中课程标准修订之前的 10 学分降至 6 学分，毕业要求从原来的五级调整为四级。选修 I 课程（0—8 学分）与必修课程为递进关系，主要供有升学需求的学生选择修习。学生完成选修 I 课程，可达到日语学业质量五级水平。选修 II 课程（0—6 学分）分 A、B 两类。选修 II-A 课程与选修 I 课程为递进关系，主要供有兴趣继续深入学习日语，或有意愿参加自主招生、报考外语类院校进一步深造，或希望提前了解大学的某些课程内容和课程方式的学生选择修习。学生完成选修 II-A 课程，可达到日语学业质量六级水平。选修 II-B 课程可在高一至高三年级的任何学期开设，供不同水平、不同需求、潜能和兴趣的学生修习。选修 II-B 课程分为拓展类和实用类。

4 月 10 日至 14 日召开的第四次全体工作会议的主要工作是进一步明确学科核心素养，讨论学科核心素养的水平划分，讨论必修课程的学业质量标准。为落实 2014 年 9 月 3 日颁布的《国务院关于深化考试招生制度改革的实施意见》[5]，教育部于 2014 年 10 月颁布了《关于普通高中学业水平考试的实施意见》。《关于普通高中学业水平考试的实施意见》中指出："学业水平考试是根据国家普通高中课程标准和教育考试规定，由省级教育行政部门组织实施的考试，主要衡量学生达到国家规定学习要求的程度，是保障教育教学质量的一项重要制度。考试成绩是学生毕业和升学的重要依据。实施学业水平考试，有利于促进学生认真学习每门课程，避免严重偏科；有利于学校准确把握学生的学习状况，改进教学管理；有利于高校科学选拔适合学校特色和专业要求的学生，促进高中、高校人才培养的有效衔接。""各省（自治区、市）根据国家发布的普通高中课程方案和课程标准的规定及要求确定考试内容。要对相关科目的实验操作、外语听力和口语的考试提出要求。"[6] 而学业质量标准，就是为高中学业水平考试的命题提供依据。在第四次工作会议上，外语协作组继续开会讨论外语学科核心素养的命名与内涵等问题。2015 年 4 月 28 日修订组的北京成员召开了分组会，继续讨论日语学科核心素养的表述及教学建议。

5 月 6 日至 10 日召开的第五次全体工作会议的主要内容是：进一步完善学科核心素养和内容标准；分享学科必修和选修课程学业质量标准案例；讨论关于教学和评价建议部分的撰写。5 月 30 日，全体修订组成员参加了在天津外国语大学召开的"中国大学日语专业国家标准制定国际研讨会"，与中国大学日语专业国家标准制定组的专家相互介绍了各自标准的研制情况，并展开了讨论。经讨论发现，两个标准的研制目标，在培养学生综合能力发展上是十分契合的。

6 月 2 日北京组再次召开会议，继续讨论案例、主题与词汇的关系、评价、主题等内容。

6 月 24 日至 28 日召开的第六次全体工作会议的主要内容是：进一步修改、完善届时已完成的课程标准文本（日语学科已经是第 6 稿），形成整个课程标准的文本初稿；针对必修、选修 I 学业质量标准的水平描述和表述方式等做进一步推敲与研讨。

8 月 17 日至 21 日召开的第七次全体工作会议的主要内容是：进一步完善课程标准文本初稿（日语学科已经是第 7 稿），重点对选修 II 及实施建议的评价部分做进一步推敲与研讨。成立学科核心素养测评小组，开始测评小组培训，并开始收集相关试题。8 月 28 日至 30 日，全体修订组成员参加了在黑龙江大学召开的"2015 年跨文化交际与日本语教育国际研讨会"，再度与中国大学日语专业国家标准制定组的专家相互介绍了各自标准的研制进展情况，并展开了讨论。

9 月 22 日至 26 日召开的第八次全体工作会议的主要内容是：根据综合组提供的《教育部要求落实各项主题教育情况汇总表》和《普通高中——国家课程标准（草稿）评估工具（内部交流用）》，组织开展各学科的自审，进一步打磨、完善学科课程标准文本；部署后续核心素养测试培训等相关工作。

10月8日至16日，高中日语课程标准修订组30余名日语界的资深学者、原日语课标组成员、教育部考试中心人员、日语教研员、一线日语教师发放了问卷，就修订中的核心素养、课程性质、课程内容、评价建议、词汇及语法项目等内容征求了意见和建议，同时在北京、武汉、延吉和上海组织了座谈会。共获179条（含内容重复）反馈，肯定性反馈27条，意见、建议、疑问152条。

11月11日至14日召开的第九次全体工作会议的主要内容是：总结、交流调研结果，进一步打磨、完善课程标准文本。针对调研得到的反馈，修改了21条（含内容重复），打磨需要注意的54条，尚待研讨的26条，需要分析、解释与思考的34条，已向综合组反馈的6条，需向综合组反馈的11条。测试组已经开始工作。另外，根据专家工作委员会和综合组的要求，修订组安排以上海组为主，就必修、选修I学分与课程内容对应安排情况（包括总体规划布局、课程形态设想等）作了分析；做出一课的教材样章，做了模拟教学设计。同时，向15位教研员、一线教师发出的征求意见的问卷，得到的反馈是：关于高中日语课程内容的单元设计思路平均得分4.5分（满分为5分），每课课文教学过程的设计思路平均得分4.5分，样章的设计思路平均得分4.7分，样章的设计平均得分4.6分。

12月1日至2日召开的专题研讨会的主要内容是：各学科汇报学分与课程内容对应关系分析、教学设计和教材样章。日语学科所汇报的教材样章得到了综合组的高度认同，并要求在12月的第十次会议上汇报。

12月20至23日召开的第十次工作会议的主要内容是：对正式征求意见稿的文本作最后打磨与修改。

2016年1月15日提交了征求意见稿和修订说明，1月30日召开了审读会。随后的主要任务是，根据审读会所得到的意见进一步修改课标文本。

2016年3月，日语课标组与测试组联合前往一些高中，对日语学科核心素养做了测试，包括笔试、听力和面试。目前正在统计数据。数据出来之后，将根据测试结果，调整日语学科核心素养和学业质量标准的表述。

在一年多的研制过程中，日语修订组学习了《中国学生发展核心素养体系》、《普通高中课程方案（修订稿）》、《美国外语学习标准》（1996）、《CEFR》（2001）、经合组织的"核心能力"（2003）、日本的《学习指导要领（高校）》

(2009)、《JF 日本語教育スタンダード》（*Japan Foundation Standard For Japanese Language Education*）(2010)、《美国各州共同核心标准》(2010)、《JLC日本語スタンダーズ 2011 改訂版》（东京外国语大学）、《外国語学習のめやす》（外语学习指南）(2013)、《澳大利亚标准》（二外英语、汉语、日语）(2015) 以及其他学科的学科核心素养等。

2）修订中高中日语课程标准的主要变化

经过一年多的研制，修订中高中日语课程标准，与现行的《普通高中日语课程标准（实验）》有如下主要变化：

变化之一：课程标准的框架有了变化。详见表 4.4。

表 4.4. 课程标准框架的变化

高中课标实验版	高中课标修订稿（修订中）
第一部分　前言 　一、课程性质 　二、课程的基本理念 　三、课程设计思路 　　分级（五级为毕业要求） 　　必修课程、选修课程 　　行为动词说明	一、课程性质与基本理念 　（一）课程性质 　（二）基本理念
第二部分　课程目标 　总目标 　分级目标（四级、五级、六级）	二、课程目标 　（一）总目标 　（二）日语学科核心素养 三、课程结构 　（一）设计依据 　（二）结构 　（三）学分与选课
第三部分　内容标准 　一、语言知识 　语音、词汇、语法（不分级） 　二、语言技能 　　听、说、读、写（四、五、六级）	四、课程内容与学业质量标准 　（一）课程内容 　1. 必修课程（四级） 　2. 选修 I 课程（五级） 　3. 选修 II-A 课程（六级） 　4. 选修 II-B 课程

（待续）

（续表）

高中课标实验版	高中课标修订稿（修订中）
三、文化素养（不分级） 　　文化背景知识、言语行为 　　特征、非言语行为特征 四、情感态度（不分级） 　　兴趣动机、自信意志、合 　　作精神、祖国意识、国际 　　视野 五、学习策略（不分级） 　　认知策略、调控策略、资 　　源策略、交际策略	（二）内容标准 　　1. 主题（分级） 　　2. 语篇（分级） 　　3. 文化理解（分级） 　　4. 学习策略（不分级） 　　5. 语言技能（理解、表达） 　　　（分级） 　　6. 语言知识（语法、词汇、 　　　语音）（分级） （三）学业质量标准
第四部分　实施建议 一、教学建议 二、评价建议 三、教科书的编写建议 四、课程资源的利用与开发	五、实施建议 （一）教学与评价建议 （二）学业水平考试与高考命题 　　建议 （三）教材编写建议 （四）地方和学校实施本课程的 　　建议
附录 一、主题项目 　（生活、学校、自然、社会） 二、交际用语 三、词汇项目 　（按词频选择，按五十音图顺序 　排列） 四、语法项目 　（按五十音图顺序排列） 五、教学案例 六、评价案例	附录一：学科核心素养的内涵与水 　　平划分 附录二：教学与评价案例 附录三：术语解释 附录四：词汇表 　　（按主题"生活、人文、社会、 　　自然"分类筛选） 附录五：语法项目 　　（按语言理解与表达需求呈现） 　　1．词法表 　　2．语法表

变化之二： 从"综合语言运用能力"走向"日语学科核心素养"，即从现行课标的"语言知识、语言技能、学习策略、文化素养、情感态度"凝练为"语言能力、文化意识、思维品质、学习能力"（仍在讨论之中）。

变化之三：课程理念有了调整。详见表4.5。

表4.5 **课程理念的变化**

高中课标实验版	高中课标修订稿（修订中）
重视共同基础，构建发展平台 提供多样选择，注重人生规划 精选课程内容，鼓励实际应用 优化学习方式，促进自主学习 改善评价体系，促进学生发展 利用现代技术，开发课程资源	坚持立德树人，培养日语学科核心素养 关注不同需求，开设多样化课程 注重选择课程内容，培养学生综合语言运用能力 注重实践活动，提高学生解决问题能力 开展多元化评价，促进学生全面发展

变化之四：课程结构有了调整。详见图4.1与图4.2。

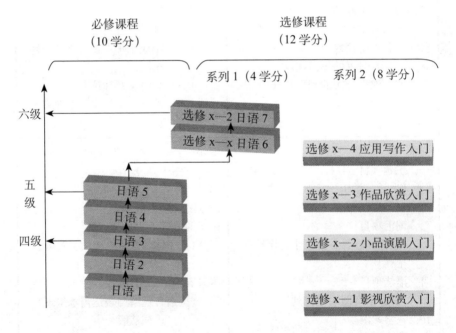

图 4.1 高中课标实验稿的课程结构

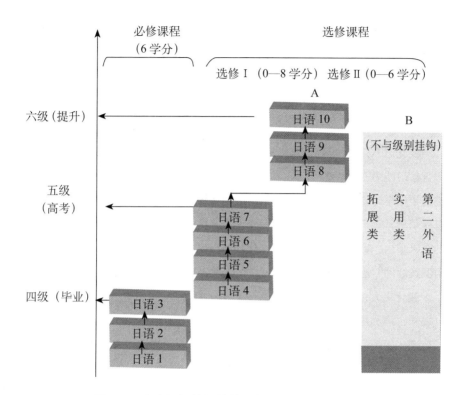

图 4.2　高中课标修订稿的课程结构（仍在讨论中）

变化之五：内容标准有了调整。如表 4.4 所示，修订稿的内容标准与实验稿有较大的变化。新增了主题、语篇的内容标准，将原来的"文化知识"改为"文化理解"，将原来的"听说读写"分项表述改为"理解""表达"，突出了基于语篇的思路。

变化之六：新增学业质量标准。（前文已陈述，此处从略。）

变化之七：教学与评价原则一体化。实验稿的教学建议与评价建议是分别呈现的，相对比较分散，教师对语言知识及语言技能的处理仍然有碎片化的现象，教师反映评价原则可操作性不足，评价案例不足，教学与评价未能统一予以思考与设计。修订稿则强调日语学科核心素养的培养应贯穿于教学与评价的全过程，教学与评价的设计要有利于学生学习方式与教师教学方式的进一步改善，要将教学与评价统一并始终贯穿于教学的全过程，运用现代信息技术开展教学与评价，提倡多元化评价方式。为此，在"教学实施建议"中提供了日语实践活动的设计思路和日语实践活动方案（示例），在"日语实践活动评价建议"中提供了评价方案（示例），主要包括基本思路、合作学习表现评价、自主学习评价、学习档案评价以及形成性纸笔测试。同时，提供了学业水平考试命题建议，主要包括命题原则、命题路径、典型试题与说明（含口语表达、听力、阅读与写作）等。

变化之八：新增教材设计思路示例。现行教材在体现课改思路、体现综合语言运用能力、引导教学与学习方式的改变上发挥了积极的作用。为了进一步推进学生学习方式的改变，在"教材编写建议"中具体提出了一课的教材设计思路示例，突出了语篇、情境、合作学习等内容，突出了内容与日语学习之间的有机结合，突出了日语学习与文化理解、思维能力之间的融合，以期使"日语实践活动"通过教材更好、更全面地呈现出来。

变化之九：新增地方和学校实施本课程的建议。就开展教研活动、配齐和开发并合理利用课程资源、利用现代信息技术、适时适量地组织课外活动、教师应在一定范围内根据学生的实际情况增减教科书的内容、研发校本课程和教材、加强对学生的选课指导等方面提出了建议。

变化之十：词汇依据主题选择。如表4.4所示，主题从原来的附表成为本次修订稿中的课程内容之一，同时继续强调了主题的引领作用，而最能够反映主题内容之一的便是词汇。为此，根据主题筛选词汇表，是本次修订的又一重点工作。

变化之十一：语法项目从理解与表达的角度予以呈现。如表4.4所示，修订稿的语法项目呈现，仍然是紧紧围绕语法知识的学习，这是为了使学生更好地理解与表达，从日常学习与生活情境下的习惯用法、常用词法、常用句法三个角度呈现高中阶段所需学习的主要语法项目。常用句法又分为以单句为单位、以复句为单位的内容。

3）变化的主要原因

课标整体框架的变化，主要是整体修订工作的要求，是为"学科核心素养"服务的，是为落实立德树人的根本目标服务的。

日语学科核心素养的确立，是立德树人的要求，是综合"三维目标"的需求，就日语学科而言是进一步凝练"综合语言运用能力"的需求，是进一步改变学生学习方式的需求，也是国际外语教学向培养综合素养方向发展的需求。

　　课程理念的变化，是全面落实立德树人的需求，围绕学科核心素养的培养，突出本次修订的几个主要内容：课程设计的变化、课程内容的完善与丰富、提倡日语实践活动、增加了学业水平考试等评价内容与方式。

　　课程结构的变化，主要是因为目前绝大部分高中只落实到高考级（六级，选修系列Ⅰ），而选修系列Ⅱ的8学分，几乎很少有学校落实，学校只要有时间就会把精力投入到准备高考的题海中。修订稿的变化是为了更好地满足学生的不同需求，为学生有个性的发展提供更大的空间。

　　内容标准的变化，主要是因为实验稿中"语言知识"虽然没有分级，但仍然往往被"碎片化"处理；"语言技能"虽然强调了"综合运用"，但仍然缺少"综合"的平台与机制；"文化素养"虽然为"素养"，但内容仍然以"知识"为重；"情感态度"虽然强调了"人文性"，但仍然往往被机械性地处理，落实不足；尽管提出了"围绕话题完成交际性任务"的思路，但只是列了一个话题项目表，没有更多的呈现与要求；虽然有话题表，但在词汇表里没有给予相应的对应，导致教材编写、高考命题在与主题相关内容的选择上遇到了很大的制约。修订稿中重申了"以主题为引领、以情境为依托、以语篇为载体，搭建由'理解与梳理'、'表达与交流'、'探究与建构'等形式构成的'日语实践活动'教学方式，由主题、语篇、文化理解、学习策略、语言技能、语言知识等六个要素整合而成课程内容"，从而新增了主题、语篇的内容标准，调整了语言知识的排列顺序，将原来的"文化知识"改为"文化理解"，"语言技能"做了整合，将原来的"听说读写"分项表述改为"理解""表达"，突出了基于语篇的思路，强调了语言理解、表达中的思维（逻辑性、批判性思维），与"日语实践活动"作了"关联"。

　　将教学建议与评价建议合并在一起提出，是为了更加突出教学目标的设计、教学过程的设计以及学生学习情况评价是一个完整过程的思路。以往教学中，这三个环节容易相互脱节、相互之间的关联性没有得到足够的重视和应有的呈现。同时，本次修订中的建议，把重点放在了"日语实践活动"如何设计、如何组织、如何评价上。

　　新增教材设计思路，主要是基于目前的教材编写在一定程度上仍然存在知识"碎片化"、语言运用环节等安排不具体、落实不充分等现象。

　　新增地方和学校实施本课程的建议，主要是因为从课标修订前的调研中发现，课标在落实的过程中，一些学校对课标的学习、教研活动等没有采取有效的措施。

词汇依据主题选择，主要是因为实验稿中虽然有主题表，但在词汇表里没有给予相应的对应，导致教材编写、高考命题在与主题相关内容的选择上遇到了很大的制约。

语法项目从理解与表达的角度设计与呈现，主要是为了改变为了知识而知识的教学及学习习惯，帮助学生提高学习语法知识的应用意识，在语法知识的学习过程中提高思维能力和学习能力。

综上所述，本次修订过程中所出现的上述变化，主要是基于如下几个要点：

（1）4个核心素养（语言能力、文化意识、思维品质、学习能力）

（2）3个课程结构（必修课程、选修Ⅰ课程，选修Ⅱ课程）

（3）3个日语实践活动的主要形式（理解与梳理、表达与交流、探究与建构）

（4）6个课程内容要素（主题、语篇、语言知识、文化理解、语言技能、学习策略）

（5）1个学业质量标准（四级、五级、六级）

基于以上的几个要点，修订稿力求从大概念、上位概念出发加以呈现和表述。如，课程内容的呈现便是按主题、语篇、文化理解、语言技能（理解与表达）、语言知识（语法、词汇、语音）的顺序。同时，修订稿力求体现整合、统一、连贯。如，语篇形式与语篇特点的整合、语言技能的整合（整合为理解与表达）、日语实践活动（整合语言学习过程与教学过程的统一）、教学与评价建议的整合、情境（教学与评价）。

由于高中课程标准的修订工作尚未结束，以上介绍均为过程中的内容。一切以正式出版的修订稿为准。

2. 日语课开设情况

由于缺少足够且系统的信息来源，在此仅列举几所学校的例子，以期达到窥斑见豹的作用。

1）湖北省恩施土家族苗族自治州 [7]

自 2012 年 9 月初开始，以来凤一中（华中师范大学附属中学来凤分校）为先河，创办了恩施州第一所把日语作为第一外语的日语班，全校现有 6 个日语教学班，实行每班 30 人的小班教学，选用《新标准日本语》作为教材。同时，该校精心选聘了专业教师，如为增加学生对日语的喜爱和对日本文化的深入了解，专门配备了一名毕业于日本名校的日语外教。因日语班开设的成效显著，随后日语班在恩施市、宣恩县、咸丰县、利川市、鹤峰县六个地区先后开设了日语课程。

表 4.6　湖北省恩施土家族苗族自治州日语课程开设情况

	学校	现有学生（2015 年秋）			日语教师	
		总人数	高二	高三	人数	其中
1	咸丰一中	270 人	130 人	140 人	5 人	大学本科 4 人
2	宜恩一中	175 人	112 人	63 人	4 人	大学本科 3 人
3	来凤一中	188 人	128 人	60 人	4 人	大学本科 3 人
4	利川一中	184 人	132 人	52 人	4 人	大学本科 2 人 硕士 1 人
5	利川五中	439 人	262 人	177 人	7 人	大学本科 5 人 曾在日本留学 1 人
6	恩施三中	130 人	73 人	57 人	3 人	大学本科 2 人
7	鹤峰一中	202 人	142 人	60 人	5 人	大学本科 4 人

注：①各校高一日语学习者人数待定，因为高一还未文理分科，暂时未组建日语班；②每个学校均配有一名日语外教，主要讲授日本的国情和文化，增加学生对日本的兴趣和认识。

恩施州自 2012 年开办日语班以来，迄今为止已有 7 所学校开设日语班，办学效果十分显著。到 2015 年为止共参加了两届高考，也取得了非常理想的高考成绩。2015 年高考 7 所学校均分 107 分，日语班学生较之前的英语成绩同比平均增加了 30 分左右。部分因英语底子薄而对自己的理想大学望尘莫及的学生也圆了自己的大学梦。

通过调查发现，日语课程的开设，不仅对学生提高外语成绩产生了重要作用，同时让部分学生通过日语学习找到了提高外语成绩的自信，从而增强了学生学习的积极性，间接带动了其他科目成绩的提高。在开设日语课程的高中学校，均配有一名外教，通过外教的教学开阔了学生的眼界，他们更加了解和认识了日本。通过日语教学将日本一些优秀的人文品质内化为学生的个人品质，学生综合素质也得到了进一步的提高。

当然日语在发展过程中困难重重，也存在着很多的问题。

第一，学校层面。日语班的教学规模较小，学校给予的关注度不够，直接影响了教师对日语班的重视和日语学习氛围的培养。

第二，日语教师自身层面。首先，教师对高中日语教学缺乏系统的理念支撑，经验不足。其次，自身教育水平和日语水平存在一定局限。因此日语教师应当时刻自我充电，不断反思总结教学工作，多向其他地区经验丰富的高中日语教师学习经验，开阔眼界，改进教学方法。

第三，学生层面。高中生与大学生的学习和接受能力存在一定差距。其次，选择日语作为第一外语的学生普遍欠缺自主学习能力，尚未养成优秀的学习习惯。所以作为日语教师不仅要提升学生的日语成绩，更应该授之以渔，引导学生形成良好的学习习惯和学习能力，使学生能够触类旁通，运用到其他学科上，从而增强学习自信。

第四，日语教学管理机构层面。学习资源的欠缺和对教师的管理考核存在一定的不足。应加强与全国其他地区开设高中日语课程学校的交流。充分利用网络平台共享学习资源和教学方法。其次，教师的管理考核应更加规范。将学生成绩与教师工资挂钩，等级细化。同时为保证大考试卷的严密性和学生成绩的真实性，改卷标准严格化，成立专门的命题组，争取每个学校大考的日语能实现机器阅卷。

目前，高中日语教育在恩施的发展现状，从整体来看，效果明显，得到了学校、家长、学生的一致认可，帮助了一批在英语学习上比较吃力的学生，为他们打开了一扇新的窗户，随着日语教育在高中教育中作用和地位的提高，高中选择日语作为外语学习学科的学校也会增加。

2）蒙古族地区的日语课程概况 [8]

（1）蒙古族地区的日语教学发展历史及现状

由于内蒙古地区地理位置、经济基础、观念不同等原因，教学资源较为缺乏，直到 20 世纪七八十年代，蒙古族地区的基础教育仍然存在较大问题。由于历史原因（日伪时期针对蒙古族的分化教育：只准蒙古族学生学习日语和蒙语，在蒙古族学校禁止开设汉语课程），蒙古族地区的日语教育发展较早。新中国成立后，蒙古族地区的日语教育处于停滞阶段，直到 1978 年，蒙古族中学里正式开设了日语课程。1979 年，由国家教育部批准，内蒙古大学设立了本科日语专业，专业以日语语言及文化方向为主。1983 年后蒙古族中学日语教学进入了一个高潮，日语课程开设集中在赤峰市与通辽市地区。其中通辽市科左中旗中学日语生最多。可是，部分中学日语课程仅为选修课，不参加高考。1986 年后由于日语教师留日学习等原因中学设置日语课程的学校逐步减少。随着社会的发展，中日两国的政治、经济、文化和贸易来往增多，日语人才需求量增大，日语学习从 1990 年开始再次升温。除中学日语课程教育外，社会上针对日语教育的民办学校逐渐增多。根据王宏教授的问卷调查数据来看，1990 年 8 月到 1991 年 2 月，全国蒙古族日语学习者达到 8,064 人。1998 年后开设日语的中学有 29 所（蒙古族学校和汉族学校）。而 2003 后，由于日语教师流动较大。开设日语课程的蒙古族中学仅为鄂尔多斯前旗职业高中、鄂尔多斯前旗蒙古族中学、阿拉善盟蒙古族中学（现阿拉善蒙古族完全中学）和通辽市蒙古族中学、库伦一中。截至今天，仅有库伦一中坚持用蒙语教授日语课程。笔者认为，库伦一中之所以能继续开设日语课程，是由于乌云老师（原名立花珠美，1945 年日本战败撤退时的遗孤，最终被一家朴素善良的蒙古族人收养）的不懈努力与坚持。

（2）蒙古族学生选择日语的优点

第一，由于日语和蒙语同属阿尔泰语系，语法接近。与学习英语相比，蒙古族学生学习日语较为简单。日语音素少，易掌握发音。蒙古族学生大多具有一定的汉语基础，记忆日语单词较为容易。由于教育资源分布不均衡，蒙古族地区学生普遍英语基础较差，对于英语基础较为薄弱甚至为零、需要改另一门外语参加高考的蒙古族学生而言，日语是最易于学习且使用的外语。蒙古族大学生考取研究生时使用的外语几乎都是日语。

第二，日语专业就业率高。尤其是对于蒙汉兼通又具有一定日语特长的人才，市场需求较高。

第三，赴日深造。赴日留学率高。

（3）日语教学中存在的问题

中学方面：影响日语教学可持续发展的因素很多，如：中日关系、中日交流与贸易、国家的方针、政策、教育行政部门及学校领导、学生及家长的认识和重视程度、师资情况、日语教学质量、升学与就业等等。特别是对于蒙语授课学校，2003 年以前，蒙古族学生参加高考的外语科目为汉语。之后高考政策有所变化。增加英语或日语成为高考外语选修科目，2004 年起汉语和选修外语考试成绩按一定比例折算为一科成绩，汉语和外语比例变化为：2004 年 8：2、2006 年 7：3、2008 年 5：5。学生对两门功课付出的学习时间和精力却只能拿到相当于一科的成绩。高考招考的录取院校基本都集中在内蒙古地区，而且专业设置狭窄。

大学方面：内蒙古地区除内蒙古大学以外，其他高校的日语课时间短、专业杂，学生学习日语的目的和兴趣不同；与英语相比，在教学设施、课程设计、教学方面，汉族的教师只能用汉语授课，教师讲述和学生理解之间容易产生偏差，增加了教学难度。教材方面没有针对蒙古族学生特点编写的日语教材、教学资源不足等。学习日语的学生的就业去向也有问题。

民办学校方面：日语教师资源匮乏，日语教材使用较为混乱，没有统一的教学大纲，社会认同度较低。

（4）日语教学持续发展的对策

日语教育的探索既要符合当前社会、经济、文化发展需要，又要符合蒙古族学生日语教育自身特点和规律。具体教育策略有以下几点：

第一，提高教学质量、提高升学和就业率、推荐出国留学、拓宽就业渠道；

第二，争取得到日本国际协力机构的帮助，聘请外教；

第三，加强日语教师的培训，出国进修，稳定教师队伍，提高教师素质；

第四，统一编写日语教材，编写教学大纲，规范日语教育；

第五，加大日语教育的宣传力度，提高日语教育的社会认同度。

总之，内蒙古地区的日语教育正处于一个重要而复杂的阶段，中学和大学教育的衔接存在问题。这一问题解决不好，将会给内蒙古地区日语教育体系的完善带来不便。

3）吉林市朝鲜族中学日语教育现状[9]

（1）现居住在吉林市的朝鲜族人口约 16 万，其中学生总数为 9,875 人（含小学、初中和高中），其中初、高中学习日语的学生人数为 314 人。

表 4.7　吉林市朝鲜族中学日语开设情况

学校	日语教师人数	日语学生人数		周课时数
吉林朝中	6 人	初中：61 人 高中：123 人	合计： 184 人	初中：6 节 高中：7 节
永吉朝中	6 人	初中：33 人 高中：36 人	合计： 69 人	初中：6 节 高中：5 节
舒兰朝中	4 人	初中：30 人 高中：31 人	合计： 61 人	初中：7 节 高中：7 节
蛟河朝中	这 3 所学校均曾开设过日语课程，但因大学录取新生时对语种有限制，自 2003 年，蛟河、磐石、桦甸等学校陆续取消了日语课程，共有 18 名日语教师转岗，有的甚至改行、下海经商。			
磐石朝中				
桦甸朝中				

很多朝鲜族学生的家长到国外或国内沿海地区打工，大部分学生随父母就近就读当地学校，故朝鲜族学校的生源越来越少，有的学校甚至停办，这导致很多学生不能就近学习，不得不选择城镇的朝鲜族学校。但往往又因城镇消费高，只好又选择就近的汉族中学，而这些汉族中学又不开设日语课程。

随着市场经济的推进，朝鲜族学校的教育困难很多，发展缓慢或几近停滞状态。单亲家庭、留守家庭或无人照顾的学生不断增加。这是问题的一个层面。

问题的另一个层面是，有的学生学习 6 年日语，高分考上大学，却没有合适的专业或大学可报，即使进入了大学也往往没有日语课继续学习。如：2012年一些同学考上中国政法大学、沈阳药学院、吉林工业大学、四川药学院，因为没有日语课程，有的以日本的"日语能力考试"来代替学分。

在这样的大背景下，开设日语的学校日趋萎缩，即使有学校保留了极少数学生学习日语，但往往基础薄弱。

4）山东东凯小学韩语、日语选修课开设情况 [10]

自 2013 年，山东东凯小学开始尝试作为校本课程开设第二外语课程的尝试，语种为英语、日语、韩语。其中英语为必修语种，1 至 4 年级每周 2 课时，5 至 6 年级每周 3 课时。1 至 2 年级由外籍教师执教，3 至 6 年级由校内外语教师执教。日语和韩语为选修语种，每周各年级各开 2 课时，每课时均为 50 分钟的长课。课程开设的平台是每周一、二、四、五下午第 1、2 节的校本课程（含人文、科学、艺术、体质素养四个领域，外语课属于人文素养领域）。每位学生根据自己的兴趣爱好和特长选择课程，这些课程没有行政班级的界限，学生以走班的形式找到自己喜欢的课程、教师和伙伴。师资队伍采用校内教师与校外教师相结合的方式组合而成。

5）大连市日语教学发展现状 [11]

大连市曾经是中小学日语教学集中地区，到了 20 世纪 90 年代之后，也出现了严重的滑坡。2005 年大连市政府下达关于在大连地区初中开设除英语之外的其他语种的相关文件，大连市教育局和大连教育学院领导结合大连地区的实际情况，分析英语学生的学习状况，在 2005 年下发了大连市教育局第 39 号文件，鼓励在初中开设除英语之外的第二门外语教学，并进一步激励开设日语课程的学校。经过 10 年的努力，取得了很好的成效。

（1）小学日语情况

大连市小学开设日语的学校基本分布在旅顺口区、泡崖地区及西岗区。目前旅顺口区九三小学、西岗区大同小学教师配备较好，大同小学现有学生 562人，日语作为第二外语从一年级到六年级每个班级都开设。专职日语教师两名，硕士学位一人，学士学位一人。泡崖地区小学教师严重缺编，授课教师主要由弘文学校的外教和部分日语教师担任。教师人数为 4 人，学生人数为 1000 人左右。现在使用的教材是《小学日语教材》，教材均由辽宁省基础教育教研培训中心免费提供，课程设计以校本课为主，同时开设兴趣班。

（2）初中日语情况

大连地区初中日语开设区域主要分布在市内五区（西岗区、中山区、沙河口区、甘井子区、高新园区）、旅顺口区及金州新区，学校总数是 26 所。通过近几年的教育教学发展，大连市涌现出几所比较典型的日语学校，其中大连弘文学校、大连市第三十中学、大连市第三十一中学等，在竞争中求生存。

大连弘文学校于 2005 年 3 月提出申请拟创建双外语教学特色学校，并立即着手作了可行性分析报告、五年发展规划等。学校积极招聘高校日语系学生兼课，招聘日语教师。现在学校已有四名日语专业教师从事专职教学工作。此外学校领导还积极争取通过市科技局、教育局、日本国际文化交流中心等部门多渠道聘请日本外教。迄今为止，已经先后聘任川内浩一等三位日籍教师在学校担任外教。在他们的相助之下，学校的双外语教学渐入正轨，形成特色。

其次还要解决"入口"和"出口"的问题。泡崖地区是政府安居工程解困房小区，生源本就薄弱，加之近几年外来务工人员、流动人口增多，严重影响双外语的深入扩展。受地域限制，很多学生和家长对双外语的学习还不够理解和支持。很多家长认为学那么多也没有用，部分学生学习基础比较差，缺乏双外语学习的能力。所以在招录学生方面学校领导积极与对口的五所小学沟通，争取从小学阶段就加大宣传教育。并让学校的日语教师和外教到小学去上课，以优秀的教育资源获取认同和支持。

招收日语学生的高中越来越少也是困扰初中日语办学的一个严重问题。学而不考使得很多学生和家长重视不够。部分学生和家长虽然能认识到多学一点知识对自己是有益的，但是因为开办日语班的高级中学有限而不愿意选择日语作为必修的考试科目，因此出现了上课听讲高高兴兴，课后复习不情不愿，影响该特色纵深发展。

学校组建双外语班以来，逐年稳步扩大办学规模，并积极倡导个别小学以校本课程或特长班的形式吸收部分学生开设日语课。在此基础上，学校牵头扩大泡崖地区各小学开设日语课的规模，启动小升初直通车，解决中小学特色衔接问题。迄今为止，学校已先后有 26 个双外语教学班级、近 1,600 名学生涉足日语学习。

大连市第三十中学有一外英语、一外日语、二外日语和双外语等 4 种办班形式可供学生及家长选择。全体在校生不同程度地学习了两门外语，具有三十中学特色的学校课程体系已初步形成。作为大连市第二外语建设的排头兵，三十中学的日语教学始终走在全市最前列。为给学生营造纯正的日语学习环境，学校借力市科技局、教育局，先后引进宫村纱织等四位优秀的日籍外语教师，助力学生日语学习和学校"双外语"特色发展。10 余年间，学校为上级学校输送了数百名优秀日语毕业生，且每年都有捷报频传，该校选择日语升学的多名毕业生先后考取了浙江大学、北京外国语大学、山东大学、吉林大学等重点大学的日语专业继续深造。

大连市初中日语教师共计 55 人，年轻教师居多。近几年日语教师编制稳定平衡，学科教师对《课标（实验稿）》及教材掌握情况良好，实践性知识以及教学经验逐年提高。学科教师特别是年轻教师渴望自身专业发展及业务能力的提高，他们能合理安排好工作和业余时间的"充电"学习，教师危机感意识强烈。

据 2012 年初统计，大连市现有初中日语学生总数为 4,900 人左右。其中二外日语学生人数为 2,700 人左右；一外学生人数为 1,500 人左右；双外语学生人数为 700 人左右。大连市初中日语学生情况基本上如上述几所学校所述，都是由英语学习成绩不好而改学日语学科的，学生整体素质一般，没有良好的学习习惯，学习动机不明确，缺乏恒心和自身发展规划。教师教起来难，家长认同率不高。

（3）高中日语情况

大连市现有公立高中日语学校 11 所，民办高中日语学校 7 所。公立学校主要分布在西岗区（一中）、中山区（十六中）、沙河口区（48 中、13 中）、甘井子区（红旗高中）、旅顺口区（62 高中、旅顺高中、三高中）、保税区（104 高中）、金州新区（得胜高中、103 高中）。另有十二高中、金州新区一中（原开发区一中）开设校本课程日语。

大连市第十六中学面对大连市内 14 所重点高中（含省示范高中）只有 2 所招收日语学生、12 所一般高中也只有两所招日语学生，大多数家庭因不了解日语而不希望孩子学习日语，高考因户口所在地考试日语教学断层的现状，日语招生可以说是举步维艰。大连市第十六中学领导整合各方资源，推进日语招生，为学生提供优质日语教学服务。具体举措：

区域内：学校通过区域内发放宣传单、召开招生说明会、开展个体咨询的方式，让家长了解日语学习的优势。

中考政策：通过宣传中考日语考生在公费录取时降 5 分录取的政策，吸纳家长和学生选报日语。

未来就业：通过收集进日企就业率信息、收集大连市公开招聘进事业单位（2012 年大连市事业单位公开招聘工作人员 A 类岗位）宣传，让家长更加了解日语学生未来职业走向，吸纳日语学生生源。

在校长正确办学理念指导下，通过创设条件不断丰富外语特色学校内涵、设立日语学生学习奖励、深化对外交流日语学生的出国层次、打好国际交流基础，吸引家长关注外语特色，关注日语学生的未来国外交流出口，为学生选报日语打基础。

大连市高中日语教师人数为 27 人，近几年来年轻教师的加入，激活了高中日语教师队伍的建设。大多数教师的专业能力和学科素养较好，他们能通过校际联动、合作研究等方式提高业务能力。历年来大连市的高考成绩居全省前列，教学效果受到各级领导的好评。

大连市高中日语学生总数为 1,500 人左右（含民办高中），学生整体素质不一，重点高中学生好于一般高中；近几年高中学生素质有所下降，这可能和初中上来的生源有直接联系。高中学生学习稳定，能合理处理好升学和个性发展之间的关系。学生的未来前景良好。

（4）领导紧抓落实，日语教学稳步发展

自 2005 年大连市教育局第 39 号文件出台以来，大连市教育局各级领导、学院领导等对日语学科教学发展关心备至，从政策实施、教师引进、学校教学管理、教师培训项目等都有配套的管理举措。大连教育学院领导为了能更加拓宽学生的发展空间，培养学生学习兴趣，于 2006 年启动大连市地方日语教材

《好朋友》编写项目，此项目得到了大连市教育局、全体初中日语教师和部分外教的鼎力协助。

自 2006 年以来，由学院和日本国际文化财团合作，针对教师教学需求和专业能力发展等方面，每年暑假组织教师们为期一周的日语培训。学院初中教师教育中心在完成"十一五"、"十二五"教师培训项目的同时，增添了"外教送教下乡"、"校际联动研讨"、"保税区订单服务"、"春雨行动"等不同类别的教师培训。《课标》学习、新教材培训，教师境外学习考察项目的延伸丰富了教师专业能力的发展。每月一次的研训活动更促进了研训教师与一线教师之间的深层次的交流。

大连教育学院依据上级指示精神，针对教师发展情况，定期考评教师的素质。从《大连市学生学业质量评价标准》、《大连市课堂教学评价标准》以及近期正着手编写的《大连市教师专业能力评价标准》等，都对教师的业务能力发展和课堂教学有了量的细化。

（5）日语学校存在问题

第一，学习日语的学生情况不稳定。现在每所初中面临的共性问题是学生学习日语的稳定性不足，学校领导和日语教师们面临英语大科的竞争压力，反反复复做家长、学生的动员工作；同时协调解决升学问题，可谓是苦口婆心。现如今面临日本国家地震后的核危机，很多家长和学生对留学远景更是"谈虎色变"，日语学生日渐减少。

第二，初升高衔接缺口。初中升入重点高中的学校也在萎缩之中，比如红旗高中不再招收日语考生，无形当中又给日语学生浇了一盆冷水，严重影响了初中选择学习日语的人数。当然，高中校长们也有其苦衷，比如课表设计、班级划定、学生管理和教师配置等方面存在困难。如果没有协调统一的衔接管理，那么再多的初中日语学校的开设，也形同虚设。

综上所述，现今大连市的日语发展趋势是"社会热、学校冷"。大连日本商工会、大连日商外企服务有限公司、大连外商投资协会 2010 年统计数字显示：大连市现有日资企业及中日合资企业约 2,000 家左右，在连日本人数为 6,500 人，学习日语人数近 20 万人。如何扬长避短、打造大连市日语教学的亮点，是笔者一直思考的问题。实际上，开设日语学校的领导和老师们深有体会，毕业后的日语学生社会就业率很高，他们在各行各业都发挥出各自的优势，对社会的稳定和家庭和谐有着深刻的影响力。今后仍需要各级教育行政领导了解各学段日语学校的困难，在教育政策上再给予一定的支持和帮助，开通日语教学的"绿色通道"，为多语种课程的开设再铺新路。

3. 主要的教师培训活动

国内中学日语教师的培训，如前几年一样，主要由人民教育出版社、中等日语课程设置校工作研究会等国内机构联合日本国际交流基金会北京日本文化中心（国際交流基金北京日本文化センター）、日本国际文化交流财团（国際文化フォーラム）组织实施。2015年所主办的全国性的培训大致如下。

1）2015年春季全国中学日语教师研修会 [12]

表 4.8　2015 年春季全国中学日语教师研修会基本信息

日程	2015 年 3 月 28—31 日
地点	苏州外国语学校
主办	人民教育出版社日语编辑室、北京日本文化中心
主题	强化合作学习策略，创建高效日语课堂
主要内容	课堂中如何组织协作学习、微课的作用、分组共同制作微课并分享
主讲教师	林洪(北京师范大学外文学院)、平田好(北京日本文化中心)、清水美帆（北京日本文化中心）、铃木今日子（北京日本文化中心）
参加人数	46 名（44 所学校）

林洪以《目标、过程与评价》为题做了主旨发言，结合课改高考趋势、微课宏观背景、合作学习等热点问题做了讲解，尤其指出学习外语的目的与对学生的正确评价的相互关系；评价是否全面公平，取决于教师的理念和有关评价的知识与经验积累，完善的评价体系可以促进学生的多元化发展。

平田、铃木老师通过工作坊的形式，就什么是协作学习讲解其理念，模拟协作学习的听力课堂教学活动，组织与会教师思考并体验协作学习。

为了更好地组织与会教师参与到整个研讨活动中来，40多名教师分为4个班，每个班又分为3—4人的若干小组。在小组内，首先相互介绍会前准备好的组织学生协作学习的教案。随后，各组讨论微课的制作方案，并通过纸张或是视频完成微课，于次日先在各班展示并讨论，然后各班选派一名代表在全体大会上介绍，林洪作点评。

其后，各班还就此前的微课、协作学习等活动进行总结，召开了教师之间的座谈会。平田、铃木老师介绍了由日本国际交流基金会编写、人民教育出版社出版的中文版《艾琳学日語》，苏州外国语学校的郑秋迪老师、北京日本文化中心的清水老师与初中2年级的同学一同展示了模拟课，向与会教师呈现如何在课堂教学中体现多元文化的理解。

整个研修会共有3次成长档案记录，为教师不断反思、不断思考提供了很好的平台。

2）2015年中国中高校日语教师研修会 in 长沙

这是继2014年中国中高校日语教师研修会 in 西安之后的又一次全国性中学日语教师的培训活动。

表4.9　2015年中国中高校日语教师研修会 in 长沙举办基本信息

日程	2015年8月22—23日
地点	长沙外国语学校
主办	中等日语课程设置校工作研究会、日本国际文化交流财团
主题	以文化为主体的日语教学
主要内容	林洪： 讲座1：修订中的高中日语课程标准对"文化"的再认识。 讲座2：课堂活动中文化要素的设计及其效果。 武田育惠 通过"学习日本广播体操"和"学折千纸鹤"这两种课堂活动形式，展示了用文化导入日语语言的教学的方式。

（待续）

（续表）

日程	2015 年 8 月 22—23 日
主要内容	工作坊 I 　课题①：讨论为培养文化素养应如何关注文化 　　　　（学生需要什么样的学习） 工作坊 II 　课题②：讨论导入文化要素的课堂中，寻找文化资源的方法以及 　　　　活动设计的关键点 工作坊 III 　说明到下午的课堂设计流程与课题。 　发放课堂设计表，让教师们关注要点完成设计。 工作坊之后各组教师展示 林洪作最后点评
主讲教师	林洪（北京师范大学外文学院）、武田育惠

　　武田老师在课上利用"学习日本广播体操"和"学折千纸鹤"这两种课堂活动形式，展示了用文化导入日语语言的教学的方式。让学生能够更加容易理解课程内容，学习日语的同时掌握以文化为基础的综合运用能力。

　　林洪讲述了中国日语教学的发展和展望。针对高中课标修订中所提出的文化品格展开了深入的剖析，利用两个案例，阐述了语言和文化之间的关系，指出在语言学习中需要文化的依托。教师在日语教学的时候必须要理解日本文化，并在教学中活用文化背景。

　　参加培训的教师们畅所欲言，各自谈了自己在课堂实践中使用的日本文化教学案例。例如通过导入日本温泉、日本舞蹈、日本扫晴娘等等各种文化现象，让日语教学更加生动易懂，在学习日语的同时理解日本的文化，提高综合运用能力。[13]

3）2015 年夏季全国中等日语教师研修会

表 4.10 2015 年夏季全国中等日语教师研修会举办基本情况

日程	2015 年 7 月 28—31 日
地点	人民教育出版社
主办	人民教育出版社日语编辑室、北京日本文化中心
主题	评价
主要内容	**习题的设计与编制** 高考日语试题的改革及未来发展的趋势（教育部考试中心　张卫） 对评价的思考（北京日本文化中心日语专家　平田好） 评价实践的介绍（香港日语教育研究会专家　山下直子） 评价中的测试（北京日本文化中心日语专家　清水美帆） 习题与测试题的编写（中等日语课程设置校工作研究会　张国强） **工作坊** 工作坊 1　习题的分析 对照教科书与各自编制的测试题，反思测试点与教学目标、课堂活动的目标是否一致，相互交流可以修改之处 工作坊 2　习题的编制 根据所指定的人教社《日语》教材中的一课，确定目标，编制测试题。 工作坊 3　各组内交流 分为 3 组，各组内介绍各自编制的测试题，交换意见。通过投票，选出最有功效的测试题。 工作坊 4　全体共享 被选出的一组在全体参加人员面前介绍，全体交换意见。 **文化体验** 日本"短歌"的创作与欣赏 贯穿文化内容的课堂演示

（待续）

（续表）

主讲教师	张卫（教育部考试中心）、平田好（北京日本文化中心）、山下直子（香港日语教育研究会）、清水美帆（北京日本文化中心）、张国强（中等日语课程设置校研究会）
参加人数	57 名

该教师培训活动延续了此前的思路与做法，不仅让参加培训的老师听课，而且通过分组相互之间交流、反思、讨论，形成具体的测试题、展示。不仅很好地讨论了日常教学中的练习题及试题应该如何设计与布置，也让参加培训的教师进一步地体验合作学习、协作学习的思路与流程，有利于教师们回到教学一线，进一步推动课堂教学方式的转变，为更好地培养学生的综合语言运用能力奠定更为坚实的基础。[14]

4）2015 年中国中高校日语教师研修会 in 大连暨《好朋友》10 周年

表 4.11　2015 年中国中高校日语教师研修会 in 大连暨《好朋友》10 周年举办基本情况

日程	2015 年 10 月 31 日
地点	大连教育学院
主办	大连教育学院、日本国际文化交流财团
主题	教学目标的确定及学习活动的设计
主要内容	围绕教学案例、高考作文评价、《好朋友》教学计划、语言与情感态度 工作坊 《好朋友》课程目标的确定与课堂活动的设计、评价
主讲教师	林洪（北京师范大学外文学院）、武田育惠
参加人数	90 名

为了纪念大连教育学院与日本国际文化交流财团日语教育合作 10 周年，推动大连市日语教育教学稳步发展，特举办 2015 年大连市初高中日语教师培

训会。参加此次培训会的教师有来自全国各地的优秀教师 20 人，大连市初高中日语教师 70 余人，东北三省教育学院的日语教研员张石焕、尹胜杰、姜万锡老师及大连市金州新区教育科学研究院研训教师金尚笋、原人民教育出版社日语编辑张国强也参加了此次培训会。

笔者担任了此次培训的主讲，内容涉及教学目标和课堂教学设计，围绕教学案例、高考作文评价、《好朋友》教学计划、语言与情感态度等展开。

大连市第三十四中学李芷苓老师和大连市第七十六中学梅松竹老师主讲的《好朋友》教学实践报告，为来自全国的老师们解答疑惑。

由外籍教师武田育惠担任的培训内容是学习目标与日语、文化、情感态度相关联的工作坊。通过小组研讨、信息交换、成果发表等环节，让老师们感受到教学目标与教学过程、评价之间的密切关系。

10 月 30 日下午，为纪念大连教育学院与日本国际文化交流财团日语教育合作十周年，特举办面向全体日语学生的展演会。此次展演会共分三个类别：展板类、配音类、歌舞表演类，报名学校共 20 所，参与学生人数合计 170 余人。参加此次展演观摩的嘉宾分别来自原人民教育出版社、课程教材研究所资深编辑张国强、日本国际文化交流财团事务局局长水口景子女士、日本宫城县驻大连事务所所长斗泽庆一、原《好朋友》特使根岸凉多同学、日语教育专家武田育惠、东北三省教育学院日语教研员以及来自全国各地的日语同仁 80 余人。学生们通过歌舞表演、配音、展板等节目充分展现了日语学习能力，在节目中学会互助、友爱、和谐精神，达到了培养学生良好情操的教育目的。此次活动得到了大连教育学院领导、日本宫城县驻大连事务所及日本国际文化交流财团的协助[15]。笔者也参加了此次展演会，并对展演作了点评，接受了学生的采访。

3. 其他活动

1）全国日语高考分析暨研讨会 [16]

2015 年 8 月 17 日至 8 月 20 日，"全国日语高考分析暨研讨会"在庐山召开。研讨会由日语高考教学网[17]和湖北省仙桃中学国际部联合发起。旨在搭建交流平台，推动日语高考教学的发展，营造完备的日语语言教育环境，共同探索适应日语教育的理念、思想、策略和方法，汇聚各方资源。研讨会的主要内容详见表 4.12.

表 4.12　2015 年全国日语高考分析暨研讨会主要内容

日期	主讲人	主题
17 日	北京市月坛中学马晓燕	国际交流和日语教育
	上海甘泉外国语中学郭侃亮	山东省中学日语
	山东菏泽学院贾俊格	课程设置概况
	日本专家武田育惠	高中日语教材和教学法
	中国教育学会外语教学专业委员会张国强	中国中学日语教材和历史，日语教学中要注意的问题
18 日	上海甘泉外国语中学郭侃亮	我校的高考及留考复习指导
	中国教育学会外语教学专业委员会张国强	优秀日语教师的条件
	日本专家武田育惠	高考试题中的读解指导
	中国教育学会外语教学专业委员会张国强	2015 年高考试题分析，编辑日语练习、模拟试题时要注意的问题
	分组自由交流，组长向大会汇报	中学日语教学和高考复习经验交流

其中，北京月坛中学马晓燕书记发表了主题为《国际交流和日语教育》的演讲，概述了我国目前与日本展开的国际间日语与学术的交流成果；上海甘泉外国语中学郭侃亮老师针对如何创新日语教育发表了自己的观点，以自身的实际教学经验提出了日语创新教育的方法和技巧，并将甘泉中学的高考复习指导方法和意见做了陈述；山东菏泽学院贾俊格老师对山东省中学日语课程设置概况做了简单介绍，从特殊到普遍，再从普遍到特殊，为不同中学的日语课程设置与安排提出了意见和建议。

2）中等日语课程设置校工作研究会第五届年会[18]

"中等日语课程设置校工作研究会第五届年会"于 2015 年 8 月 21 日至 23 日在长沙外国语学校召开。年会的主题是"外语特色建设与国际教育课程合作"，来自 26 个学校的 60 余名校级领导及日语教师参加了年会。

刘国华会长在开幕式上回顾了研究会成立以来五年的历程，总结了会员校之间的合作和发展。刘会长提出，今后研究会不仅为会员校的学术交流提供更广阔的平台，同时尝试开展德语、法语等小语种教师的教研活动，立足日语向多语种发展。

长沙外国语学校张建斌校长介绍了学校外语教学的发展特色以及日语课程的开设。自 2011 年长沙外国语学校正式被评为湖南省特色学校以来，不断加强和提升外语教学的质量。以英语作为第一外语，开设日语、德语、法语、西班牙语、韩语等 6 种语言为第二外语。今后将加强海外交流以及学生海外升学的指导。

年会上长沙外国语学校的老师为参会的教师和领导展示了两节公开课。向羿仲老师面向初中年级学生以日本生活为主题，结合《艾琳学日语》第八课的内容让学生了解日语中点餐的基本用语以及日本环境保护意识。

田静雅老师面向高中年级学生以"病の症状について説明する"（说明病情）为主题，首先让学生们熟悉身体各部分的日语表达方式，然后结合表述病状的动词及形容词，让学生能够有能力在日本生病的时候详细地向医生描述病情，具备一定的综合运用能力。长沙外国语学校的学生在课堂上积极发言，气氛活跃，为与会的教师提供了很好的学习机会和参考。

年会后是"2015 年中国中高校日语教师研修会 in 长沙"的教师培训，详见本节报告的"主要的教师培训活动"。

3）北京市月坛中学与日本 LABO 国际交流中心友好交流 30 周年庆典[19]

2015 年 3 月 28 日上午，北京市月坛中学在民族文化宫大剧院召开了主题为"跨海结友谊交流长智慧"的第三届国际交流与合作成果展示会暨与 LABO 国际交流中心友好交流 30 周年纪念大会。

参加大会的领导和来宾有：中国对外文化交流协会常务副会长，曾担任过毛泽东、周恩来等多位国家领导人的日语翻译、中国文化部原副部长、全国政协委员、著名翻译家刘德有；教育部国际合作与交流司亚非处处长吴劲松；全国人民对外友好协会处长胡杨；北京市人民政府外事办公室因公出入境管理处副处长李玉琳；北京市人民对外友好协会副会长高双进；北京市教委对外合作与交流处副处长吉晓喆；中国国际青年交流中心留学处处长吴文胜；西城区人民政府外事办公室副主任郭树茂；日本国驻华大使馆新闻文化中心公使山本恭司；日本国驻华大使馆新闻文化中心一等秘书官名子学；日本 LABO 语言教育事业集团会长、LABO 国际交流中心原理事长、第 30 次访中团综合团长时本学。此外，《中国教育报》、《现代教育报》、《中国青年报》、《北京晚报》、《世界新闻报》、中国教育电视台、日本 TBS 电视台、西城现代教育技术中心等各新闻媒体的朋友也应邀出席了此次大会。参加庆祝大会的除日本 LABO 国际交流中心第 30 次访中团全体师生外，还有月坛中学的老校长、在校师生、所有接待过 LABO 民宿的学生家长及校级家长委员会成员。

大会回顾了月坛中学与 LABO 国际交流中心携手走过的 30 年硕果，参与过 LABO 民宿交流活动的成员代表述说了当年的亲身体验，这其中的感动、温馨、不舍、惜别、顿悟、成长、提升、飞跃，只有走过才能真正体会到个中滋味。

月坛中学国际化办学最大的受益者是学生，是青少年，青少年是在体验中长大的，这种丰富的国际交往体验会对他们成长为一名现代、开放、具有国际视野的学生具有重大的意义。在过去的 30 年里，数以千计的中日青少年成为这种国际化教育的亲身受益者，他们在中日两国之间架起了友谊的桥梁，用自己的实际行动践行着中日两国人民世代友好的美丽愿景。

4. 2015 年日语中考和高考情况

1）考生人数

由于缺少系统的信息来源，这里只能零星地加以介绍。

据辽宁省日语教研员姜万锡老师介绍，辽宁省每年招入、毕业的日语班初中生约 900 人；高中生约 2,000 人（有几所学校高中起学习日语）。因为辽宁省中考都是各市组织实施。参加中考的日语学生约 900 人、参加高考的日语学生约 2,000 人。

2）关于高考作文题

据笔者了解，2015 年日语高考题中的作文题，不少一线教师对作文题反响比较强烈。

2015 年的作文题如下：

第四部分　写作（满分 30 分）
　　请以「天気とわたしたちの生活」（天气与我们的生活）为题写一篇短文。
　写作要点：
　　1. 写出天气与人类生活的关系。
　　2. 简单写出随着科技进步，人类对天气认知情况的变化。
　写作要求：
　　1. 字数为 300—350 字。
　　2. 格式正确，书写清楚。
　　3. 使用「です・ます」体。

以下是参考样文：

天気とわたしたちの生活

雨が降ったり、風が吹いたりして、天気はさまざまに変化します。
晴れた日はいい気持ちになりますが、曇った日は気分が悪くなりやすいです。寒い冬は風邪を引きやすく、夏はお腹を壊しやすくなります。わたしたちの気持ちや体の具合も天気と深い関係があるのです。
また、大雨が降り続くと、山村では山が崩れ、家が流されてしまう心配があるのですが、都会では水が溜まって車が走れなくなることもあります。逆に、雨がぜんぜん降らなければ、農産物が取れなくなったり、飲む水さえも足りなくなってしまいます。このように天気はわたしたちの生活に大きな影響を与えています。
現在、科学技術の進歩につれて、天気に関する正しい情報を手に入れて、われわれは、人工的に雨を降らせたり、風の力で発電したりして、生活に役立てるようにしてあります。

参考译文:

天气与我们的生活

下雨、刮风，天气会发生各种各样的变化。晴天的时候，我们会心情舒畅；阴天的时候，我们心情则容易变得忧郁。寒冷的冬天我们容易感冒，夏天则容易肠胃出现问题。我们的心情和身体状况与天气有着密不可分的关系。

同时，连续下大雨，我们会担心山村里的山体崩塌、房屋被冲走；在都市会形成积水，车辆无法行驶。

相反，如果完全不下雨，农作物没有收成，就连饮用水也会不能供应。天气就是如此这般地给我们的生活带来巨大的影响。

如今，随着科技的进步，掌握了有关天气的准确信息，我们可以实施人工降雨、风力发电，让天气为我们的生活发挥积极作用。

一线教师的困惑在于考生出了考场之后，纷纷向老师反映在 350 字的范围之内，不知怎样才能"简单写出随着科技进步，人类对天气认知情况的变化"。再看参考样文，似乎也没有能"简单写出随着科技进步，人类对天气认知情况的变化"。

笔者在《2012 年中国外语教育年度报告》中介绍过上海甘泉中学王颖芳老师对高考作文题的分析。她指出：2004 年以后出现的图表分析、对话或短文改写、报道写作、论述文写作，在一定程度上强调了对信息的处理和作文的目的性，突出了作者的意识与读者的意识，对于中学日语作文教学有了很好的反拨作用。

从 2015 年日语高考作文题来看，似乎没有能很好地遵循自 2004 年以来高考作文命题趋势，又回到泛泛而谈的思路上了。

首先，对于 350 字的一个即兴作文考试而言，「天気とわたしたちの生活」（天气与我们的生活）的题目过于宽泛，两个要点也很宽泛，特别是第二个要点"简单写出随着科技进步，人类对天气认知情况的变化"更是容易让考生找不到感觉，连命题人员给出的参考样文也完全没有写出这一要点。样文中"现在、科学技術の進歩につれて、天気に関する正しい情報を手に入れて、われわれは、人工的に雨を降らせたり、風の力で発電したりして、生活に役立てるようにしてあります"（如今，随着科技的进步，掌握了有关天气的准确信息，我们可以实施人工降雨、风力发电，让天气为我们的生活发挥积极作用）

的表述并不是对"人类对天气认知情况的变化"的阐述。

其次，这次的作文题没有情境，没有读者对象。考生作为作者，找不到为什么要写、写给谁、怎么写的动机和意识，仅仅变成了为了写而写、为了考试而写。

第三，这次作文题没有给足信息。如果说第一个写作要点"写出天气与人类生活的关系"对于一般考生而言还能有话可说，但第二个写作要点"简单写出随着科技进步，人类对天气认知情况的变化"就不是一件简单的事情了。连命题人员似乎也没有把握住这一要点。而且，在参考样文中，几乎用了三分之二的篇幅在写"写出天气与人类生活的关系"，最后的一句话却也没有沾上"简单写出随着科技进步，人类对天气认知情况的变化"，说明作文命题的要求与实际写作有比较大的距离。这对考生是不公平的。

日本国际交流基金会编写的「学習を評価する」(《学习的评价》)[20] (2011)一书中，对写作的评价有如下表述：

> 我们在日常生活中写些什么的时候，是十分明确以下三点的：(1)写给谁，(2)为何而写，(3)用何方式传递信息(记录、邮件、报告等)。故测试之时，对于学习者而言，完全设定纯自然的写作题目是十分困难的，这是不争的事实。但是，我们可以尽可能地明示上述3点，让学习者感受到现实生活中"写"的感觉，从而提高测试的真实性。同时，测试与现实生活的接近，也能向学习产生反拨作用。

为此，作文命题时，还是应该保证以下两个基本点[21]：

(1)如何设定写作的题目(确定对谁，以什么目的写或说的题目)

(2)依据何种标准判分

5. 主要赛事

1）第六届全国高中生日语演讲大赛[22]

2015年5月30日，由中日青年交流中心、日本驻中国大使馆及日本特定非营利活动法人亲权代行教育机构(简称：NPO法人E.G.G.)共同主办的"第六届全国高中生日语演讲大赛总决赛"在北京世纪剧院举行。

在总决赛的开幕式上，中日交流中心副主任房恩、NPO 法人 E.G.G. 理事长丰田邦裕、日本驻华大使馆新闻文化公使山本恭司、日本驻华大使木寺昌人先后致辞，表达了对中日友好发展的期待。大赛的主任委员、北京外国语大学的汪玉林教授引用了习近平主席在 2015 年 05 月 23 日中日交流大会上的两段讲话，回顾了中日两国友好交流的历史。中国国际青年交流中心主任孙俊波也作为特殊嘉宾出席了此次活动，并致辞说："国相近在于民相亲，民相亲的基础则在于青少年的交流""未来永远掌握在青少年手中。只有青少年之间进一步加强交流，增进对彼此的文化、历史和价值观的理解，才能合作与携手发展。"

开幕式结束后，从东北、华北、华中南、华东 4 个预赛区选拔赛中脱颖而出的 19 名选手参加了当天的总决赛。选手们首先以"追忆遣唐使"为题，做了 3 分钟的演讲，随后现场回答由评审委员提出的两个问题。经过紧张激烈的角逐，来自上海外国语大学附属外国语学校的高三学生王山和上海甘泉外国语中学的高一学生俞越获得了一等奖。两人受到日本海外高中生讲演大赛事务局邀请，于 2015 年 7 月前往日本，代表中国参加了在日本爱媛县举办的第 20 届日本海外高中生日语演讲大会总决赛，俞越获得了最高奖项"最优秀赏"。

2）第一届"外研社杯"全国中学生多语种（日语、法语、德语）技能大赛 [23]

2015 年 7 月 24 日，由北京外国语大学、全国外语特色学校教育研究会主办，外语教学与研究出版社承办，西南交通大学协办，全国基础外语教育研究培训中心作为学术支持的第一届"外研社杯"全国中学生多语种（日语、法语、德语）技能大赛圆满落下帷幕。

本届大赛自 2015 年 1 月起正式启动报名并展开校园赛，历经 6 个月，全国共有 34 支参赛队伍的 68 名选手脱颖而出。

大赛期间，经过层层选拔的各院校赛队队员通过听写、团队写作、知识竞答和命题演讲等环节的单项竞赛，充分展示了各自深厚的语言功底和优秀的现场演绎。单项赛累计积分前三名的晋级赛队，更是在冠、亚、季军角逐赛上淋漓尽致地发挥，施展各自的才华。

经过激烈的比拼和角逐，下列学校的学生获奖：

南京外国语学校、天津外国语大学附属外国语学校和厦门外国语学校分获法语第一外语组冠、亚、季军；

厦门外国语学校、上海外国语大学附属浦东外国语学校和天津外国语大学附属外国语学校分获德语第一外语组冠、亚、季军；

上海甘泉外国语学校、天津外国语大学附属外国语学校和南京外国语学校分获日语第一外语组冠、亚、季军；

广州外国语学校、苏州外国语学校和成都实验外国语学校西区分获法语兴趣外语组冠、亚、季军；

广州外国语学校、厦门外国语学校和福州外国语学校分获德语兴趣外语组冠、亚、季军；

福州外国语学校和成都外国语学校分获日语兴趣外语组冠、亚军。

本届大赛得到了法国驻华使馆、德国驻华使馆和日本驻华大使馆的大力支持。外研社综合语种分社社长彭冬林、副社长崔岚，外研社品牌推广部主任李晶，日本驻华使馆参赞石飞节，国际广播电台法语部专家 Sébastien RICCI，西南交通大学外语系主任李成坚，西南交通大学德语教授莫光华，北京外国语大学法语系主任车琳，北京外国语大学德语系教授江楠生，北京外国语大学德语系教授王丽萍，北京外国语大学日本学研究中心教授郭连友，国际关系学院日语教研室主任王禹，北京第二外国语大学博士松永源二郎应邀出席了大赛的开、闭幕式。

大赛理念：靠近我，靠近全世界

大赛宗旨：

引领多语学习，关注终身发展；展示多语魅力，激发多元潜能；

放飞多语梦想，点亮世界舞台；践行环保理念，助力公益精神。

本届大赛主题：助力学子成长，构筑你我梦想

参赛对象：全国范围内开设多语种教育的各类中学

初赛包括：团队写作，综合知识竞答，命题演讲（演讲＋现场问答）。其中命题演讲的题目在比赛前一周公布，共三道题，现场抽取一题演讲。三道题目分别为：

（1）スマホで失ったもの（iPhone 时代让我们失去了什么）

（2）挑戦してみたいこと（最想挑战的事）

（3）地球と私（地球和我）

在题目公布伊始，参赛选手随即进入紧张的准备工作中，在短短七天时间里，经过构思建立提纲、书写成文、文法语法修改、提问准备等环节，在指导教师与外教的帮助下，完成了对三道演讲题的准备工作。在初赛当天，首先安排的是团队写作，由两名学生共同完成一篇命题作文。本次的作文题为"私の悩み"（我的烦恼）。两位选手各自准备，最后写出了两件烦恼的事，顺利完成。随后安排的是综合知识竞答，日文选择题 40 题、判断题 10 题，围绕日本的基本国情、历史、政治、地理等百科知识，涵盖范围广，有一定的难度。最后安排的是命题演讲。

上海甘泉中学的王丹老师对此次比赛反思如下 [24]：

（1）从比赛结果看，弱点在于综合常识。这部分的内容在日常教学中涵盖了地理、历史、文化、政治等方方面面，需要学生在平时对日本文化感兴趣，多关注这方面的知识和动态，日积月累。

（2）写作能力，量变到质变，教师要常抓不懈。书面表达能力，靠的是大量的操练和反思。因此，落实在教学中，应配合外教认真布置每周一篇的写作练习，只有通过长期不断的练习、修改才能提高。平时写作过程中要特别注意内容的深度，避免泛泛的口水文章。

（3）表达能力，突破自我，教师要以身示范。在表达能力的培养上，除了平时课堂上的练习环节外，还要鼓励学生大胆突破自己的性格局限；教师要突破自我极限，充分张扬个性，增加自信，以自身的表现力来影响学生。

6. 科学研究项目

笔者在《2013 中国外语教育年度报告》中介绍过国家社科基金重点课题"中国百年教科书整理与研究"，根据全国哲学社会科学规划办公室 2015 年 7 月 28 日主页的信息，"中国百年教科书整理与研究"中期检查情况已经公布。有关日语方面的研究成果如下 [25]：

表 4.13 "中国百年教科书整理与研究"日语相关成果

序号	期刊	标题	作者	摘要
1	《日语学习与研究》2011年第4期	中国基础教育日语课程改革发展综述——课程标准及教科书的研制	唐磊	摘要：本文在梳理1980年代以后历次基础教育日语课程改革及教科书发展状况的基础上，主要应用文献法，重点阐述2000年以来基础教育课程改革中日语课程标准和教科书的研制问题。分析新一轮课程改革背景下日语课程标准的研制背景、缘由、特色及其与教学大纲的异同；介绍依据课程标准编写日语教科书的创新点，探讨了日语教科书编制理论的相关问题等。
2	《课程·教材·教法》2012年第8期	日语课程标准实验教材语法系统考察	李家祥	摘要：日语课程标准实验教材遵循日语课程标准，采用日语教育语法系统。本文重点从词类体系和活用形体系两个方面对其语法系统考察。从词类体系来看，与以往初高中日语教材相比，主要有六个方面的变化。从活用形体系来看，则在四个方面发生了根本性改变。与传统的学校语法系统相比，笔者认为日语课程标准实验教材的语法系统具有准确把握用言活用实质、体现日语语法范畴观念等六方面的优点。同时，指出日语课程标准实验教材在语法系统的把握和部分语法项目的处理及符号运用等方面还存在需要改进的地方，并提出相应的改善方案。
3	《首都外语论坛》2014年00期	民国时期日语教材初探——以《高等日本语读本》为例[26]	刘健	摘要：从明清到民国，至新中国成立后直至现在的日语教科书的梳理，是一项庞大而系统的工作，这项工作对我们了解日语教科书的历史，对比几百年来日语教科书的演变，具有十分重大的意义。本文以《高等日本语读本》为例，与《高等日本语读本》（稿本）比较，梳理该套教科书在各方面的特点，希望通过本次梳理能够一窥当时日语教科书的情况，并为今后的系统梳理提供素材，打下基础。

[1] 中国教育新闻网，2015，学习贯彻五中全会精神司局长笔谈：为更多孩子提供接受高中阶段教育机会 [OL]，http://www.jyb.cn/basc/xw/201511/t20151113_643011.html（2016 年 2 月 11 日读取）。

[2] 中华人民共和国教育部，2015，教育部基础教育二司 2015 年工作要点 [OL]，http://moe.edu.cn/s78/A26/A26_ndgzyd/201502/t20150204_185629.html（2016 年 2 月 11 日读取）。

[3] 中国政府网，2010，国家基础教育课程教材专家咨询和工作委员会成立 [OL]，http://www.gov.cn/jrzg/2010-04/15/content_1581191.htm（2016 年 2 月 11 日读取）

[4] 中华人民共和国教育部，2016，教育部基础教育二司 2016 年工作要点 [OL]，http://www.moe.edu.cn/s78/A26/A26_gggs/A26_sjhj/201602/t20160205_229504.html（2016 年 2 月 11 日读取）。

[5] 中国政府网，2014，国务院关于深化考试招生制度改革的实施意见 [OL]，http://www.gov.cn/zhengce/content/2014-09/04/content_9065.htm（2016 年 2 月 11 日读取）。

[6] 中华人民共和国教育部，2014，教育部关于普通高中学业水平考试的实施意见 [OL]，http://www.moe.edu.cn/publicfiles/business/htmlfiles/moe/s4559/201412/181664.html（2016 年 2 月 11 日读取）。

[7] 向阳，2015，[J]《中等日语教育研究》（19）：16。

[8] 王梅，2015，[J]《中等日语教育研究》（19）：18。

[9] 黄明花，2015，[J]《中等日语教育研究》18：45。

[10] 孙旭，2015，[J]《中等日语教育研究》18：47。

[11] 根据大连教育学院杨慧老师提供的《大连市日语教学发展现状分析》报告整理。

[12] 北京日本文化中心，2015，《2015 年春季全国中等教育日本語教师研修会の実施報告》编译 [OL]，http://www.jpfbj.cn/language/download/14_Riyu.pdf（2016 年 2 月 16 日读取）。

[13] 郭侃亮，2015，[J]《中等日语教育研究》19：3。

[14] 清水美帆，2015，[J]《中等日语教育研究》19：29。

[15] 杨慧，2015，[J]《中等日语教育研究》19：22。

[16] 光明网，2015，2015 年全国日语高考分析暨研讨会举行 [OL]，http://difang.gmw.cn/bj/2015-08/19/content_16734908.htm（2016 年 2 月 16 日读取）。

[17] 一个民间网站。网址为 http://www.rygkjxw.com/。网站的目的是"为计划用日语代替英语参加高考、考研或出国留学的学生提供的免费日语教学网站，也是日语教师交流教学经验的平台"。

[18] 郭侃亮，2015，[J]《中等日语教育研究》19：1。

[19] 北京市月坛中学，2015，北京市月坛中学与日本 LABO 国际交流中心友好交流 30

周庆典纪实 [OL]，http://www.bjytzhx.com/article/show.php?itemid=880（2016年5月1日读取）。

[20] 日本国际交流基金会，学習を評価する，ひつじ書房，2011，68。

[21] 日本国际交流基金会，学習を評価する，ひつじ書房，2011，66。

[22] 人民网，2015，第六届全国高中生日语演讲大赛在北京成功举行 [OL]，http://japan.people.com.cn/n/2015/0601/c35463-27086210.html（2016年2月16日读取）。

[23] 爱微帮，2015，第一届"外研社杯"全国中学生多语种（日语、法语、德语）技能大赛圆满落幕 [OL]，http://www.aiweibang.com/yuedu/41396900.html（2016年5月1日读取）。

[24] 王丹，2015，《中等日语教育研究》（19）：50。

[25] 全国哲学社会科学规划办公司，2015，"中国百年教科书整理与研究"中期检查情况 [OL]，http://www.npopss-cn.gov.cn/n/2015/0728/c362411-27374586.html（2016年5月1日读取）。

[26] 刘健，2014，民国时期日语教材初探——以《高等日本语读本》为例 [J]，《首都外语论坛》（00）：77-89。

第五章　社会外语教育

第一节　社会外语培训[1]

一、社会外语培训机构

　　培训机构是指社会组织、个人和中外合作办学机构，利用非国家财政性教育经费，依照相关的法律法规，面向社会举办各种教育培训活动的办学组织。按培训主体分，外语培训机构可分为民办外语培训机构、高校下属培训机构、社会媒体外语培训机构、境外培训机构四大类[1]。其中，2014年腾讯教育、新浪教育等举办的社会教育行业年度盛典评比结果显示，民办外语培训机构和高校下属培训机构占据较大市场份额。[2]

　　根据2015年腾讯教育、新浪教育、百度教育、网易教育及中国日报社等举行的年度教育盛典评比结果，就外语教育行业而言，以下知名外语培训机构（以前十强为准，排名不分先后）脱颖而出，备受网民及业内人士的青睐。[3]

1. 十大外语教育品牌简介

1）新东方教育科技集团

　　新东方教育科技集团成立于1993年，于2006年成为首家在美国纽约证券交易所上市的中国知名英语教育品牌。截至2015年5月31日，新东方已在全国50多个城市设立了60余所学校、31家书店以及800多个学习中心，累计培训学员超过2,000万人次。新东方的业务体系以外语培训为核心，语种以英语为主，还包括德语、法语、日语、韩语、西班牙语和意大利语。培训内容涵盖中国、美国和英联邦国家的主要入学考试和能力考试，并提供国内中小学教育培训课程、服务与产品。此外，新东方在基础教育、职业教育、教育研发、出国咨询、文化产业等方面也取得骄人业绩。旗下品牌包括泡泡少儿教育、优能中学教育、

――――――――――
1　本节作者：裘晨晖，北京外国语大学。

新东方前途出国、新东方在线、新东方国际游学、满天星幼儿园等。

2）华尔街英语

华尔街英语在 1972 年创立于欧洲意大利，是一家全球性的面向成人和企业客户的英语培训机构。自创建以来，华尔街英语已在全球 28 个国家和地区拥有 460 多个学习中心，累计培训全球学员超过 200 万人次。从 2000 年开始，华尔街英语进入中国市场。目前已在北京、上海、广州、深圳、天津、青岛、杭州、南京、佛山、无锡、苏州开设了 60 余家学习中心。华尔街英语以"多元法"为特色，通过有效利用外教小班辅导课、外教补充课和社交俱乐部及在线学习资源等教学板块，旨在提高外语教学效率。其课程设置包括英语入门、英语在线、高级英语和商务英语四个板块。经剑桥大学 ESOL 考试中心研究证实，华尔街英语的课程与全球认可的欧洲语言共同框架（CEFR）英语程度等级对应。这进一步证明了华尔街英语是全球公认的、高品质英语培训的提供商。

3）韦博国际英语

韦博国际英语创立于 1998 年，是韦博教育集团旗下高端英语培训品牌。专注于为企业和 12 周岁及以上的个人提供专业的英语培训服务。目前已在全国 62 个城市拥有 142 所培训中心，培训学员近百万余名。韦博国际英语的课程体系以实用为导向，涵盖商务英语、职场英语、英语口语、旅游英语等板块。通过倡导"多元翻转学习法"，以学员为中心，利用多媒体教学，由中方语言教师双语指导和资深外籍教师小班授课。其中，中方语言教师达英语专业八级水平，外籍教师通过国际 TESOL 英语教师职业资格认证，具备一定的教学经验。除课堂教学外，还组织沙龙课和课外活动，营造真实的语言环境，让学员在场景中实现流利英语脱口而出。

4）VIPABC

VIPABC 是全球首个 365 天、24 小时真人在线英语教学服务机构。公司于 2004 年正式推出在线语言学习平台，通过自主研发的云技术资源整合全球网络互动媒体服务，凭借专利 DCGS 动态课程生成系统，学员能随时随地使用任意设备实现在线互动学习。VIPABC 汇集全球超过 60 多个国家、80 多座城市的 4,500 多位外籍顾问，以及超过 1,500 人的技术和服务团队，为全世界学习者提供 24 小时全年无休的真人在线英语教学服务。其课程体系涵盖英语口语、听力、阅读、商务英语和职业英语。同时通过 VIP 讲堂，为学员讲授热门的新闻话题。VIPABC 还包括云讲堂及留学专区，针对客户需求，为学习者定制个性化课程。此外，在 2015 年英语教育行业大会上，VIPABC 荣获"在线教育创新品牌"奖。

5）EF 英孚教育

EF 英孚教育创立于 1965 年，是全球卓著的私人英语教育机构。旗下有 10 个下属机构及非盈利性组织，遍布全球 52 个国家。学员多达 1,500 多万，员工和培训师多达 37,000 多人。EF 英孚教育主要致力于语言学习、留学旅游、学位课程以及文化交流等方面。其课程针对不同的年龄阶段进行设置，如儿童英语课程（3—9 岁）、青少年英语课程（10—18 岁）、成人英语课程（18 岁以上）、在线英语学习（18 岁以上）等。其创新英语培训产品主要围绕 Efekta 系统设置。除了课堂教学，学员在课后可使用创新语言实验室(iLAB) 继续学习英语。或者通过英语生活俱乐部，包括英语咖啡俱乐部、优秀英语演讲赛、英语角和英语晚宴等，学员可在轻松休闲的环境下学英语。

6）环球雅思

环球雅思学校成立于 2001 年，隶属于北京环球天下教育科技有限公司。该公司于 2010 年在美国成功上市。2011 年，环球天下教育科技集团与世界级教育领导机构培生国际教育集团签署收购协议，进入培生国际大家庭。目前，在国内 65 个大中城市设有环球雅思培训学校，拥有近千名优秀教师和百余名管理精英，每年培训学生达 30 万人次。环球雅思学校主营雅思、托福培训、出国留学、国际游学、语言培训、图书出版等业务。培训课程涉及雅思、托福、少儿英语、BETS、BEC 商务英语、职称英语等。考试方面包括"环球雅思"和"环球新托福"出国考试培训品牌。

7）51Talk 无忧英语

51Talk 无忧英语成立于 2011 年，是北京大生知行科技有限公司旗下的在线英语教育品牌。51Talk 无忧英语首创"外教一对一，在线学英语"的互联网学习模式。通过沉浸式学习法，打破传统的英语"知识"学习模式。其课程体系主要分为青少年英语和成人英语，分主修课、专业课和选修课三类。主修课使用 51Talk 经典英语教材，匹配 25 分钟的外教一对一在线课堂。专业课适合有专业的英语学习需求或考试的学员。选修课则供学员们根据自身兴趣自主选择，以拓宽知识面，让英语学习更有趣。

8）新航道国际教育集团

新航道国际教育集团创立于 2004 年，是由中国英语培训界著名领军人物、英语教育专家胡敏教授率领一批国内外语言培训界精英及专家学者共同创办，美国国际数据集团（IDG）和全球著名的教育培训机构美国 Kaplan 国际教育集团参与战略投资的国际化语言教育机构。新航道以构建中国社会语言教育完美体系为目标，以"我坚持，我成功"为精神内涵，秉承"改变中国学生英语学习的态度与方法"，"高能高分"的理念高度，切实践行"精品小班 + 全程助教 + 个性化服务"三大标准。主营英语培训、图书出版、留学服务、少儿英语等业务。

9）美联英语

美联英语，创立于 2006 年，是全球体验式英语培训的领先品牌。目前已在全国开设 70 多个学习中心，分布在深圳、广州、北京、南京等 22 个城市。十年累计培训 20 余万学员，学员满意度高达 96.5%。美联英语提供实用英语、海外考试培训、留学咨询、在线英语四大类产品，满足成人及青少年的各类英语学习需求。具体而言，其课程内容包括实用英语口语、实用零基础、实战商务英语、青少年英语、在线 VIP、海外考试及留学等板块。

10）北京外国语大学网络与继续教育学院

不同于以上教育品牌，北外网络与继续教育学院是北京外国语大学的学院之一，办学范围包括学历教育和非学历教育两部分。其部门包括成人教育部、网络教育部、社会培训部、出国留学部、考试中心及翻译社。学院业务包括对外汉语培训和社会培训等内容。以社会培训部为例，培训部开设 21 种语言培训班，每年为社会培养外语人才 10,000 多名。培训内容涵盖从外语初学者到高级翻译人才培养的不同层次。其中仅行业英语课程体系就覆盖了金融服务、航空服务、石油化工、工程建设、政府办公、中小学外语及对外汉语教学等多个领域。

此外，其他教育品牌如小站教育、流利英语、外教中国、iShow 国际英语、大山外语、启德教育、精锐教育、贝乐学科英语、大嘴外教等也深受人们的喜爱。以 iShow 国际英语为例，iShow 国际英语在网易教育年度盛典中被评为 2015 年年度最受用户信赖教育机构。iShow 国际英语成立于 2010 年，至今已在全国有 12 个学习中心。除了做线下学校之外，iShow 国际英语自 2013 年开始做线上。其自主研发的英语学习软件——iShow 记单词、iShow 复读机以及线上的"非聊不可"视频学习软件受到了 iShow 学员以及英语爱好者的欢迎。

在 2015 年教育盛典中，少儿英语品牌、在线教育创新品牌及在线 APP（前十强以内，排名不分先后）也备受关注（详见表 5.1）。

表 5.1　前十强以内少儿英语品牌、在线教育创新品牌[3] 和在线 APP[4]

序号	十大少儿英语品牌	八大在线教育创新品牌	十大在线 APP
1	新东方泡泡少儿教育	VIPABC	百斩词
2	英孚青少儿英语	一起作业网	英语流利说
3	瑞思学科英语	新东方在线	扇贝单词
4	易贝乐国际少儿英语	全球说	扇贝听力
5	VIPABC 青少年英语	爱学堂	沪江听力酷
6	爱贝国际少儿英语	英语魔方秀	口语巴别塔
7	VIPKID	51Talk 无忧英语	郎易思听
8	北外青少英语	美联英语在线 VIP	可可英语
9	开心豆少儿英语		开心词场
10	汤姆之家		有道口语

较之于 2014 年外语教育的年度盛典评比结果，2015 年更呈现百花齐放的局面，尤其是在线教育创新产品和在线 APP 的不断涌现。一方面，这在一定程度上与"互联网 +"的理念有关。据教育部和百度文库联合颁布的《2015 中国互联网学习白皮书》（下称《白皮书》）显示，中国互联网用户中使用互联网教育产品的人数占互联网总人数的 67%，并呈现低龄化趋势。其中 19—24 岁用户猛增，于 2015 年达到 36.51%。6—14 岁用户增长约 3.9%，于 2015 年达到 5.59%。此外，《白皮书》还显示，针对互联网学习，教师占全部用户的 42.03%。在这些利用互联网学习的教师群体中，超过 8 成的教师关注基础教育领域资源。K12 教育领域对于"互联网 +"教育模式的接受程度颇高 [5]。另一方面，教育部发布《关于加强高等学校在线开放课程建设应用与管理的意见》，提出推进在线开放课程学分认定和学分管理制度创新。这在一定程度上不仅能打开应试教育瓶颈，而且能实现在线教育与传统教育的结合。[6]

二、社会外语培训行业

1. 社会外语培训行业的发展特点及挑战

由腾讯教育、新浪教育、百度教育、网易教育及中国日报社等在 2015 年举行的年度教育盛典评比结果分析来看，以英语培训为例，社会外语培训行业主要体现三大发展特点：1）在线英语培训市场比例不断攀升；2）英语培训融合高科技、体现社会化；3）培训对象多层次、需求多样化，培训内容专业化、高端化。这一现状与英语作为国际通用语的性质密不可分。

特点 1：在线英语培训市场比例不断攀升。近年来，随着"互联网 +"口号的推进，在线英语培训市场的比例不断攀升。一方面，这在很大程度上突破了传统英语培训行业受时间、空间限制的瓶颈。另一方面，截至 2015 年 12 月，中国网民人数已达 6.88 亿人，互联网普及率达 50.3%，这在很大程度上影响着人们的学习方式。据 2015 年度在线英语培训行业分析报告统计，2015 年在线语言类教育市场规模稳定增长。其中，英语类培训市场规模达 236 亿元，同比增长 21.7%[7]。另外，据教育部教育发展研究中心主任张力介绍，预计到

2020 年，我国的民办教育服务产值至少要占到 GDP 的 6%[8]。这在一定程度上表明今后将会有更多的英语在线教育机构涌入市场。

特点 2：英语培训融合高科技、体现社会化。随着科学技术的不断发展，在英语培训课堂中，通过原版英语 CD、影片，或使用电脑多媒体技术、运用光盘进行人机对话，或利用移动互联网进行远程培训等已成为普遍的培训方式。如今，随着移动互联网技术的进一步发展，智能移动终端成为了新趋势。譬如，智课教育在第十三届北京国际图书节中推出了一系列线上、线下创新学习体验。包括"影视级虚拟课程拍摄、英语翻转课堂（O2O 学习中心）、智能学习头盔（可穿戴设备）、外教写作口语智能批改"等多个模块。该智能学习头盔是首个利用可穿戴设备进行学习的划时代产品。戴上智能头盔，就像"戴"上了课堂，学员不仅全视角学习名师课程，还可以与世界各地的学员实时互动[9]。另外，中国少儿英语培训机构贝乐学科英语与美国麦格劳—希尔教育集团于 2015 年实现战略合作，首次同步推出了专门为幼儿园级别学员量身订造的英语课程——Wonder Garden（奇迹花园），以及同步美国幼儿园、美国小学英语课程的线上英语学习平台[10]。再如，大视野教育集团在 2015 年新推出"伴读网"英语听说在线学习平台。该平台专门为中小学 K12 教育量身打造，具备智能数字化功能[11]。这种高科技的发展在一定程度上促进了社会化的发展。这种社会化一方面体现在不同学习者能跨越时间、空间的界限，与来自不同国家的学习者进行交流互动；另一方面，这种社会化还体现在网络的智能数据统计中。通过统计分析学习者的消费行为，培训机构能更好地了解学习者的需求，从而为他们推荐个性化智能学习课程。这也在一定程度上满足了社会的需求，进而促进社会的发展。由此可见，语言智能的作用不容小觑。正如中国人工智能学会理事长李德毅院士在 2015 年第二届中国语言智能大会上指出"语言大数据是网络时代人类社会的重要资产"。[12]

特点 3：培训对象多层次、需求多样化，培训内容专业化、高端化。纵观备受关注的英语培训机构，培训对象体现年龄阶段多层次、培训需求多样化。根据学生的不同年龄阶段，可划分为少儿英语、中学英语、大学英语等。如今，儿童群体也成为市场关注的对象。各类幼教 APP、幼教 O2O 平台相应运用于市场中。就外语培训而言，幼少儿外语也受到市场关注。譬如，励步少儿英语培训、小新星幼少儿英语教育等[13]。根据学生们的培训需求，可划分为职场英语、商务英语等。2015年，人力资源服务商前程无忧发布了《职场英语调查报告》（下称《报告》）。该调查以58个行业的2,034名网友为对象。《报告》指出，月收入5,000元以内的受访者，有45.9%工作中接触英语，收入5,000—8,000的在职者中65.2%在工作中使用英语，而月薪超过1万元的中高收入人群则有77.5%使用英语。由此可见，英语在职场中发挥着重要作用[14]。另外，为满足学生们的出国留学需求，培训项目又可划分为ACCA、CFP、CFA、托福、雅思、BEC等。不过在2015年，英国移民局一并取消了剑桥英语、PTE、City and Guilds等考试的认可资格。从2015年4月6日起，申请英国高校只认可雅思和三一学院的外语考试[15]。但在国内，随着高校自主招生的进一步深入，2015年众多高校的自主招生简章中明确表示将学生的雅思、托福成绩列入参考范围[16]。就培训内容而言，不少培训机构越来越注重培养学生综合能力，朝专业化、高端化发展。以少儿英语为例，英孚教育在50周年庆典中，推出了全新腾飞儿童英语课程NHF（New High Flyer）。新课程不仅在内容上接轨本地教材、在课堂上着重词汇和语法知识教学，更强调听、说、读、写等语言运用能力，场景式的功能性教学，让孩子能在情境中学习英语知识，更快理解、记忆与运用[17]。其他培训机构，如新航道青少英语部门品牌在2015年升级，正式改名新航道优加青少英语事业部。优加青少英语与高等教育出版社、外语教学与研究出版社等机构合作，采用英国剑桥大学专门为中国小学1—3年级学生打造《剑桥国际少儿英语》教材体系。通过开设英语课程，并配以智能听说训练系统及丰富的线上线下资源，将英语学习、训练、考核3个环节有机结合，从而为学生提供了全方位的英语学习方案[18]。针对高端化发展，主要体现在不少培训机构开始开办国际课程。这种趋势在一定程度上与国内留学（课程）"低龄化"相关。所谓国际课程教育，是指中国教育机构引进国外专业考试机构开发的课程，以帮助学生出国留学为目的而开展的教育活动。据业内估计，到2014年为止，国内开办国际课程的教育机构已超过1000家。引进的国际课程类型也相对丰富，包括英国的IGCSE与A-Level课程、国际文凭组织的IB课程、美国AP课程、GAC国际预科课程、加拿大BC课程等[19]。

然而，随着英语培训市场行业经济效益不断提升，这块蛋糕在越做越大的同时，也面临着挑战。主要体现在以下 3 方面：1）在线教育用户满意度低；
2）师资力量参差不齐，教育资源分配不均衡；3）翻译人才、小语种人才培训
缺乏。

挑战 1： 在线教育用户满意度低。在线教育一方面在蓬勃发展，一方面却
是用户满意度低下。据腾讯旗下企鹅智库发布的《2015 年中国二三线城市互联
网跨界报告》显示，尽管在线教育概念火热，但在用户当中并没有普及。对于
各类主流在线教育产品，超过半数的受调查者都从未使用过。对于使用过的用
户，无论是二三线城市还是一线城市，满意度为"非常满意"的人数均不足一
成 [20]。据业内人士分析，目前在线教育疯狂式的增长会迎来重新洗牌。问题主
要体现在以下几方面：1）大量"烧"钱盲目争夺用户、抢占市场；2）视频内
容严重同质化；3）没有真正吃透在线教育这个行业的特性、把握用户的特点；
4）缺乏互动是目前在线教育平台存在的共同通病；5）对于学生来说，通过网
上学习的效果很难得到保证。面对以上问题，有业内人士建议：1）勿舍本逐
末，回归到精品优质内容这个本上；2）在线教育不能完全地把教育放在线上，
而要将线上与线下很好地结合起来，也就是坚持 O2O 这条路；3）增加直播互
动课程；4）增加优秀教师资源。[21]

挑战 2： 师资力量参差不齐，教育资源分配不均衡。继 2014 年的"黑外教"
事件，以及大量优秀的新东方教师频繁出走，再加上在线教育对于优质师资力
量的要求，外语培训行业面临着师资力量参差不齐的挑战。尤其体现在城乡师
资的分布不均。另外，教育资源分配不均衡也比较明显。新东方教育科技集团
董事长俞敏洪曾在 2015 年两会上提出："在线教育首先应该重视乡村，让其教
育资源更加丰富。"俞敏洪认为，城乡教育资源的合理流动是促进教育均衡的
重要措施。而这一措施的实施可以借助移动互联网。[22]

挑战 3： 翻译人才、小语种人才培训缺乏。随着中国服务行业不断"走出
去"，翻译服务市场对于中译外的需求不断升温。据最新调查报告显示，电力、
热力、燃气、科学研究和技术服务业、金融业、制造业、信息技术产业等，都
是翻译企业所服务的主要行业。但有专家指出，当前高端翻译人才匮乏、翻译
服务业需要政策引导 [23]。另外，当前小语种人才也缺乏。2015 年 10 月 15 日，
教育部、国家语委发布了《2014 年度中国语言生活状况报告》。该报告中明确

指出，"一带一路"战略实施的同时面临着小语种人才匮乏的瓶颈。数据显示，"一带一路"覆盖中亚、东南亚、南亚、西亚和东非5个地区，使用的官方语言数量超过40种，而我国2010年至2013年高校外语专业招生的语种只覆盖其中20种。在已招生的20个"一带一路"沿线地区小语种中，11个语种的在读学生人数不足100人，尼泊尔语在全国仅招收16名学生[24]。为更好地满足国家战略需求，北京外国语大学在"十三五"规划中制定了非通用语人才培养战略，旨在培养高素质的国际化人才。在2020年前，届时北外所开设的语言专业种类将突破100种，进而打造国家级非通用语发展战略基地[25]。而在外语培训机构中，这方面的培训有较大提升空间。

2. 社会外语培训行业的新举措

为了顺应时代的发展，同时接受外语培训市场的挑战，各大培训机构纷纷采取新举措。这些举措主要体现在四个方面：1）青少年教育；2）成人教育；3）教学评价；4）教学方式。

在青少年教育方面，国内在线英语教育品牌51Talk无忧英语于2015年全面上线青少年课程。为综合提升青少年英语应用能力，无忧英语推出了主修课——青少年经典英语，主打百分之百纯英文教学。该英语教材基于内容和语言相融合（CLIL）的教学理念研发，也就是用英语作为学员们非语言学科的教学语言，强调"用英语进行跨学科"，通过跨学科的方式一方面提升学员英语水平，另一方面教授其他学科的知识。[26]

在成人教育方面，英国培生教育集团提出了"探知·乐学"，让学习更有成效的教育理念。培生旗下的华尔街英语正积极实施"世界级用户体验计划"。该课程注重让学习者通过情景剧的方式来学习语言和语言背后的文化。2015年底，遵循"更尊重学生需求、更互动、更数字化"的理念，在培生的大力支持下，华尔街英语开始逐步推出新型学习中心。新中心采用开放式、社交化场所设计，让学习更加自觉高效。学生不但可以通过下载华尔街英语手机APP预约课程，也可在线上课并完成作业。[27]

在教学评价方面，为充分利用高科技成果，有些培训机构采用了外研社讯飞公司研发的"FiF 测试系统"。这有助于提高教学评价的有效性和实用性。该系统具有听、说、读、写、译全题型智能化评阅等全流程信息化管理功能。基于云计算的技术架构，该系统可稳定支持大规模外语在线测试，实现从出题、组卷到考试、评阅的考务全流程信息化管理。此外，该系统既能降低教师工作强度，又能提高测试的科学性和公正性，对提高教学质量有较大帮助。[28]

在教学方式方面，探索新型课堂教学形式，如采用微课教学，提高英语教学的有效性。在传统的教学中，学员与教师进行互动交流少。这一方面不仅限制了教师对学生的了解，而且减少了让学生进行口头表达的机会。而微课教学超越课堂限制，使得学员能在课前通过视频学习。此外，微课教学内容侧重将知识高度浓缩，聚焦某个专题，这能保证学生更有效地内化知识点。即使不明白，也可在课堂上与老师互动，同时将疑难解决，进而提高了英语教学的有效性。[29]

[1] 曾薇薇，2009，外语培训机构现状和发展策略 [J]，湖北大学成人教育学院学报（1）：21-24。

[2] 王文斌、徐浩，2015，2014 中国外语教育年度报告 [M]。北京：外语教学与研究出版社。

[3] 这十强外语培训机构的遴选主要参考 2015 年度盛典的投票：

腾讯教育，2015，"回响中国"腾讯网教育年度总评榜 2015 中国教育产业价值榜 [OL]，http://edu.qq.com/zt2015/eduvalue2015/07.htm（2016 年 2 月 21 日读取）；

新浪教育，2015，新浪 2015 "中国教育盛典"奖项名单 [OL]，http://edu.sina.com.cn/l/2015-10-14/1457264083.shtml (2016 年 2 月 21 日读取）；

百度教育，2015，2015 百度教育行业教育峰会 [OL]，http://jiaoyu.baidu.com/subject/fenghui2015? (2016 年 2 月 21 日读取)；

网易教育，2015，2015 金翼奖：年度最具影响力外语培训品牌 [OL]，http://edu.163.com/15/1203/18/B9U9G9JO00294NDS.html（2016 年 2 月 21 日读取）；

中国日报社，2015，出彩教育人，2015 英语教育行业年度大会 [OL]，http://elt.i21st.cn/ceremony2015/（2016 年 2 月 21 日读取）；

这十强外语培训机构的介绍主要参考好搜百科 http://baike.haosou.com/；百度百科 http://baike.baidu.com/ 及各机构官网（2016 年 2 月 21 日读取）。

[4] 在线 APP 的遴选主要参考新浪教育，2015，2015 在线教育产品全民测评 [OL]，http://edu.sina.com.cn/2015onlineedu/toupiao/ (2016 年 2 月 21 日读取)。

[5] 21 世纪英语教育综合报道，2015，《互联网学习白皮书》：教师群体最关注教案类资源 [OL]，http://elt.i21cn/article/13939_1.html（2016 年 2 月 21 日读取）。

[6] 搜狐科技，2015，在线教育也能获学分？应试教育瓶颈有望打开 [OL]，http://elt.i21st.cn/article/13266_1.html（2016 年 2 月 21 日读取）。

[7] 搜狐教育，2016，2015 年度在线英语培训行业分析报告 [OL]，http://learning.sohu.com/20160203/n436740906.shtml（2016 年 2 月 21 日读取）。

[8] 中国教育报，2015，教改新政下的民办教育突围之道 [OL]，http://elt.i21st.cn/article/ 12945_1.html（2016 年 2 月 21 日读取）。

[9] 21 英语教师网，2015，随时随地智能学习 智课教育将携创新产品亮相北京国际图书节 [OL]，http://elt.i21st.cn/article/13661_1.html（2016 年 2 月 21 日读取）。

[10] 人民网，2015，贝乐英语与麦格劳希尔合作 共同研发在线学习系统 [OL]，http://liuxue.people.com.cn/n/2015/1020/c1053-27719849.html（2016 年 2 月 21 日读取）。

[11] 21 世纪英语教育，2015，大视野教育集团新推两款在线教育平台 [OL]，http://elt.i21st.cn/article/13720_1.html（2016 年 2 月 21 日读取）。

[12] 新浪网，2015，2015 中国语言智能大会召开 见证大数据的力量 [OL]，http://elt.i21st.cn/article/13588_1.html（2016 年 2 月 21 日读取）。

[13] 多知网，儿童教育资本市场走热，入口争夺战继续下延 [OL]，http://elt.i21st.cn/article/13358_1.html（2016 年 2 月 21 日读取）。

[14] 深圳晚报，2015，《职场英语调查报告》发布 月薪超一万人群逾七成使用英语 [OL]，http://elt.i21st.cn/article/13597_1.html（2016 年 2 月 21 日读取）。

[15] 多知网，2015，只认雅思和三一考试，英国"大清理"背后的逻辑在哪？[OL]，http://elt.i21st.cn/article/12985_1.html（2016 年 2 月 21 日读取）。

[16] 青年人，2015，雅思托福受高校高招自主招生认可 英语培训迎春天 [OL]，http://elt.i21st.cn/article/13206_1.html（2016 年 2 月 21 日读取）。

[17] 腾讯·大成网，2015，英孚教育 50 周年庆典 NHF 儿童英语课程全新推出 [OL]，http://cd.qq.com/a/20150215/011122.htm（2016 年 2 月 21 日读取）。

[18] 21 英语教师网，2015，新航道优加青少英语让孩子从优秀到卓越 [OL]，http://elt.i21st.cn/article/13653_1.html（2016 年 2 月 21 日读取）。

[19] 腾讯教育，2015，高中国际班：规范化管理和评估将是大势所趋 [OL]，http://edu.qq.com/a/20150616/046523.htm（2016 年 2 月 21 日读取）。

[20] 北京商报，2015，在线教育用户满意度不足一成 [OL]，http://elt.i21st.cn/article/12991_1.html（2016 年 2 月 21 日读取）。

[21] 品途网，2015，在线教育冷思考：回归本质链接线上线下 [OL]，http://elt.i21st.cn/article/12998_1.html（2016 年 2 月 21 日读取）。

[22] 新华网，2015，俞敏洪：移动互联网会改变中国教育资源分配 [OL]，http://elt. i21st.cn/article/13018_1.html（2016 年 3 月 16 日读取）。

[23] 人民日报，2015，翻译服务业最新报告：中译外业务连续三年超外译中 [OL]， http://elt.i21st.cn/article/13250_1.html（2016 年 3 月 16 日读取）。

[24] 光明日报，2015，《2014 年度中国语言生活状况报告》发布 [OL]，http://elt.i21st. cn/article/13748_1.html（2016 年 3 月 16 日读取）。

[25] 人民网，2015，北京外国语大学：打造国家级非通用语发展战略基地 [OL]，http:// elt.i21st.cn/article/13892_1.html（2016 年 3 月 16 日读取）。

[26] 中国青年报，2015，51Talk 无忧英语青少课程上线 [OL]，http://elt.i21st.cn/ article/13888_1.html（2016 年 3 月 16 日读取）。

[27] 中新网，2016，"探知·乐学"：百年培生焕发年轻活力 [OL]，http://elt.i21st.cn/ article/13964_1.html（2016 年 3 月 16 日读取）。

[28] 腾讯教育，2015，"新信息技术下高校外语测评变革与创新"研讨会召开 [OL]， http://elt.i21st.cn/article/13363_1.html（2016 年 3 月 16 日读取）。

[29] 腾讯教育，2015，探索以微课应用促进中职英语教学的有效性 [OL]，http://www. izhouran.com/5037.html（2016 年 3 月 16 日读取）。

第二节　社会外语考试 ¹

2015 年我国的社会外语考试总体来讲呈现不断发展的趋势，一些有重要社会影响的考试规模持续扩大，考试的形式和内容也在不断改善、更新。考试与教学之间的影响与联系受到了更大的关注，其具体内容将在以下各小节中呈现。有关考试作弊入刑和我国英语能力量表的建设是 2015 年有关社会外语考试的两个热门话题。

由于考试在管理方面仍有待完善，导致一些社会外语考试仍存在作弊现象。为此，我国于 2015 年 8 月 29 日通过在刑法中增加考试作弊入刑的条文。新条文于 2015 年 11 月 1 日实行，条文规定将组织作弊、买卖作弊设备、买卖考题、替考等作弊以及各种其他帮助作弊行为纳入刑法范畴，最高可判处 7 年有期徒刑[1]。2016 年 1 月 22 日，北京市房山法院于 2015 年年底分别公开审理了三起替考案件，3 名"枪手"及被替考人均因代替考试罪，判处拘役和罚金。[2]

我国的社会外语考试与社会化的外语考试之间未进行科学的衔接，容易导致与考试相应的不同水平的英语教学缺乏联系。目前，正在建设的我国英语能力等级量表有望解决这个问题，可实现我国外语测评"车同轨，量同衡"，有望开发统一的社会外语考试来实现原有的升学考试和社会考试的功能。刘建达描述了我国英语能力等级量表研制的基本思路[3]，朱正才阐述了关于我国英语能力等级量表描述语库建设的一些重点问题[4]，杨惠中提出了关于我国外语能力测评体系建设的几点思考[5]。

一、社会英语考试 2015 年重要事件及发展趋势

1. 重要留学英语考试：仍存安全隐患，考生队伍壮大背景下改革不断持续

1）雅思考试

2015 年雅思在中国的发展平稳。其费用上涨，考生人数正在增加，并在考试评分等方面试图进行一些创新，并对考生的评分原则方面一直持有严谨的标准。

---

1 本节作者：孙桐，北京外国语大学。

自 2016 年 1 月 1 日起举行的雅思考试，其报名费上调为人民币 1850 元，现行转考、退考手续费，以及此日期之前的考试相关费用维持不变 [6]。此外，用于英国签证及移民的雅思考试（IELTS for UKVI）、雅思生活技能类考试（IELTS Life Skills）的相关费用也维持不变 [6]。为更好地满足广大考生的迫切需求，在 2015 年 5 月和 6 月间用于英国签证及移民的雅思考试在以下城市的考场增加了 10 个考次与考位，包括北京、武汉、济南、沈阳、成都、重庆、深圳、广州及福州 [7]。另外，上海新增设了上海外国语大学和东华大学两个雅思考点。至此，雅思考试在全国的考场总数达到 61 个，分布于 37 个城市 [8]。

有关评分，澳大利亚当局对于海外大学生进行的英文水平考试的评分工作将会移交至海外，并采用在线批改的方式 [9]。2015 年 4 月 22 日，剑桥大学首席语言识别专家 Ted Briscoe 教授在北京首次公开展示了雅思模拟考试口语和写作的自动识别及评判技术成果，该技术将在全新的雅思模拟考试中首次应用。[10]

对于中国的雅思考试，在 7 月 25 日、8 月 1 日、8 月 8 日、8 月 13 日、8 月 29 日和 9 月 12 日举行的六场考试被例行抽查 [11]。此次抽查导致上海、南京、长沙、成都等多地大面积考生成绩延迟发布，有学生成绩被延迟 40 天发布，抽查结束后，350 位考生的成绩被永久扣发。其原因很可能是由于考生背诵题库导致答案雷同。这其实是给所有考生最诚恳的劝诫，不要把"应试"思维套用在雅思考试中；其实雅思考试考查的是为了适应海外学习生活而掌握应用英语的能力，考试只是一种评测手段。[11]

2）托福考试

2015 年托福考试在改革基础上继续发展壮大，在我国无论是考试培训方面还是理论研究方面都很受重视，但也存在一些问题，包括考点出现故障和泄题等情况。

2015 年赴美国留学人数呈增长趋势，留学生分为中学生、大学生和研究生，其中去美国读高中的学生也增长迅猛 [12]。中国学生报考托福考生的人数方面，无论是考生的总量还是平均每位考生报名次数都在增加。从目前连续几年的情况来看，托福的考位都是供不应求 [12]。在 ETS 官网上可查到的 2015 年中国大陆托福考试的固有场次为 40 次，比 2014 年的固有场次 38 次增加了 2 次 [13]。此外，2015 全年还有另外 5 次加场，总考试场次在 47 次，考生在 2015 年有更多的考试机会。[13]

新东方于 2015 年 2 月 3 日推出的《2015 年托福考试趋势预测及备考建议》回顾了 2014 年托福考试出题规律，并预测了 2015 年托福考试的特点 [13]。对于 2016 年的托福考试，为了帮助考生更好地备考，ETS 计划在今年年中推出托福免费考试培训慕课（MOOC）视频课程 [14]。考生可以在平台上观看学习，而后期 ETS 也会根据市场反馈推出更多相关服务。[14]

另外，目前题型有新变化的"新托福考试"引起了学术界的关注。例如，王萌萌从 Bachman 提出的测试使用论证框架（Assessment Use Argument, AUA），对新托福考试进行了评价 [15]。孙倚娜、房红梅从新托福考试的角度研究了高校学术英语教学的教师问题，认为我国大多数大学英语教师可以胜任学术英语教学工作 [16]。田蕾进行了新托福与高考英语测试全国卷的真实性对比研究，结合我国社会实际，为提高我国高考英语科目测试（NMET）的真实性提供了可行性建议。[17]

托福考试在管理方面也面临着一些问题。2015 年 1 月，北交大托福考点机器故障致考试取消，多数考生选择了免费转考 [18]；2 月初，不断有托福教师及考生通过微博反映，1 月 31 日托福考试题目遭到泄露，网上有机构和个人在考试前售卖答案，写作和口语题目均遭泄露，阅读理解也有答案流出，通过微博、微信将试题提前发送给考生。[19]

3）SAT 考试和 ACT 考试

SAT 考试将于 2016 年重回 1,600 分时代。当前的 SAT 中国考生的成绩不断提高，但却因作弊等行为使中国考生的形象受到了影响。虽然相应的考试培训机构也在努力为考生准备备考策略，但由于改革后的 SAT 在数学科目上将不再对中国考生有优势，且旧试题的备考方式不适用于新试题，使得很多考生选择与 SAT 有同样效果的 ACT 考试。

《2015 中国 SAT 白皮书》称，通过对比 College Board 官方数据与西奈山采样的国内考生数据发现，在全球考生"及格率"（即分数超过 Bench Mark 的比例）下降的背景下，中国考生的"及格率"却在大幅飙升[20]。然而，中国学生的信誉却因为一些作弊的现象受到了影响。2015 年 5 月 21 日，23 岁的赵思远出现在波士顿联邦法院的法庭上，面临着 4 项严重的指控：制造和使用假护照、共谋、电报和邮件欺诈，他卷入的"复杂的作案计划"牵扯了 35 人，其中有 15 名中国留学生[21]。据法国国际广播电台网站 6 月 7 日援引《华尔街日报》称，在中国两家国际学校考场今年 5 月举行的 SAT 考试中，所有考生的成绩需待进一步的调查。[22]

《改革后的 SAT 考试说明》公布了 2016 年 SAT 新版样题之后，杜克国际教育组织中国高中学生进行了 SAT 新题测试，并对数据进行了分析，结论是中国学生以往数学成绩的优势在新 SAT 考试中将不复存在[23]。这一系列变化意味着过去机械式的备考方式已经不能适应新的需求，想在新 SAT 中取得好成绩，就必须在备考方式上求新求变，英语能力的提升要摆在第一位。为此，在 2015 年年终，新航道再次亮剑新 SAT 考试首推"一周一练"，助力考生跨越式提升。[24]

由于 SAT 即将进行的改革存在很大的不确定性，使得很多考生决定放弃 SAT，参加与 SAT 考试同样效果的 ACT 考试。据悉，目前国内参加 ACT 考试的人数比例仅为参加"美国高考"总人数的 11%，但有业内人士预测，到 2015 年或 2016 年这一数字可能达到 25%。据了解，ACT 中国考生人数井喷，2015 年 9 月港澳考位已满。[25]

ACT 考试全称"American College Testing"，中文名称为"美国大学入学考试"，是美国大学本科的入学条件之一，也是奖学金发放的重要依据之一[26]，由 ACT 公司主办。ACT 考试分为四个部分：文章改错（English）、数学（Math）、阅读（Reading）和科学推理（Science Reasoning）。ACT 考试每年举行 5 次，具体时间分别是 2 月中、4 月中、6 月初、10 月底和 12 月初。与 SAT 相比，ACT 更加注重学生对课程知识的掌握，同时兼顾测试学生独立思考的能力和判断能力，更像是学科的考试。[26]

4）GRE 考试

GRE 考试也面临着考生人数扩增、考试报名费上涨等情况，但也面临着作弊等困扰的问题。此外，研究发现重考 GRE 有助于考生提高考试成绩。

统计显示，GRE 报考人数在 2014 年继续增长，全球报考量同比 2013 年上升约 3%，其中国际学生、以及申请商学院的考生增长尤为突出，增幅高达两位数[27]。美国本土 GRE 报考量在 2014 年保持稳定态势，值得注意的是其他国家和地区的报考量整体上升了 11%，其中非洲增长 23%，亚洲增长 11%，拉丁美洲增幅达 28%[28]。受此影响，根据 ETS 官网最新消息：自 2016 年 1 月 4 日起，GRE 考试费用由 1,287 元上调至 1,353 元。[29]

GRE 替考与不实培训的个案，备受世人关注。而根据 2015 年 6 月的一则报导，2014 年，重考新 GRE 普通考试的考生比例较 2013 年增加了 15%，美国教育考试服务中心（ETS）的一项最新研究显示，大部分选择重考的 GRE 考生都取得了更好的成绩。与其他国家和地区相比，中国大陆考生在第二次参加 GRE 考试时，语文科目的成绩提升最为明显[30]。此外，GRE 项目的一项新的实证研究表明，大部分 GRE 考生在修改时改正了答案，并因此取得了更好的成绩；与其他考生相比，暂时跳过部分题目并在之后作答的 GRE 考生的成绩有时会更高；相比语文科目，更多考生在更改数学科目的答案后，取得了更好的成绩；该研究结果适用于各分数段的考生。[31]

2. 公共英语考试：关注考试与教学的联系，PETS 与高考部分衔接

全国英语等级考试（PETS）发展平稳，该考试与教学的联系更受学界关注，且在考试管理系统、相关教材、测试比较、试题分析等方面也有所涉及。例如，朱琳进行了 PETS3 口语考试对高职学生英语学习反拨效应的实验研究[32]，陈进才通过分析 PETS 二级考试试题视角，反思了高中英语听力教学[33]。张宝玉试图开发 PETS 网络报名系统，该系统对环境要求低，运行稳定，简单易用，成效显著[34]。袁守忠、曹俊霞对相关教材进行了比较，发现使用《中职英语》教材在帮助学生通过 PETS（一级）方面，与使用 PETS 教程无明显差别，但对于 PETS（二级）及以上级别的考试，《中职英语》的效果不及 PETS 教程[35]。宋捷对研究生入学考试与 PETS 四级中英译汉模块测试材料难度进行了量化探讨[36]，李文华对 PETS2 听力试题的特点进行了分析。[37]

全国英语等级考试在我国一些地区也是与升学考试衔接的。2015 年，对于重庆市高考的考生，英语听力考试依然采取 PETS-2 测试，分别在 2015 年 9 月和 2016 年 3 月举行两次，取两次中最好成绩计入总分，不参加考试将无听力考试成绩[38]。湖南省 2015 年高考的英语口试由全国英语等级考试 (PETS) 口试替代，凡高中阶段或高中毕业后通过 PETS-2 级以上口试的，视为英语口试合格。[39]

三一口语考试（GESE）也试图探讨考试与教学的联系。如王巍探讨了高职英语口语教学变革与三一口语话题式考试的有机融合[40]，于海霞、刘利平从三一口语等级考试的特点出发，揭示了其对职业院校英语口语教学的启示。[41]

3. 职称外语考试：改革将开始，需求很迫切

最近职称外语考试改革终于有了新动向，在考试成绩使用方面将进行调整，根据参考人员具体职务的情况进行更灵活的评判，尽量避免"一刀切"的现象。2016 年 1 月 22 日，人力资源和社会保障部今日召开新闻发布会，通报 2015 年第四季度人社工作进展情况。人社部新闻发言人在谈及"职称英语考试"时表示，目前人社部正在研究制定深化职称制度改革的意见，将不断完善职称外语政策，对不同职业、不同层级、不同年龄的专业技术人员作出不同要求[42]。外语是专业技术人员学习外国先进知识技术，开展对外学术技术交流的一个重要的工具[43]。以一定的方式对专业技术人员外语水平进行评价，对提升专业技术人员整体素质和工作能力具有重要的促进作用。但是，在职称评价的实际工作中也确实存在"一刀切"的问题，应该制定相应的制度解决这个问题。2007 年，原人事部制定印发了《关于完善职称外语考试有关问题的通知》，对经审核确认可放宽外语成绩要求或不参加职称外语考试的一些情形作出了具体规定。2015 年 11 月，人社部和国家卫计委又联合印发了《关于进一步改革完善基层卫生专业技术人员职称评审工作的指导意见》，规定基层卫生专业职称外语成绩可不作为申报条件。2015 年年底，宁夏人力资源社会保障厅下发了《关于调整职称外语考试政策有关问题的通知》，规定从 2016 年开始，14 类专业技术人员免试职称外语。[44]

这项改革措施得到了社会的广泛肯定。2015 年 11 月 27 日，人社部、卫计委联合下发指导意见，明确县级及以下医疗机构人员在职称评审时，外语成绩可不作为申报条件，在论文、科研方面也不作硬性规定。指导意见强调，各地的职称评审指标要"接地气"，紧贴基层工作实际，实现"干什么评什么"，避免职称评审与实际工作"两张皮"。[45]

然而，仅仅是通知和指导意见本身还远远不能满足社会各界的需求。职称外语对于所有的技术人才作了统一要求，但因为考学用的脱节，导致其异化为一种考试工具，不仅无助于专业能力的提升，反倒束缚了专业人才的成长[46]。除此之外，因职称英语的现实"难度"，还滋生了考试作弊的多发，反而弱化了职称考试的严肃性和专业性。在简政放权的改革背景下，职称外语制度的改革有必要植入更多的放权理念。职称制度是国家人才评价体系的一部分，对各类职称制定包括外语在内的"统一"标准，看似是"高要求"，但在实际情况中却产生了反效应——职称考核标准与实际运用出现断裂，职称考试成为一些有真才实学者晋升的拦路虎，他们为了应付考试，还浪费了宝贵的时间。

4. 少儿英语考试：少儿托福进驻中国

2015 年，少儿英语又有新的考试引入国内。最近托福考试家族再添"新丁"，除中学托福（TOEFL Junior）外，新增的少儿托福（TOEFL Primary）语言测试可帮助 8—11 岁的学生真实测出自己的国际英语水平[47]。少儿托福（TOEFL Primary）测试是 ETS 基于长期以来在托福考试中积累的设计经验，专门为低龄学生设计的考试，以国际通行标准的语言测评标准考查学生的听力、阅读和口语运用的水平，帮助学生发现自己的强弱项，以辅助制定指导计划。少儿托福考试由美国教育考试服务中心（ETS）于 2014 年宣布推出，2015 年正式进驻中国，目前美国 ETS 少儿托福已在中国 10 余城市开展业务。[48]

5. 商务英语考试：发展、改革与探究

2015 年对商务英语考试的研究是一个受关注的话题。王立非、许德金、江进林对全国商务英语专业四级考试进行了测试学分析，以 2013 年的笔试数

据为依据，对考试的信度和效度进行分析，并运用多面 RASCH 模型，测量了试卷各题目的难度，以检验该考试的区分度和权威性，最后该研究对测试题的改进和完善提出了建议 [49]。梁娟分析了基于常模参照和标准参照的测试视角下商务英语考试模式现状 [50]，刘畅试图探求高职商务英语考试改革中的人文关怀 [51]，在另外一篇文章中，她以内蒙古电子信息职业技术学院"商务英语"考试改革为例，针对改革后学生作弊行为变化，采取有效措施规避新的作弊行为。[52]

6. 自考英语：现状的反思及对策

自学考试的近况与多数社会外语考试相反，总体来讲呈缩减趋势，近来的文献正在分析其成因，并试图寻找重振自考英语的策略。刘清华、王艳伟探究了自学考试生源下滑问题，并认为其外在原因是各种办学模式的竞争，内在原因是国家办考目标单一，导致相应制度设计未跟上教育及社会形势发展需要；而切实解决这个问题，不是要弱化甚至废除自学考试教育制度，而是要处理好考试与助学的关系，实现办考目标多样化，从而增强自考制度的生源吸引力，为社会终身教育体系的构建起到中枢机制作用 [53]。唐静更加具体地探讨了成人自考英语教学的困境和对策 [54]。对于自考英语，有人尝试从与教学结合的视角改善考试面临的问题，胡新芳探索了网络环境下的大学自考英语教学 [55]，王飞飞通过学习国内外的一些典型案例，以昌乐一中的翻转实施为具体模型，进行了自考英语课堂的一系列翻转实践，以期为以后的自考教学提供新的教学方式。[56]

二、非通用语种社会外语考试 2015 年新动向

1. 德语考试：DAF 和 DSH 更加注重考试培训和辅导

2015 年的德语考试重视对考生的培训和辅导。高燕燕撰写了德语 DSH 考试听力 [57]、语法 [58] 和阅读 [59] 部分的应对技巧，赵梦迪以德国弗莱堡大学 2007—2013 年真题为例，对德语 DSH 考试听力理解的常见六大题型进行了分

析[60]。此外，高燕燕还对德福考试中书面表达应对技巧进行分析[61]，张静通过德福考试院公布的统计数据，总结中国考生考试状况，分析成绩不理想的原因并提出建议，希望可以帮助准备赴德深造及备考的学生更好地了解德福考试，安排好德语学习，作好考前准备。[62]

2. 日语考试：尝试通过日语等级考试探讨日语教学

日语考试比较关注 JLPT 考试对相应的日语教学的启示。阴慧丽从 JLPT 的视角探讨日语教学[63]，黄涛从日语能力考试改革、改革的原因以及改革对日语教学的启示三个方面探讨了其对日语教学改革的启示[64]。翁丽霞比较了日语专业学生去海外实习基地与未去海外基地学生的日语能力一级合格率，分析该院专业日语一级测试合格的现状，并考察其与教学质量之间的关系[65]。

另外，对于 BJT 考试，建赞赞以听读解及读解部分为例，对商务日语能力考试的题型进行了分析并提出了相应的应试策略。[66]

3. 法语考试：DCL 法语考试评介

DCL 法语考试 2015 年在国内的研究中引起了重视。作为《欧洲语言共同参考框架》的产品，由法国教育部组织实施的 DCL 语言能力测试始于 1995 年，2012 年被联合国人事部门确定为聘用工作人员的语言测试，然而我国学界对它却鲜有研究[67]。DCL 考试涵盖了 13 种语言，所有测试都与《欧框》的语言能力量表严格对应，与我们熟知的 TEF、TCF、DELF 或 DALF 一样，DCL 考试也是面向成人的开放性考试，任何想对自己语言能力进行评估的人都可申请参加该考试，其证书可用于升学、实习、求职、申请法国国籍等方面。余春红、傅荣以 DCL 系列测试中的法语考试为研究对象，从任务依托、个人综合能力评估、多元身份的认可等方面分析这一测试中的行动导向。[67]

4. 西班牙语考试：DELE 考试面临的问题和当前发展

尽管西语是"世界第二大语言"，其身份在中国并未受到特殊待遇。西班牙语社会考试（DELE）到目前为止还面临着一些窘境。因为中国内地的 DELE 考点很少，而且分布又集中在北京、上海，这给其他地区的考生带来很大不便。在中国，每年 5 月和 11 月，DELE 考试会在 6 个考点举行，这跟美国 15 个城市的上百个 DELE 考点比起来，可谓相形见绌[68]。其根本原因在于"西语是小语种"的观念在中国人的思想里根深蒂固，对西语的重要性重视程度不够。

2015 年，国际西语界公认的"全球最佳标准化西班牙语教程"《ELE 现代版》已引入国内。这套教材首度由上海译文出版社引进出版，不仅填补了中国大陆长期没有一套引进版标准化西班牙语教程的市场空白，还在中国的西班牙语教学界率先引入西班牙母语国家以学生为中心的"启发式"、"综合式"教学方法[71]。在语言应用中，《ELE 现代版》能让学生在应对各类正规考试时（如 DELE 考试——全球最权威的西班牙语能力考试、正规语言学校考试、地方上的各种学衔考试等等）都更有成功的把握。[69]

[1] 山东中公教育网，2015，考试作弊已正式入刑 请广大考生务必诚信应考 [OL]，http://sd.offcn.com/html/2015/09/107444.html（2016 年 2 月 5 日读取）。

[2] 中国大学网，2016，北京首批考研替考案开庭 3 名"枪手"被判刑 [OL]，http://www.cunet.com.cn/kaoyan/HTML/228094.html（2016 年 2 月 5 日读取）。

[3] 刘建达，2015，我国英语能力等级量表研制的基本思路 [J]，《中国考试》（1）：7-11。

[4] 朱正才，2015，关于我国英语能力等级量表描述语库建设的若干问题 [J]，《中国考试》（4）：11-17。

[5] 杨慧中，2015，关于我国外语能力测评体系建设的几点思考 [J]，《中国考试》（1）：12-15。

[6] 新浪教育，2015，关于 2016 年雅思考试时间和费用上涨的通知 [OL]，http://edu.sina.com.cn/yyks/2015-10-29/doc-ifxkhcfn4171203.shtml（2016 年 2 月 5 日读取）。

[7] 新浪教育，2015，雅思新政实施国内考位爆满 官方增 10 场考位 [OL]，http://edu.sina.com.cn/yyks/2015-04-08/1102464202.shtml（2016 年 2 月 5 日读取）。

[8] 新浪教育，2015，上海外国语大学成为雅思考试新考点 [OL]，http://edu.sina.com.cn/yyks/2015-10-20/doc-ifxivsce6978153.shtml（2016 年 2 月 5 日读取）。

[9] 新浪教育，2015，澳雅思写作打分将移至海外和在线完成引担忧 [OL]，http://edu.sina.com.cn/yyks/2015-09-28/0947484714.shtml（2016 年 2 月 5 日读取）。

[10] 新浪教育，2015，全新雅思模拟考试将引用机器评分 [OL]，http://edu.sina.com.cn/yyks/2015-04-22/1158466090.shtml（2016 年 2 月 5 日读取）。

[11] 新浪教育，2015，部分雅思考生没成绩 或因背诵题库答案雷同 [OL]，http://edu.sina.com.cn/yyks/2015-10-12/0801485342.shtml（2016 年 2 月 5 日读取）。

[12] 新浪教育，2015，2015 年托福备考建议及留美整体趋势分析 [OL]，http://edu.sina.com.cn/yyks/2015-01-29/1405456316.shtml（2016 年 2 月 5 日读取）。

[13] 新浪教育，2015，2015 年托福考试趋势预测及备考建议 [OL]，http://edu.sina.com.cn/yyks/2015-02-03/1632456881.shtml（2016 年 2 月 5 日读取）。

[14] 新浪教育，2016，ETS 首席执行官访华：托福将推免费慕课助力考生 [OL]，http://edu.sina.com.cn/yyks/2016-01-29/doc-ifxnzanh0333408.shtml（2016 年 2 月 5 日读取）。

[15] 王萌萌，2015，从 AUA 框架角度评价新托福考试 [J]，《吉林广播电视大科研项目研究学学报》164（8）：12-13。

[16] 孙倚娜、房红梅，2015，从新托福考试看高校学术英语教学的教师问题 [J]，《外语测试与教学》（4）：47-53。

[17] 田蕾，2015，新托福与高考英语测试全国卷真实性对比研究 [J]，《语文学刊》（4）：157-158，177。

[18] 新浪教育，2015，北交大托福考点机器故障致考试取消 [OL]，http://edu.sina.com.cn/yyks/2015-01-11/1351453868.shtml（2016 年 2 月 5 日读取）。

[19] 新浪教育，2015，托福考试被指泄题：提前一周拿题三万一套 [OL]，http://edu.sina.com.cn/yyks/2015-02-02/1515456715.shtml（2016 年 2 月 5 日读取）。

[20] 新浪教育，2015，全球考生 SAT 及格率下降 中国考生及格率飙升 [OL]，http://edu.sina.com.cn/yyks/2015-10-26/doc-ifxizwsf8848160.shtml（2016 年 2 月 5 日读取）。

[21] 新浪教育，2015，留学考试安全性"崩溃"中国留学生形象下降 [OL]，http://edu.sina.com.cn/yyks/2015-07-02/0916476191.shtml（2016 年 2 月 5 日读取）。

[22] 新浪教育，2015，美国"高考"SAT 中国考区涉嫌泄题延迟放榜 [OL]，http://edu.sina.com.cn/yyks/2015-06-08/1242472154.shtml（2016 年 2 月 5 日读取）。

[23] 中国教育新闻网，2015，SAT 考试 2016 年变脸中国考生优势或将不复存在 [J]，《云南教育：视界综合版》（1）：4。

[24] 朱琳，2015，新航道再次亮剑新 SAT 考试首推"一周一练"，助力考生跨越式提升 [J]，《英语学习》（24）：82-83。

[25] 新浪教育，2015，SAT 变革致使学生转战 ACT：更简单易考？[OL]，http://edu.sina.com.cn/yyks/2015-10-15/doc-ifxivsch3597556.shtml（2016 年 2 月 5 日读取）。

[26] 互动百科，ACT 考试 [OL]，http://www.baike.com/wiki/ACT%E8%80%83%E8%AF%95（2016 年 2 月 5 日读取）。

[27] 新浪教育，2015，2014 新 GRE 考生数持续增长 全球同比上升 3%[OL]，http://edu.sina.com.cn/yyks/2015-03-04/1234459310.shtml（2016 年 2 月 5 日读取）。

[28] 新浪教育，2015，GRE 考生人数继续增长 去年中国考生超 4 万 [OL]，http://edu. sina.com.cn/yyks/2015-03-20/0737461313.shtml（2016 年 2 月 5 日读取）。

[29] 新浪教育，2015，2016 年 GRE 考试费用调价：上涨至 1353 元 [OL]，http://edu. sina.com.cn/yyks/2016-01-06/doc-ifxnkeru4678132.shtml（2016 年 2 月 5 日读取）。

[30] 新浪教育，2015，分析显示多次参加 GRE 考试考生成绩得到提高 [OL]，http://edu. sina.com.cn/yyks/2015-06-11/1039472830.shtml（2016 年 2 月 5 日读取）。

[31] 新浪教育，2015，研究表明 GRE 考生交卷前改答案成绩得到提升 [OL]，http://edu. sina.com.cn/yyks/2015-05-13/1047468595.shtml（2016 年 2 月 5 日读取）。

[32] 朱琳，2015，PETS3 口语考试对高职学生英语学习反拨效应的实验研究 [J]，《职业教育研究》（8）：51-54。

[33] 陈进才，2015，从 PETS 二级考试试题分析视角反思高中英语听力教学 [J]，《英语教师》15（22）：65-67。

[34] 张宝玉，2015，PETS 网络报名系统的研究与实践 [J]，《计算机时代》（2）：36-39。

[35] 袁守忠、曹俊霞，2015，《中职英语》教材与 PETS 教程的比较 [J]，《卫生职业教育》33（12）：154-155。

[36] 宋捷，2015，研究生入学考试与 PETS 四级中英译汉模块测试材料难度的量化探讨 [J]，《校园英语》（22）：6-7.

[37] 李文华，2015，PETS2 听力试题特点分析 [J]，《中学教学参考》247（11）：30。

[38] 新浪教育，2015，重庆 2015 年普通高考报名本月底开始 [OL]，http://edu.sina.com. cn/gaokao/2014-11-17/0756443654.shtml（2016 年 2 月 5 日读取）。

[39] 新浪教育，2015，2015 湖南省普通高等学校招生工作实施办法 [OL]，http://edu. sina.com.cn/gaokao/2015-06-02/1704471007.shtml（2016 年 2 月 5 日读取）。

[40] 王巍，2015，高职英语口语教学变革与 GESE 三一口语话题式考试的有机融合 [J]，《中国培训》291（14）：176。

[41] 于海霞、刘利平，2015，基于 GESE 考试的英语口语教学研究 [J]，《中国职业技术教育》（20）：42-44。

[42] 新浪新闻中心，2015，人社部：将完善职称外语政策 不同职业不同要求 [OL]，http://news.sina.com.cn/o/2016-01-22/doc-ifxnuvxc1588816.shtml（2016 年 2 月 5 日读取）。

[43] 新浪新闻中心，2015，人社部：防止职称评审对外语要求"一刀切" [OL]，http:// news.sina.com.cn/c/2016-01-22/doc-ifxnuvxe8351777.shtml（2016 年 2 月 5 日读取）。

[44] 新浪新闻中心，2015，宁夏 14 类人员免试职称外语 [OL]，http://news.sina.com.cn/ o/2015-12-18/doc-ifxmttcq1765283.shtml（2016 年 2 月 5 日读取）。

[45] 晏扬，2015，职称评审应该"干什么评什么"吗？ [OL]，http://news.sina.com.cn/ zl/zatan/blog/2015-12-05/10375057/1499015544/595929780102w5ev.shtml（2016 年 2

月 5 日读取)。

[46] 新浪教育，2015，束缚专业人才成长 职称外语松绑的尺度还应更大 [OL]，http://edu.sina.com.cn/yyks/2015-11-27/doc-ifxmaznc5691847.shtml（2016 年 2 月 5 日读取）。

[47] 时畅，2015，美国教育考试服务中心推出小学托福语言测评 [J]，《英语学习》（20）：120-122。

[48] 新浪新闻中心，2015，低龄留学大热 美国 ETS 少儿托福借势进驻中国多地 [OL]，http://news.sina.com.cn/c/2016-01-16/doc-ifxnrahr8394696.shtml（2016 年 2 月 5 日读取）。

[49] 王立非、许德金、江进林，2015，全国商务英语专业四级考试的测试学分析 [J]，《广东外语外贸大学学报》（1）：5-11。

[50] 梁娟，2015，基于两种参照测试视角下商务英语考试模式现状分析 [J]，《经济师》（1）：229-230，232。

[51] 刘畅，2015，高职商务英语考试改革中的人文关怀 [J]，《英语广场：学术研究》（10）：122-123。

[52] 刘畅，2015，改革考试模式杜绝作弊行为——以内蒙古电子信息职业技术学院"商务英语"考试改革为例 [J]，《内蒙古师范大学学报（教育科学版）》28（7）：42-43，64。

[53] 刘清华、王艳伟，2015，自学考试生源下滑问题及改革对策 [J]，《考试研究》53（6）：34-40。

[54] 唐静，2015，论成人自考英语教学的困境和对策 [J]，《南京中药大学学报（社会科学版)》（3）：167。

[55] 胡新芳，2015，网络环境下的大学自考英语教学 [J]，《学园：学者的精神家园》35：83。

[56] 王飞飞，2015，翻转课堂在自考英语二课堂的实证研究 [J]，《吉林省教育学院学报》31（4）：46-47。

[57] 高燕燕，2015，德国高校入学德语考试 DSH 听力理解应对技巧 [J]，《语文学刊》（7）：167-168。

[58] 高燕燕，2015，德国高校入学德语考试 DSH 语法部分应对技巧 [J]，《科技资讯》（17）：188。

[59] 高燕燕，2015，德国高校入学德语考试 DSH 阅读理解应对技巧 [J]，《高教学刊》（10）：89，91。

[60] 赵梦迪，2015，德语 DSH 考试听力理解的常见六大题型分析——以德国弗莱堡大学 2007—2013 年真题为例 [J]，《山东高等教育》15（2）：39-46。

[61] 高燕燕，2015，德福考试中书面表达应对技巧分析 [J]，《语文学刊》（6）：154-155。

[62]　张静，2015，中国学生德福考试状况调查与分析 [J]，《考试研究》96：1。

[63]　阴慧丽，2015，从 JLPT 视角探讨日语的教学 [J]，《雪莲》30：83。

[64]　黄涛，2015，日语能力考试改革对日语教学改革的启示 [J]，《科教导刊》(7)：132-133。

[65]　翁丽霞，2015，谈海外实习与提高日语能力一级之新途径——以宁波工程学院为例 [J]，《宁波教育学院学报》17 (5)：90-94。

[66]　建赞赞，2015，商务日语能力考试（BJT）的题型分析及应试策略 [J]，《考试研究》100：1-2。

[67]　余春红、傅荣，2015，论 DCL 法语考试——面向行动的语言测试 [J]，《外国语文》31 (1)：1-2。

[68]　新浪教育，2015，留学西班牙：世界第二大语言变成小语种？[OL]，http://edu.sina.com.cn/a/2014-08-07/1112246280.shtml（2016 年 2 月 5 日读取）。

[69]　新浪教育，2015，全球最佳标准化西班牙语教程首度引入大陆 [OL]，http://news.sina.com.cn/o/2014-10-24/222831041657.shtml（2016 年 2 月 5 日读取）。

第六章　外语教师教育与发展

第一节　高等外语教师 [1]

21 世纪世界各国高校越来越重视高等教育的国际交流与合作，注重国际化专业人才培养。高等教育国际化的核心在于培养能够适应全球化时代的发展与变化，既具有人文精神和科学素养，又具有跨文化素养和较强国际竞争力的国际化人才 [1]。国际化人才的跨文化素养是指"具有全球观念和国际意识，具有很强的外语应用能力和跨文化交际能力，通晓国际惯例和国际礼仪，能够直接参与国际合作与竞争" [2]；国际竞争力是指在科技、经济和文化等领域参与国际合作与竞争的能力。《国家中长期教育改革和发展规划纲要(2010—2020 年)》明确指出，要"培养大批具有国际视野、通晓国际规则、能够参与国际事务和国际竞争的国际化人才"。应对新时代的需求，2015 年高校外语教师广泛开展学术交流活动，共同研讨工作中的实际困难、解决方案、教学理念、教学改革、技术应用等问题，分享研究成果。

一、高校外语教师教育与发展动态

《国家中长期教育改革和发展规划纲要（2010—2020 年)》提出要"努力造就一支师德高尚、业务精湛、结构合理、充满活力的高素质专业化教师队伍"，以满足推进教育创新、深化教学改革的需求 [3]。为实现这一目标，大学英语教师专业化队伍建设任重道远，因为我国从事大学英语教学的 6 万多名教师不但"结构不平衡"现象依然突出，而且无论在教学实践上还是在教学研究上"与其他博士化已经相当普遍的学科学术梯队相比，还存在很大差距" [4]。高校外语教师面临多方面的机遇与挑战。

2015 年全国举办了多个高校外语教师教学与学术发展研讨会，各地教师

---

1 本节作者：叶晓雅，北京外国语大学。

积极参与，共同学习、探讨、交流、进步。在研究成果方面，2015 年，根据中国知网中核心期刊的查询结果，以"大学英语教师"为主题的文章 48 篇，研究关注点主要涉及英语教师专业发展、课堂话语、身份构建、教学模式、教材使用等方面；以"大学英语教学"为主题的文章有 198 篇，研究主题涉及广泛，按照被引次数排列，热点研究话题主要包括英语教师角色、英语自主学习、翻转课堂、教学策略等。

二、高等外语教师培养项目与活动

2015 年，北京外国语大学、外语教学与研究出版社、上海外国语大学、上海外语教育出版社等单位主办了一系列外语教师教育与发展研修活动，为全国各地高校外语教师的教学和科研能力的提升提供了良好平台。高校外语教师积极参与，收获颇丰。

2015 年是我国著名英语教育家、语言学家、语言哲学家许国璋先生百年诞辰。11 月 15 日，由北京外国语大学主办的"许国璋先生百年诞辰"纪念大会、许国璋外国语言研究奖启动会、许国璋语言高等研究院成立仪式、许国璋学术思想与外语教育发展学术论坛、外国语大学校长论坛等系列活动在北京举行。来自国内外 20 所外国语大学的校长，60 多所大学外语院系的 300 余名专家学者齐聚一堂，共同缅怀许国璋先生，见证以"许国璋"先生冠名的外国语言研究奖和语言高等研究院成立，阐扬先生之学，探索外国语大学改革发展路径。

大会由北京外国语大学副校长孙有中主持。北京外国语大学党委书记韩震、校长彭龙致辞。北京语言大学党委书记李宇明、莫斯科国立语言大学第一副校长尼古拉·涅恰耶夫、上海外国语大学原校长、原党委书记戴炜栋、北京外国语大学原校长、原党委书记陈乃芳、海宁市政协副主席田耘、许国璋先生亲属（孙）许澄雨、中国社会科学院学部委员黄长著、中国教育出版传媒股份有限公司董事长、外语教学与研究出版社名誉社长李朋义、北京外国语大学教授王克非等，分别代表中外语言学术界、许先生亲属、学生、朋友发言，回忆了许老的点点滴滴。开幕式后，举行了许国璋外国语言研究奖启动会。北京大学胡壮麟教授、广东外语外贸大学桂诗春教授、北京外国语大学胡文仲教授，荣获首届许国璋外国语言研究奖——"中国外语教育终身成就奖"。胡壮麟、桂诗春、胡文仲分别以"语言学与外语教学""永远而深切的怀念""继承许先生教育思想遗产，深化我国外语教育改革"为题，作了主旨发言。沈家煊、许余龙、黄源深、周流溪、王守仁、王初明、张中载、周洪波、庄智象、吴一安、文秋芳等学者分别围绕语言研究、教学研究、翻译研究、文化研究、许国璋先生思想研究等方面作了专题发言，并同与会者进行了交流、讨论。[5]

2015 年"高等学校外语学科中青年骨干教师高级研修班"打造"线上—线下立体式研修课堂"，线上线下结合，短期长期结合，以更丰富便捷的方式满足全国各地教师研修的不同需求。全年共 29 期，主题含 4 个类别：教学方法、科研方法、语言技术和专业能力。全新的微课设计、翻转课堂和大数据时代的外语教学等主题，以小专题、微课程的形式在线进行；课程设计与教学方法、学术期刊论文写作与发表、语料库在外语教学与研究中的应用等主题则结合教学科研的新发展和教师的新需求不断调整内容，切实提升高校教师开发课程、发掘资源、结合教学进行科研的能力，为科研团队建设及外语院系的发展提供支持。

"北京市高校英语教师专业能力发展综合研修班"于 2015 年 7 月 8 日至 11 日在北京举办。该研修班由北京市教育委员会针对高校英语教师新时期的发展需求而专门定制，为期 4 天，有近 50 所高校的 120 多位教师学员参加研修，主讲专家为北京外国语大学文秋芳教授、周燕教授、梁茂成教授、杨鲁新教授和徐浩副教授。研修围绕新时期的课程设置与课堂教学、现代教育技术与外语教育的深度融合、教师专业能力发展以及教学研究等 4 大方面，从理论到实践进行了深入研讨。

第一，理论指导实践，评估有效课堂。在"大学英语课程设计原则与方法"和"有效课堂的评估标准和评课方法"讲座中，文秋芳教授从课程（体系）的概念入手，引出了课程建设的双维度理论框架——泰勒课程（体系）框架和课程取向的三个方面以及课程建设理论框架在教学实践中的应用。第二，理论指导技术，技术服务教学。在"外语教育技术面面观"主题讲座中，梁茂成教授与学员就技术与理论的关系、外语教育技术的学科属性、外语教育中的技术环节及大数据给外语教育带来的变革等四个方面进行探讨。第三，转变教师角色，规划专业学习。周燕教授和徐浩副教授与学员共同探讨了新时期外语教师的课堂角色、外语教师教育研究、外语教师专业学习的规划与策略等专题。第四，扎根课堂，教研相长。在"教学研究"的主题讲座中，杨鲁新教授指出"Research is categorization"，无论是研究对象、研究内容，还是研究方法和文献整理等，很大程度上考察的是研究者的分类归纳能力。[6]

北京外国语大学中国外语教育研究中心和外语教学与研究出版社联合举办的"学术期刊论文写作与发表研修班"于2015年8月10日至11日在外研社国际会议中心举办。《中国外语》主编黄国文教授、《当代外国文学》主编杨金才教授、《外语与外语教学》主编赵永青教授、《外语教学与研究》主编王克非教授和北京外国语大学中国外语教育研究中心主任王文斌教授五位专家，与来自全国各地的300多名教师，围绕翻译、语言学与应用语言学、文学等领域的学术论文选题和写作进行了深入的交流与探讨。

黄国文教授讲授了语言学方向论文选题和研究设计的方法和要求。他强调研究者要有"问题意识"，善于发现问题、思考问题、分析问题、解决问题，注重培养自己的创新能力，就会发掘新的选题。杨金才教授从比较文学的视角阐述了外国文学研究与"中国元素"结合的研究之道，并详细梳理了2012—2014年的外国文学研究课题指南，为老师们挖掘自身感兴趣的文学选题和研究设计提供了框架指引。赵永青教授从教学案例入手，讲述了如何从教学中提取选题，并在广度和深度上对选题进行价值分析和可行性分析，最终确定恰当的选题。赵教授澄清了很多教师的选题误区，强调"教学中发现的问题不等于选题，但可以转化为选题"。王克非教授为学员理清研究、选题和信息三者之间的关系，提出"研究是基础、选题是关键、信息是路径"。王文斌教授从哲学的角度强调了思辨能力和实证研究在学术研究中的重要性，从宏观和微观两个方面介绍了外语研究的学术趋势和动向，并举例进一步论证。[7]

全国高等学校大学英语教学发展与创新研修班暨第三届外研社"教学之星"大赛于2015年7月举行。外研社"教学之星"大赛是由教育部高等学校大学外语教学指导委员会、教育部高等学校英语专业教学指导分委员会和外语教学与研究出版社共同举办，面向高等院校外语教师的大型公益赛事，旨在提升高校外语教学质量，推动高校外语师资队伍建设，促进教师专业发展，适应国家和社会对高校外语教学要求的变化。本届大赛初赛从六月份开始，从全国 800 余名老师中遴选出近 300 位参加全国复赛，复赛共举办九场，先后在石家庄、长沙和杭州举行，共有全国 8000 余名大学英语老师参加。大赛继续创新：在比赛内容方面，体现时代特色，探索"微课"在"翻转课堂"中应用的新型教学模式，创新教学流程，提升教学效率与效果。在比赛形式方面，利用网络渠道，扩大参赛、观赛、评赛规模，使更广大高校英语教师受益。在比赛范围方面，首次将英语专业教师纳入参赛范围，从而更好地推动英语专业教师的交流与发展。[8]

2015 年 11 月 28 日至 29 日，由北京外国语大学中国外语教育研究中心和外语教学与研究出版社联合主办的"外语教学中的身份认同研究研修班"在北京外国语大学举办，来自全国 23 个省、市、自治区 140 余位教师参与研修。身份认同研究领域国际知名学者 Bonny Norton 教授和周燕教授系统讲解了外语教学中的身份认同研究理论及其在国内外的研究现状和发展趋势，并结合范例探讨了开展身份认同研究的方法，以及研究论文发表的相关问题。

Bonny Norton 教授阐释了认同的多层次涵义及其研究意义。认同是指一个人如何理解他 / 她与外在世界的关系，这个关系是如何跨越时间、空间构建出来的，以及此人如何理解未来的可能性。认同是多元的、动态的，是随时间、空间不断变化的。了解不同人的认同会使我们更尊重多元和变化，减少极端、争执和冲突。关于认同与外语教学，Norton 教授建议将语言学习放置于社会情景中，除了关注学习者自身的语言能力（language competence），也要关注他们讲话的权力（right to speech），考虑外语学习者与周围环境的权力关系（power relations）。Norton 教授提出了通过语言学习中的"投资"可以重塑这种权力关系。周燕教授介绍了中国环境下的认同研究，并总结分析了中国外语教师认同研究。[9]

第八届英语作为国际通用语国际会议（ELF 8）于 2015 年 8 月 25 日至 27 日在北京国际会议中心举行，会议由北京外国语大学中国外语教育研究中心、中国英语教学研究会（CELEA）、外语教学与研究出版社联合主办，西交利物浦大学协办。英语作为通用语研究对全球化过程中的英语进行了崭新的诠释，颠覆了传统意义上本族语英语使用者和非本族语英语使用者之间的区分，对传统的将标准英语视为非本族语英语使用者的唯一参考标准之观点进行了批判，强调英语语言的多样性，以及英语标准的多样性。这一崭新视角为传统英语研究带来挑战，也为英语研究带来无限创新机遇。目前，基于该视角的研究涉及语音、词汇、语法、语用、语篇分析、跨文化交际过程、文化、身份、态度等各方面。本届会议主题为：Conceptualization and Pedagogical Solutions。分主题包括：Conceptualizing ELF, Describing ELF, Approaches and Methodologies of ELF, ELF: Attitudes, identity, and voices, ELF, Culture and Society, ELF and Language Policy, ELF and Language Education, ELF and Translation/Interpretation 以及 ELF in Different Contexts。国际知名学者 Jennifer Jenkins 教授（University of Southampton, UK），Wei Li 教授（University College London, UK），Anna Mauranen 教授（University of Helsinki, Finland）和北京外国语大学文秋芳教授分别作了题为 "Seeing the world through three ELF eyes"、"Translanguaging ELF in Chinese contexts"、"ELF-the language of science"、"Teaching culture(s) in ELF: Current dilemmas and possible solutions" 的主旨发言。[10]

三、高等外语教师教育与发展领域专题会议

1. 外教社 2015 年暑期全国高校外语教师发展论坛（桂林）

2015 年 7 月，由上海外国语大学中国外语教材与教法研究中心和上海外语教育出版社联合主办的"外教社 2015 年暑期全国高校外语教师发展论坛（桂林）"在桂林举行。来自广东、湖南、四川、重庆、贵州、云南、广西、河南、海南、辽宁、吉林等多个省份 1,200 余名代表参加此次教师发展论坛。本次论坛的主题是："新常态下的大学英语教学——人文精神培养和教育技术提升"。

上海外国语大学英语学院院长，博士生导师查明建教授在研修中作了以《英语教育的人文内涵与英语教师的人文素养》为题的报告。他从英语专业的人文属性出发，提出外语教师应该文、史、哲互为体用，应启发和激励学生打下广博的人文基础；外语教学应以培养学识广博、立志高远的人才为最高目标，而不仅仅满足于掌握听说读写等基本技能。香港大学 T&L 中心 MOOC 项

目负责人程景利博士作了题为《英语教学中的教育技术：原则和实践》的报告。程博士从教育技术的原则、教学目标的制定、教育内容、教学方法如何与教育技术结合等方面详细分析了目前外语教师们普遍存在的对教育技术认识上的误区，提出了优化的方案，引导老师们去思考和探索当前教育技术中的前沿。广西师范大学外国语学院院长刘玉红教授作了题为《大学英语课堂中的"三向"思维》的报告。刘教授从课堂教学和教材的具体篇章出发，分析了教学中如何紧扣教材，深入挖掘其中的人文内涵，设计多样化的教学练习；如何利用好现有材料，从横向思维、逆向思维、多向思维方面拓展学生的认知能力，提高学生的人文修养；如何以启发式教学，培养学生积极进取、宽容仁爱的人文精神，从而达到人文化教学的目的。上海外国语大学英语学院副院长许立冰副教授作了题为《英语基础课程中的人文化改革》的报告。许教授展示了课堂上如何具体地把"提升人文精神"这一理念通过具体分析文章的字、词、句、语法、思想等不同层面内容和练习贯彻起来，真正使外语教学达到工具性和人文性的统一，同时深化人文精神的培养。[11]

2. 第六届全国外语教师教育与发展学术研讨会

2015 年 11 月 12 至 14 日，由中国英汉语比较研究会外语教师教育与发展专业委员会、云南师范大学主办，云南师范大学外国语学院承办的"第六届全国外语教师教育与发展学术研讨会"在云南师范大学举行。云南师范大学校长蒋永文，曲靖师范学院院长浦虹，云南师范大学副校长原一川出席开幕式。中国英汉语比较研究会外语教师教育与发展专业委员会名誉会长、北京外国语大学吴一安教授、华东师范大学叶澜教授、香港教育学院 Bob Adamson 教授、美国马里兰大学 Jodi Crandall 教授、北京师范大学外文学院外语教育与教师教育研究所所长王蔷教授等国内外知名学者，以及来自全国各地高校、中小学和研究机构的 300 余名代表参加本届会议。

会议的主题为"外语教师教育与发展研究的国际视野与本土探索"。会议形式包括主题发言、团队专题研讨、专家工作坊、分组会发言、专家引领下的大会互动式研讨。大会共邀请了 4 位主旨发言人，分别是来自华东师范大学教育学终身教授叶澜，香港教育学院 Bob Adamson 教授，美国应用语言学会前会长、马里兰大学的 Jodi Crandall 教授，中国英汉语比较研究会外语教师教育与发展专业委员会会长和北京师范大学外文学院王蔷教授。4 位主旨发言人分别作了题为《学科教学日常改革与教师发展》、"The Future of English in China：Implications for Teacher Education"、" Preparing Global English Language Teachers: The Role of 21st Century Skills and Content-based Instruction"、《基于学生学科核心素养发展的外语教师专业化途径探索》的主旨发言。

云南师范大学外国语学院侯云洁副教授及其教师教育团队就《边疆地区外语教师"多元化"专业发展路径的探索》作了团队发言。基于多年的培训经历和调查研究，他们讲述了针对云南农村地区、民族地区中小学老师的所进行的本土化培训的故事、培训取得的成绩以及对培训中出现的问题的反思，并对云南本土化的教师培训提出了可行性建议。他们的团队报告受到了理事会王蔷教授、邹为诚教授、张莲教授、杨鲁新教授等多位专家和代表的高度肯定。[12]

3. 2015 中国英语教学研讨会

2015 年 11 月 7 日至 8 日，"2015 中国英语教学研讨会"在上海交通大学外国语学院举办。会议由中国英汉语比较研究会英语教学研究分会主办，上海交通大学外国语学院承办，外语教学与研究出版社协办。会议主题为"新形势下外语教学面临的挑战与机遇"。分议题包括英语教育政策、英语教育技术、英语教学研究、英语教学实践、英语教师职业发展。中国英汉语比较研究会英语教学研究分会会长、北京外国语大学教授文秋芳，美国马里兰大学教授 Robert DeKeyser，语言测试专家、上海交通大学教授杨惠中，教育部高等学校大学外语教学指导委员会主任委员、南京大学王守仁教授，上海市外文学会会长、上海对外经贸大学教授叶兴国，上海交通大学外国语学院党委书记刘龙根，院长胡开宝，英语教学研究分会常务理事会各位专家以及来自各地的 150 余名外语教师、专家、学者参加此次会议。

美国马里兰大学 Robert DeKeyser 教授就"Age Effects in Second Language Learning and What They Imply for the Second Language Classroom"作了主题发

言；上海交通大学杨惠中教授、上海对外经贸大学叶兴国教授、南京大学王守仁教授分别就《外语教学要尊重科学规律——正确处理几个关系》、《新常态下的英语课程教学创新》、《新形势下中国高校英语教学的挑战与应对》作了主题发言。[13]

4. 西部地区外语教育研究会 2015 年年会暨第四届学术论坛

为改革和创新外语专业人才培养模式，应对西部地区外语教育面临的挑战和机遇，推动西部地区外语教育研究，由西部地区外语教育研究会主办，内蒙古大学外国语学院承办的"西部地区外语教育研究会 2015 年年会暨第四届学术论坛"于 2015 年 7 月 19 日至 21 日在内蒙古大学召开。来自西部地区 13 个省、市、自治区 30 多所高校、科研机构和出版社近 120 名代表参加本次会议。

大会分大会发言和分会场讨论两种形式进行。特邀专家四川外国语大学副校长董洪川教授作了题为《"外国语文"：学科专业建设与科研创新》的主旨发言。北京航空航天大学外国语学院院长向明友教授作了题为《大学英语课程体系建设：〈指南：课程设置〉解读》的主题发言。西部地区外语教育研究会会长、西南大学外国语学院院长文旭教授作了题为《全人与全语：全人教育的科学范式探索》的主题发言。

会议组织了"西部地区外语专业人才培养改革与创新"、"西部民族地区外语教育改革与创新"、"西部地区大学外语教育教学研究"、"西部地区翻译硕士教育研究"、"西部地区外语教育教学的其他问题研究"等 6 个分会场的小组讨论。与会的各位专家、学者围绕会议主题"新常态下西部地区外语教育研究"，从各自民族、地区特点出发，阐发了对西部地区外语教育发展和建设的真知灼见。讨论的具体内容涵盖大数据时代大学英语人才培养改革、"一带一路"战略下教学模式创新、民族院校师资队伍建设、教学管理、外语实习基地建设、翻译专业建设和教材编撰、语言研究等多个方面，充分体现了各位学者对西部外语教育发展的深切关心和积极的探索精神。[14]

四、结语

"大学英语教师发展不仅是理论探究的课题，也是我们必须面对的实践问题。"[15] "教师专业发展具有长期性、动态性、实践性和环境依托性"[16]，目前我国外语教师教育正在步入快速发展期，外语教师教育质量及持续的专业发展越来越受到的重视，把包括教师发展在内的外语教师教育作为一个研究领域也日益受到研究者的关注。在过去的一年中，我国高校外语教师面临新时期、新要求，踊跃参加多样的教学、学术研讨会，积极努力提升自身的教学与科研能力，谋求长远的职业发展，从而更好地为英语教育事业和社会服务。

[1] 胡开宝、谢丽欣，2014，我国大学英语教学的未来发展方向研究 [J]，《外语界》（3）：12-19。

[2] 胡开宝，2013，外语学科的有用、无用与大用 [A]。载徐飞（编），《学者笔谈》[C]。上海：上海交通大学出版社。12-22。

[3] 孙倚娜、顾卫星，2015，中国大学英语教师专业发展路径研究：实践反思与团队建设——兼析国家精品课程 / 国家精品资源共享课 "大学英语应用类课程" 教师专业发展 [J]，《外语研究》（4）：63-66。

[4] 王守仁、王海啸，2011，我国高校大学英语教学现状调查及大学英语教学改革与发展方向 [J]，《中国外语》（5）：4-11。

[5] 信息来源：http://education.news.cn/2015-11/16/c_128433923.htm（2016 年 2 月 15 日读取）。

[6] 信息来源：http://sp2.heep.cn/workshop/detail.php?WorkshopID=203（2016 年 2 月 15 日读取）。

[7] 信息来源：http://sp2.heep.cn/workshop/detail.php?WorkshopID=193（2016 年 2 月 15 日读取）。

[8] 信息来源：http://star.unipus.cn/2015/about/rules/419590.shtml（2016 年 2 月 18 日读取）。

[9] 信息来源：http://teacher.unipus.cn/workshop/detail.php?WorkshopID=234（2016 年 2 月 18 日读取）。

[10] 信息来源：http://elf.celea.org.cn/2015/（2016 年 2 月 19 日读取）。

[11] 信息来源：http://www.sflep.com/press-center/news/1176-2015（2016 年 2 月 20 日读取）。

[12] 信息来源：http://www.ynnu.edu.cn/newsitemcontent/144766295643676495.html（2016
      年 2 月 20 日读取）。

[13] 信息来源：http://news.sjtu.edu.cn/info/1010/794138.htm（2016 年 2 月 22 日读取）。

[14] 信息来源：http://ndnews.imu.edu.cn/yw/201507/Article_20150722114756.html（2016
      年 2 月 22 日读取）。

[15] 王守仁，2012，在构建大学英语课程体系过程中建设教师队伍 [J]，《外语界》（5）：
      4 -11。

[16] 徐锦芬、文灵玲、秦凯利，2014，21 世纪国内外外语 / 二语教师专业发展研究对
      比分析 [J]，《外语与外语教学》（3）：29-35。

第二节　基础外语教师[1]

近年来，随着国家对于基础外语教育的愈发重视，中国的英语基础外语教育发展迅速。通过借鉴国外先进教育理念和国内自主创新，我国的基础外语教育形成了自身的特色和优势。然而，我们应该要意识到我国基础外语发展以及中小学生的英语水平与其他一些国家相比还有很大差距，这也成为了我们前进的动力。随着 2014 年国务院《关于深化考试招生制度改革的实施意见》文件的颁布，基础外语改革的钟声已经敲响。2015 年，各个省市根据此项政策还在继续调整各自的中高考改革政策。在改革的背景下，基础外语教师需要跟上改革的步伐、提升自身的专业与职业素养、调整自身的教学方法与策略，探索新型教学模式。

一、基础外语教师教育的发展动态

2015 年，随着基础外语教师培训的发展和推进，教师的综合素质和水平有了很大的提高。然而，对于基础外语教师切身利益而言的中小学人事制度以及教师职称制度还存在很多问题，这在一定程度上对他们的心理产生了不良的影响。因此，人力资源社会保障部和教育部为贯彻《党中央、国务院关于进一步加强人才工作的决定》，印发了《关于深化中小学教师职称制度改革的指导意见》。其目的是加强教师队伍建设，激励广大中小学教师投身教育事业的热情。

在基础外语教育改革的背景下，基础外语教师正面临着巨大的考验，他们需要付出更多努力跟上改革步伐，调整自身的教学策略以及加强自身的专业素质。该文件保障了基础外语教师的切身利益，激励他们以最大的热情迎接挑战，完善自我。

1　本节作者：李清漪、刘青文、崔琳琳，首都师范大学。

二、基础外语教师培训项目与活动

1. 国培计划

中小学教师国家级培训计划，简称"国培计划"，由教育部、财政部 2010 年全面实施，是提高中小学教师特别是农村教师队伍整体素质的重要举措。2015 年 4 月 9 日，为进一步推动教师培训综合改革，提升培训质量，教育部办公厅、财政部办公厅联合发布《两部办公厅关于做好 2015 年中小学幼儿园教师国家级培训计划实施工作的通知》（教师厅 [2015]2 号），就做好 2015 年中小学幼儿园教师国家级培训计划实施工作提出如下要求：1）明确工作重点，做好整体设计；2）优化项目设置，精心研制规划方案；3）择优遴选培训机构，提升培训实效；4）加强监管评估，确保培训质量。2015 年 9 月 1 日，根据《国务院办公厅关于印发乡村教师支持计划（2015 年—2020 年）的通知》（国发办 [2015]43 号），教育部、财政部联合发布《两部关于改革实施中小学幼儿园国家级培训计划的通知》（教师 [2015]10 号），提出了改革的目标任务、工作重点以及保障措施。目标任务规定即从 2015 年起，"国培计划"集中支持中西部乡村教师校长培训。北京大学于 2015 年承担"国培计划（2015）"——示范性网络研修与校本研修整合培训项目。网络与校本整合培训项目实施时间为 2015 年 8 月至 2016 年 7 月，开展不少于 120 学时的混合式培训，对未参加过"能力提升工程"培训的教师应进行不少于 50 学时的信息技术应用能力专项培训。对区县骨干培训者进行不少于 5 天（30 学时）的集中培训。项目实施过程受到严格的监督和考察，以保证学员更好地学习。北京外国语大学自 2010 年以来连续 6 年每年承办教育部示范性和中西部农村地区英语骨干教师和培训团队集中培训项目，成绩显著。2015 年北京外国语大学继续推进"国培计划"。2015 年 10 月 14 日上午，"国培计划（2015）"—— 示范性教师培训团队研修和紧缺领域骨干教师培训项目以及西藏薄弱学科骨干教师培训小学英语骨干教师教学技能提升项目开班典礼在外研社国际会议中心举行，该班参训学员总数达 400 余人。9 月 10 日，"国培计划（2015）"——湖北省区域试点县名师培养项目开学典礼在外研社国际会议中心举行。11 月 11 日，"国培计划（2015）"中西部项目乡村校长培训北京外国语大学中小学校长研修班开班典礼在外研社国际会议中心举行。9 月 12 日，山东省 2015 年农村教师培训试点项目英语学科骨干教师培训者培训开学典礼在北京举行。

为了探究骨干教师常态化研修的新型培训模式，教育部于 2013 年 12 月发起"全国骨干教师高端研修项目"，北京外国语大学是英语学科的全国两所承办院校之一。2015 年的工作项目"国培计划（2015）"——教师工作坊高端研修项目开学典礼于 10 月 20 日在外研社国际会议中心召开。会议强调本次示范性教师工作坊高端研修项目实行集中面授与网络研修相结合，线上研修与线下研修相结合的混合式培训，密切联系教师日常教学，全面为学生服务，采取"课中学、学中做、做中变"的混合研修模式。

全国其他省市的培训也得到了有序推进。贵州师范大学国培计划领导小组于 2015 年 8 月 25 日召开会议，安排部署"国培计划（2015）"项目实施工作。该项目培训总人数达到 3015 人。2015 年 11 月 17 日，"国培计划（2015）"乡村中小学"特岗教师"跟岗实践培训项目英语班开班典礼在西安外国语大学外事宾馆报告厅举行。培训的目的是使学员们更新理念，开拓视野，理论联系实际，学以致用，努力提升自身的英语教育与研究水平。

2. 歆语工程

针对英语教育教学在基础教育阶段相对薄弱滞后的现状以及城市和农村地区教育资源发展不平衡的现象，北京外国语大学"歆语工程"于 2006 年启动，是以中小学英语师资培训、支教帮扶和志愿服务为主要内容的教育扶贫系列计划。"歆语工程"师资培训部分由全国基础外语教育研究培训中心和外语教学与研究出版社承办。从 2006 年到现在，"歆语工程"已培训数千名基层外语教师，影响深远。

2015 年的"歆语工程"项目依旧蓬勃发展。把脉基础英语教学、提升语言文化素养——2015 年"歆语工程"京郊中小学英语骨干教师培训项目开学典礼于 7 月 12 日在外研社国际会议中心举行。该项目由北京市教委主办，全国基础外语教育研究培训中心、外语教学与研究出版社承办。来自北京市的 88

名中小学英语骨干教师参加了开学典礼。该培训项目安排了英语语音口语、英语语言文化、课堂用语与教学 3 大模块课程，内容丰富精彩。7 月 26 日，2015年"歆语工程"湖南省贫困地区中学英语教师培训项目开学典礼在长沙举行。该项目立足一线教师需求，课程中延续了语音和课堂教师话语等语言能力提升内容，并更加注重学员教育理论理念的提升和教学实践能力的增强。

3. 其他培训项目与活动

2015 年 5 月 29 日至 6 月 1 日，由全国基础外语教育研究培训中心组织的"全国中学英语骨干教师课堂观察与课堂话语分析"高端研修班在杭州结束。来自全国近 20 个省、市、自治区的 100 多名英语骨干教师、教研员参加了此次项目。研修活动由专业知识工作坊和工作坊练习两部分组成。此次研修理论与实践相结合，气氛活跃，学员们对此反应良好，认为此次研修有效促进了自身英语教学与研究水平的提高，解决了很多实际问题。

"微课"与"翻转课堂"这两种教学方法近年来在中国基础外语教育中愈演愈热。"微课"的特点是目标明确、针对性强以及教学时间短。微课的主体部分是短视频，多适用于自主学习。翻转课堂是指重新规划课堂时间，将课堂的中心从老师转移到学生。这两种教学方法在近年来取得了巨大的成功，可是在具体的实施过程中还是存在很多问题。因此，由中国外语教育研究中心与外语教学与研究出版社联合主办的"微课与翻转课堂在外语教学中的应用：理念、设计和评价"研修班于 2015 年 10 月 16 日至 17 日在北京昆泰嘉禾酒店举办。研修内容包括学者、教授关于微课和翻转课堂的理论概念讲座、案例评析以及参班教师的教学设计展示。该研修加深了参班教师对于微课和翻转课堂教学的理解，通过实践运用理论并了解自身不足，进一步增强了运用微课和翻转教学方法进行课堂教学的意识和能力。

为了进一步提高中小学教师的教学素质和业务水平，学习和借鉴国外先进的教学理念及教学方式，全国基础外语教育研究培训中心积极响应教育部文件精神，每年在全国范围内选拔和组织一批优秀中小学英语教师远赴海外参加 ELT 国际高级研修项目。从 2011 年起，2015 年已经是第五年实施此项高级研修。研修内容主要包括英语语言与文化研究，英语教学理论与方法，教学资源开发与教育技术应用，学校参观、课堂观察、教学实习，以及文化考察和学术交流。

三、基础外语教师教育专业活动与学术交流

1. 专业活动

2015 年度基础外语教师教育专业活动主要包括教学和科研论文比赛两个方面。

为了适应高考外语改革，推动教育教学改革创新，切实提高教师教学实践能力，2015 年度基础外语教师教育展开了丰富多彩的教学赛事，极大地激发了广大教师提高教学理论、教学技能的热情，增进了教学群体之间的合作与交流。2015 年的教学赛事主要包括第九届全国外语教师园丁奖评选活动、第九届全国小学、初中、高中英语教师基本功大赛暨教学观摩研讨会等。

2015 年 12 月 5 日，第九届全国中小学外语教师园丁奖暨全国三"十佳"外语教师评审会议在北京国家基础教育实验中心外语教育研究中心秘书处举行。经评审，第九届全国中小学外语教师园丁奖获奖教师共计 463 人，其中共有 30 名中小学外语教师获三"十佳"外语教师称号。在专家复评工作结束后，各位专家和领导进行总结，指出中小学外语教师发展中的问题与不足，分析原因，并提出解决措施。全国中小学外语教师园丁奖及全国三"十佳"外语教师这一奖项在全国具有广泛影响，极大地促进了我国中小学外语教师教学水平和科研水平的提高，激励他们不断提高自身的专业素质水平，推动我国基础教育外语教学的变革和发展。

全国小学英语教师基本功大赛是由国家基础教育实验中心外语教育研究中心主办，考察小学英语教师教学水平和质量的权威赛事，对于促进小学英语教师教学质量提高和个人发展起到了巨大的促进作用。此次赛事在成功举办八届的基础上，国家基础教育实验中心外语教育研究中心于 2015 年 5 月 24 日至 29 日在辽宁省大连市举办"第九届全国小学英语教师基本功大赛暨教学观摩研讨

会"。大会的主题是优化英语课堂教学设计，提高小学英语教学质量。会议形式包括教学基本功大赛、优秀课展评、现场观摩、教学回顾、专家点评、评议互动、教学研讨等等。来自教育部的有关领导、英语教育教学专家、各地各级英语教研员、小学一线英语教师代表、基本功大赛参赛选手、参评教师等参加了本届赛事和研讨活动。

由国家基础教育实验中心外语教育研究中心举办的"第九届全国初中英语教师教学基本功大赛暨教学观摩研讨会"于2015年4月19日至24日在云南省昆明市举办。会议的代表有教育部教研部有关领导、教育教学专家、各地各级英语教研员、一线英语教师代表、参赛教师、参评教师以及英语教学领导等。会议内容包括学术报告、优秀课展评、教师基本功大赛、现场观摩与研讨、论文评选以及名家座谈。此次大型的英语教学课堂实践交流研讨和大赛活动使教师们认识到了自身的优点以及不足，大家在轻松的交流研讨氛围中互相学习、不断进步，对于今后的教学水平和自身职业素质的提高起到了很大的促进作用。

国家基础教学实验中心外语教育研究中心于2015年10月19日至24日在四川省绵阳市举办"第九届全国高中英语教师教学基本功大赛暨教学观摩研讨会"。会议的主题为：全面深化高中英语课程改革，夯实和提高高中英语教师语言基本功和教学基本功，促进高中英语教师专业发展，切实提高高中英语课堂教学效益，落实立德树人根本任务。通过此次会议的竞技与交流，高中英语教师激发了自身教学改革的意识，切实转变了教学思想观念、方式方法，为以后的职业发展提供了明确的方向。

此外，为了推动全国基础英语教育教学的发展，增强基础外语教师的科研意识和科研水平，2015年度科研论文比赛活动精彩纷呈，极大调动了基础外语教师的科研热情。为了促进全国基础英语教育教学的改革，推动基础英语教师专业素质和知识的发展，在成功举办第十届"新标准杯"基础英语教育教学论文大赛的基础上，全国基础外语教育研究培训中心与《山东师范大学外国语学院学报》（基础英语教育）编辑部于2015年继续联合举办第十一届"新标准杯"基础英语教育教学论文大赛。论文的选题范围包括以下几个方面：课堂教学实践与探究、教师专业发展、教材使用与探究、教学评价与测试以及专家评课。大赛评委会由大赛组委会邀请的英语教育领域的专家组成，按照评审标准对参赛论文进行评选。此次赛事活动激发并提高了广大一线英语教师的科研意识和科研能力，让他们意识到教学与科研要两手抓，教学理论来自于教学实践，又能指导促进教学实践发展。自此，基础英语教师更加明确了自身教育者与研究者的双重身份。

2. 学术交流

2015 年度有关基础外语教师教育的学术交流活动十分丰富，对于深化基础外语教育改革、外语考试制度改革，帮助基础外语教师应对改革中出现的新问题新情况，探索教学改革和自身发展新途径起到了十分积极的作用，并且进一步推动了基础外语教育的改革和发展。

1）2016 年全国高考英语研讨会

由中国英语外语教师协会和国家基础教育实验中心外语研究中心举办的"2016 年全国高考英语研讨会"于 2015 年 10 月 30 日至 11 月 3 日在北京市怀柔区第一中学召开。王文湛司长首先就与会教师代表普遍关心的高考英语改革趋势进行了深入分析。随后，东北师范大学孔德惠教授作了题为《2015 年全国高考英语试卷分析》的报告。接下来还有说课与观摩课点评、互动答疑以及诸位老师关于 2016 年高考英语知识复习策略、全国高考英语试题变化趋势研究和高考改革与四位一体的专题讲座。该会议极大促进了教师们对高考改革和高考复习课程变革的认识，为全国各地区高考英语复习与备考起到了积极的促进作用。

2）中国新高中特色发展论坛

2015 年时值《教育规划纲要》实施 5 周年之际，教育部明确提出"全面修订高中课程，加大课程选择性"。"走班制"曾经与中国的中小学绝缘，现在却毋庸置疑成为基础教育改革的新风标。由北京外国语大学、中国高中六校联盟、中国教育国际交流协会中学教育国际交流主办，名师国际教育研究院承办的"中国新高中特色发展论坛——2015：分层走班制背景下的高中英语（精品课）课程建设与创新观摩研讨会"于 2015 年 12 月 27 日至 28 日在北京市三十五中成功举办。论坛以英语课程创新为切口，探讨教育与英语学科课程改革方向，理论与实践相结合，进一步促进了广大教师、领导对"分层走班制"课程的解读和认识，为他们各自地区的走班制建设提供了明确的指导。

3）第六届全国外语教师教育与发展学术研讨会

2015 年 11 月 13 日至 14 日，"第六届全国外语教师教育与发展学术研讨会"在云南师范大学外国语学院成功举办。会议由中国英汉语比较研究会外语教师教育与发展专业委员会主办，云南师范大学外国语学院承办，外语教学与研究出版社协办，会议的主题为"外语教师教育与发展研究的国际视野与本土探索"。会议充分展示了我国外语教师教育研究与实践所取得的巨大成就，可望触发更多的本土化探索实践成果的涌现，将更好地促进和推动中国外语教师教育研究与发展。

4）第五届全国农村及少数民族地区中小学英语课堂教学与教师发展研讨会

为了更好得推动农村及少数民族地区外语教学发展，缩小城乡差距，国家基础教育实验中心外语教育研究中心于 2015 年 9 月 20 日至 24 日在青海省西宁市举办了"第五届全国农村及少数民族地区中小学英语课堂教学与教师发展研讨会"。会议把教学理论与实践相结合，丰富了少数民族地区英语教师的理论知识，他们把理论应用于实践，再通过实践以及专家点评进行自我反思，收获颇丰。

5）第四届中国外语战略与外语教学改革高层论坛

2015 年 12 月 5 日，由《外国语》编辑部、北京师范大学外国语言文学学院主办，广西师范大学外国语学院承办了"第四届中国外语战略与外语教学改革高层论坛"在桂林。在论坛上，"中国英语教育教学的转型"、"外语学科的危机、机遇、转型和系统知识体系的建设"、"高中英语课程标准修订对英语教师提出的新挑战"、"关于英语课程目标制定依据的思考"等话题成为专家讲座的关键词。此次中国外语战略与外语教学改革高层论坛对当前外语教学现状以及发展趋势作出了深刻充分的讨论，对当前我国外语教育改革起到了进一步的推动作用。

四、教材与专著出版

2015 年外语教学与研究出版社出版的基础外语教师教材与专著包括：郭纯洁编著的《有声思维在外语教学研究中的应用（第二版）》以及武和平、武海霞编著的《外语教学方法与流派》。

《有声思维在外语教学研究中的应用（第二版）》主要介绍了有声思维在外语教学研究实践中的具体操作方法，书中配有很多实例，让读者更容易接受。全书内容丰富，条理清晰，主要包括有声思维简介、数据采集、分析方法，有声思维在外语阅读、写作、听力、翻译和其他教学研究中的具体应用，以及本研究方法的局限性。该书对于外语教师教学研究与实践有很高的价值和重要意义。

此外，上海外语教育出版社出版了王铭玉编著的《现代外语教学多维研究》。该书为国家社科基金重点项目"外语教学手段的现代化：理论与实践"成果之一。作者主要从文化语言学、认知语言学、现代教学技术、测试理论角度探究现代化外语教学。作者运用前沿现代教学理论，分析、探索、评价外语学习中的实际问题，努力缩小甚至消除理论与实践之间的"鸿沟"。该书对于基础外语教师有巨大的参考价值，指导外语教师运用先进的理论来解决实践中的复杂难题。

五、科学研究项目

国家社会科学基金 2015 年度项目中涉及基础外语教师教育的立项成果颇丰：华中师范大学的秦晓晴申报了"中国第二语言研究质量评价标准及应用研究"项目；华南师范大学的黄丽燕负责"语言测试反拨效应理论视角下的高考英语改革研究"项目；中南财经政法大学的黄开胜申报了"中国英语学习者短语能力的评测与诊疗系统研究"项目；以及厦门大学的江桂英负责的"非言语情绪交互与外语课堂教学有效性研究"项目。

另外，全国教育科学"十二五"规划 2015 年课题立项名单中属于基础外语教师教育的课题包括：中央民族大学的苏德负责的"民族地区依法实施双语教育政策和模式研究"项目，此项目为国家重点项目；以及来自教育部职业技术教育中心研究所的涂三广申报的"基于标准的中英职教教师教育比较研究"。

最后，教育部社科司关于 2015 年度教育部人文社会科学研究项目中涉及基础外语教师教育的立项项目有：重庆邮电大学的汪顺玉申报的"基于文本挖掘的中国英语学习者英语写作能力评估研究"项目；云南师范大学的侯云洁负责的"边疆民族地区多元文化视野下的英语教学创新研究"项目；浙江大学城市学院的周云负责的"移动互联传播视域下外语智慧教育模型及其应用研究"项目。

六、基础外语教师面临的挑战与机遇

2015 年，教育部部长袁贵仁表示今年将扩大三个省在高考中使用国家统一卷，明年还将再扩大七个省。明年 25 省将在高考中使用由国家考试中心统一命制的试卷。在国家政策下，针对自身情况，部分省市 2015 年的外语考试政策也有局部调整。2015 年山东英语高考改用全国卷，恢复了听力；江西省 2015 年起高考将使用全国统一命题试卷，根据江西省初步形成的意向性方案，从 2017 年入校的高一新生开始，江西省高考将实施"外语一年两考"和"高考不分文理科"。

随着更多省市国家统一卷使用的推进，高考的公平性进一步得到保障，但是学生与教师都面临着巨大的挑战。对于外语教师而言，如何在短期内调整教学策略以使学生更好地适应全国卷考题，已成为十分紧迫和重要的问题。首先，基础外语教师应该转变传统教学观念，加强"以人为本"的教学理念。在当前形势下，英语教师在制定教学目标、课堂教学过程、教学评价以及课程资源开发等各方面，都必须将学生作为一切教学活动的主体，由以往的讲授者转别为以学生为教学根本的汇集多角色的教育者。其次，基础外语教师应该充分考虑到学生内心的焦虑，给予更多的关爱和支持。面临英语高考试卷结构形式的突然变化，学生们会有很多不良情绪。在这个关键时候，基础外语教师要随时了解学生心理动态，抚慰焦虑与不安，使学生们以积极的心态进行备考。最后，基础外语教师要及时调整变化英语高考复习策略，不仅要"应变"，还要"善变"。教师应该仔细分析全国卷英语高考试题出题规律，把握变化动向，改变以往教学模式，根据新的题型和要求训练学生相应的英语能力。[1]

此外，自 2014 年《关于深化考试招生制度改革的实施意见》的颁布以来，外语高考改革成为了社会舆论的焦点。2015 年，李克强总理在两会政府工作报告中强调"让每个人都有机会通过教育改变自身命运"，表明高考改革进入深水区[2]。此次外语高考改革的主要目的在于引导英语学科回归工具性本质、减少学生压力、利用考试的反拨作用扭转英语教学方向、引导英语学习理性回归[3]。各省市在相继进行改革，上海、浙江、北京等地已作为试点颁布改革政策。此项政策在一定程度上会优化英语教育，促进基础外语教师发展，并会进一步提高全民族的外语应用水平。然而，在伴随机遇的同时，挑战也无处不在。首先，就政策表面而言，英语学科的重要性看似下降，尤其是北京市 2013 年底颁布的政策中规定英语高考分值下调 50，更是引发了人们的热议。短期内外语基础教师的就业受到了影响，比如 2014 年北京市的一些中小学开始调整英语教师招聘计划。基础外语教师将在一定程度上面临面临着失业的风险；其次，外语高考改革给外语教师的教学规划和发展带来一定挑战，他们不得不改变自身多年的教学计划，重新定位英语教学。[4]

然而，外语基础教师面临的这些挑战只是暂时的。基础外语教育对中国迅速发展作出的重要贡献有目共睹。政策表面上是削弱了英语高考的地位，在长远来看则会加强英语教育的发展，因此外语基础教师不可或缺。除此之外，国家以及相关教育部门应该加强基础外语教师的培训和交流，加强他们对外语高考社会化改革的认识，转变他们的传统教学理论和方法。最后，基础外语教师也应该不断思考和改变，通过培训内化新策略和新方法，成功实现自身转型。

[1] 郭岭，2015，浅谈高考实行全国统一卷后英语教学理念的转变 [J]，《英语广场》（11）：167-168。

[2] 余澄、王后雄，2015，高考改革试点方案的定位、分类及结构分析 [J]，《高等教育研究》36（10）：49-55。

[3] 旷群、戚业国，2015，高考改革与英语工具性本质回归 [J]，《现代大学教育》（6）：89-95。

[4] 程晓堂，2015，要充分预见英语高考改革的蝴蝶效应 [J]，《外国语》38（1）：28-29。

第七章　信息技术与外语教育

第一节　外语教育技术[1]

自 2010 年《国家中长期教育改革和发展规划纲要（2010—2020 年）》及 2012 年《教育信息化十年发展规划（2011—2020 年）》颁布以来，我国教育信息化步伐明显加快，各项工作力度空前加大。2015 年更是教育信息化引人注目的一年。5 月，首届国际教育信息化大会在中国召开，习近平总书记致贺信并提出"中国坚持不懈推进教育信息化，努力以信息化为手段扩大优质教育资源覆盖面"[1]。11 月，刘延东副总理出席第二次全国教育信息化工作会议，提出"推进教育信息化是落实中央决策部署的必然要求，是顺应世界信息化发展趋势的应有之义，是实现教育现代化取得重要进展的有力保障"[2]。12 月，第十二届全国人大常委会第十八次会议表决通过《关于修改〈中华人民共和国教育法〉的决定》，将"推进教育信息化"写入《中华人民共和国教育法》[3]。结合 2015 年出台的重要政策以及教育信息化大趋势，本节将从以下几方面对外语教育技术领域的发展进行综述：（1）教育信息化发展的政策导向；（2）政策推动下的外语教育资源建设；（3）外语教育技术相关会议、赛事及研修班的举办；（4）外语教育技术研究发展态势。

一、教育信息化发展的政策导向

2015 年 2 月 12 日，教育部印发《2015 年教育信息化工作要点》，将推进农村中小学"宽带网络校校通"、推进职业院校数字校园建设、推进数字教育资源开发与应用、完善教育资源云服务体系、完成"教学点数字教育资源"全覆盖、加快网络学习空间普及和应用以及加强教师信息技术应用能力等作为 2015 年度工作重点。[4]

2015 年 4 月 16 日，为加快推进适合我国国情的在线开放课程和平台建

1　本节作者：吉洁，外交学院。

设，促进课程应用，加强组织管理，教育部发布《关于加强高等学校在线开放课程建设应用与管理的意见》。《意见》提出要建设一批以大规模在线开放课程为代表、课程应用与教学服务相融通的优质在线开放课程，要认定一批国家精品在线开放课程，要建设在线开放课程公共服务平台并促进在线开放课程市场化应用。此外，还要破除高校身份壁垒，推进在线开放课程学分认定和学分管理制度创新，这是在教育部层面首次认可在线教育学分。[5]

2015 年 9 月 2 日，教育部研究起草了《关于"十三五"期间全面深入推进教育信息化工作的指导意见》的征求意见稿，提出要在"十三五"期间进一步深化信息技术与教育教学、管理的融合创新，积极推动管理平台与资源平台的深入应用，不断扩大优质教育资源覆盖面，并大力提升教师信息技术应用能力与学生信息素养。到 2020 年基本建成"人人皆学、处处能学、时时可学"、与国家教育现代化发展目标相适应的教育信息化体系。[6]

2015 年 12 月 27 日，第十二届全国人大常委会第十八次会议表决通过《关于修改〈中华人民共和国教育法〉的决定》，将教育信息化写入《中华人民共和国教育法》。原第六十六条修改为"国家推进教育信息化，加快教育信息基础设施建设，利用信息技术促进优质教育资源普及共享，提高教育教学水平和教育管理水平。县级以上人民政府及其有关部门应当发展教育信息技术和其他现代化教学方式，有关行政部门应当优先安排，给予扶持。国家鼓励学校及其他教育机构推广运用现代化教学方式。"[3]

二、政策推动下的外语教育资源建设

1. 教育资源建设总览

在中央政策的大力推进下，2015 年各项教育资源建设均取得了显著成效。截至 2015 年底，教育部基础教育司和中央电化教育馆联合推出的"一师一优课、一课一名师"活动已晒课 300 多万节，共有 500 多万名教师参与[7]。"教学点数字教育资源全覆盖"项目圆满收官，全国 6.4 万个教学点全部实现设备配备、资源配送和教学应用"三到位"，惠及 400 多万偏远地区的孩子，实现了保基本、兜底线、促公平的重要突破。[8]

同时，在教育部《关于加强高等学校在线开放课程建设应用与管理的意见》的推动下，截至 2015 年底，中国大学资源共享课已有 2,746 门上线并签署知识产权保障协议；"爱课程网中国大学 MOOC 平台"在授课程 163 门，新增素材 3,420 条，新增报名 84.7 万人次[9]。且继 2014 年清华大学"学堂在线"、上海交通大学"好大学在线"相继上线之后，北京大学于 2015 年初与阿里巴巴联合推出了"华文慕课"平台。2015 年 6 月，阿里云携手慧科教育启动阿里云大学合作计划，并联合北京航空航天大学、浙江大学、复旦大学、上海交通大学、西安交通大学、南京大学、武汉大学、华南理工大学在内的首批 8 所高校，开设云计算与数据科学专业方向。2015 年 11 月，全国 40 余所高水平大学和重点中学联合发起基于 MOOC 平台的"大学先修课程 MOOCAP"，首批在清华大学"学堂在线"推出 6 门课程，选修人数超过 4 万，为学有余力的中学生提供了良好的学习平台。[10]

2. 外语教育资源建设情况

在教育资源建设工作快速推进的大背景下，外语教育相关的资源建设在 2015 年也取得了一定成果，将从以下两方面进行介绍。

1）综合教育资源平台中外语课程的建设

据笔者检索统计（表 7.1），截至 2016 年 3 月底，中国大学资源共享课共上线 2819 门课程，其中语言类课程数为 78 门；中国大学 MOOC 平台已授课程（包括已结与在授课程）共 275 门，其中语言类课程 7 门；学堂在线已授课程 893 门，其中语言类课程 14 门；好大学在线和华文慕课已授课程分别为 244 门和 36 门，其中语言类课程皆各 1 门。上述五个资源平台皆为中文课程平台，其中外语课程所占比例仅为 2% 左右。然而对包含 Coursera、edX、Udacity、FutureLearn、iversity、可汗学院、学堂在线等多个资源库的多语平台——MOOC 学院进行检索发现，在已授 4,366 门课程中，语言类课程也仅为 157 门，约占 3.6%。为了探清语言类课程在综合类平台中的比重大小，笔者分别统计了学堂在线与 MOOC 学院中 15 类主要学科的课程数量（表 7.2），发现语言类课程所占比例均为倒数第二，约是热门学科（如计算机、工程、经济管理）数量的五分之一。

表 7.1 国内慕课平台外语课程建设

平台名称	中国大学资源共享课	中国大学MOOC	学堂在线	好大学在线	华文慕课	MOOC学院
课程数	2,819	275	893	244	36	4,366
语言课程数	78	7	14	1	1	157
语言课程所占比例	2.77%	2.55%	1.57%	0.41%	2.78%	3.60%

表 7.2 学堂在线与 MOOC 学院主要学科课程分布 [2]

学科	计算机	工程	经济管理	社会科学	物理	数学	文学	艺术设计	历史	生命科学	教育	哲学	环境	语言	化学
学堂在线	74	84	58	50	44	37	28	28	27	18	17	15	15	14	9
MOOC学院	726	356	637	455	238	371		169		282	370		177	157	85

可见，无论是中文还是多语综合资源平台，语言类课程所占比例都较低。究其原因，综合资源平台中多为专业性、系统性较强的课程，尤以理工学科居多，这些学科较少有自己独立成熟的学习网站，且对名校名师授课的需求可能更高。而外语学习惠及面广、体系松散、形式多样，各种外语学习网站、网校及线下辅导班应有尽有，这冲淡了外语学习者对慕课学习方式的需求。语言类慕课可能需要跟高校选课相结合，才能取得更好的发展。例如，北京科技大学"大学英语自学课程"自 2015 年 7 月在中国大学 MOOC 平台上线以来，截至

2 本表数据截至 2016 年 3 月。学科分类依据学堂在线和 MOOC 学院的已有分类，其中文学、历史、哲学这 3 门学科在 MOOC 学院中被统一归为"人文"学科，因此表中未列出具体数据。

12月底已有7.3万人选课学习，该校利用该MOOC课程在校内探索SPOC翻转课堂教学方式，取得了较好的效果。[9]

2）外语专项教育资源平台的建设

我国早已进入"全民学外语"的时代，因此在表7.2的15门学科中，语言学习的需求量可能比任何一门学科都大，然而其课程数量却比大多学科都少。这可能意味着，与综合学习平台中的语言慕课相比，建设一些融合慕课、听说读写各种学习资源、测试以及教学的外语专项资源平台，也许能更好地服务于需求多样的外语学习者及教师，这类平台建设在2015年中取得了可喜发展。

Unipus是外语教学与研究出版社建立的集学习、教学、测评、科研、合作交流于一体的外语专项教育资源平台。包括iLearning外语自主学习资源库、iTEST大学外语测试与训练系统、iWrite英语写作教学与评阅系统、iResearch外语学术科研平台，以及囊括大学英语、英语专业、职业教育英语、语言文化、商务英语和多语种等在内的丰富数字课程。自2014年10月正式上线之后，Unipus在2015年4月又推出了"Ucreate一起备课"频道，包括来自一线教师分享的教案、课件、教学设计、微课等资源以及来自BBC的精选视听素材及活动设计，成为外语教师线上线下交流互动、众创共赢的分享平台。

如果说Unipus更侧重大学外语教育的话，翼课网则是针对中小学英语教育的专项资源平台。翼课网依托于中国领先的英语学习类报纸《学生双语报》、《双语学习报》，拥有数十亿字的优质教学内容资源积累，采取麻省理工学院的人机交互技术和剑桥大学的语音识别技术，可以在电脑、手机、平板三种端口登录，拥有教师、学生、家长3大板块，具有同步作业、在线考试、智能口语、学情诊断、个性学习及教能提升6大系统。翼课网自2014年5月上线以来，选取部分学校进行试点，反响良好。2015年5月23日至25日，国际教育信息化大会在青岛举办，翼课网参加了同期在青岛国际会展中心举办的"全国教育信息化应用展览"，并于25日上午与北京师范大学联合主办了"教育信息化与现代英语教学研讨暨翼课网同步教学平台3.0版发布会"，成为大会期间的亮点。[11]

除了针对高校和中小学的Unipus和翼课网之外，针对职业外语教育的资源平台建设在 2015 年也有了突破。6 月，教育部职业院校外语类专业教学指导委员会与北京文华在线科技发展有限公司签订了《全国高职英语 MOOC 教学平台共建战略合作协议》[12]。该平台建设有助于信息技术背景下高职英语教学改革，促进教育的开放性和公平性，有利于推动高职英语教学模式变革，形成混合式教学模式。

三、外语教育技术相关会议、赛事及研修班

2015 年是教育信息化格外引人瞩目的一年。若干重要政策的出台促使教育资源建设等各项工作快速向前推进。"首届国际教育信息化大会"和"第二次全国教育信息化工作会议"的召开，再次表明了政府对教育信息化工作的高度重视。在此背景下，2015 年内与信息化及外语教育相关的研讨会接连召开，各类信息化教学比赛也纷纷举办，与外语教育热门技术语料库相关的会议及研修班也热度不减。下文将分别进行概述。

1. 教育信息化重要会议

2015 年 5 月 23 日，"首届国际教育信息化大会"在青岛召开。会议由联合国教科文组织与我国教育部合作举办，来自 90 多个国家的代表和 50 多位各国教育部长级官员齐聚一堂，深入交流全球教育信息化发展现状和问题。习近平主席向大会致贺信并提出，"中国坚持不懈推进教育信息化，努力以信息化为手段扩大优质教育资源覆盖面。我们将通过教育信息化，构建网络化、数字化、个性化、终身化的教育体系，建设'人人皆学、处处能学、时时可学'的学习型社会，逐步缩小区域、城乡数字差距，大力促进教育公平。"[1]

11 月 19 日，刘延东副总理出席"第二次全国教育信息化工作会议"，肯定了第一次全国教育信息化工作会议以来教育信息化所取得的显著工作成效，并提出推进教育信息化是"落实中央决策部署的必然要求，是顺应世界信息化发展趋势的应有之义，是实现教育现代化取得重要进展的有力保障"。到"十三五"末，教育信息化要实现 3 大目标：一是基本建成"人人皆学、处处

能学、时时可学"、与国家教育现代化发展目标相适应的教育信息化体系;二是基本实现教育信息化对高素质人才培养和教育领域综合改革的支撑作用;三是基本形成具有国际先进水平、信息技术与教育教学融合发展的中国特色发展路子。[2]

2. 信息化与外语教育系列研讨与研修

2015年1月17日,"上海市教育技术协会外语教育专业委员会第30届年会暨学术研讨会"在上海外国语大学会议中心举行。会议就信息技术与外语课程的整合以及新时期外语教学的发展趋势进行了充分的研讨和交流。协会理事长、上外博士生导师陈坚林教授号召各会员单位在今后一段时间里,"要以十八大精神为统领,认真学习贯彻十八大精神。在新常态下依据大数据,结合外语教学、信息技术的应用,开展教学、科研工作"。[13]

2015年4月3日至5日,东南大学外国语学院、上海外国语大学中国外语战略研究中心和美国威斯康星大学麦迪逊分校国际语言教育政策研究会在东南大学共同主办了"第五届国际语言教育政策学术研讨会"。海内外约30所大学的近150名专家、学者参加了本届会议,并紧紧围绕"教育技术研究与语言教育政策研究的融合以及中国外语战略与规划研究的未来走向"等议题进行了分析研讨。[14]

2015年4月25日,"首都高校大学英语教师信息化教育学术研讨会"在北京交通大学开幕,与会专家围绕微课开发、慕课建设和翻转课堂教学展开分享与交流。研讨会采用翻转会议的组织模式,会前参会代表在微信群中进行初步交流,会中报告专家进行专题汇报并引导参会代表开展互动讨论,会后参会代表通过微信群建立学术共同体,进行持续不断的互动交流。这种翻转会议的组织模式有效地促进了参会代表与报告专家的深度互动。[15]

2015年7月14日至7月16日,由清睿国际教育集团与北京师范大学外国语言文学学院共同举办的"第二届全国中小学英语学科与信息化教学高级研讨会"在江西九江召开。教育部基础教育二司技术装备处乔玉全处长,中央电教馆研究部黄天元主任,北京师范大学外国语言文学学院程晓堂院长,中国教育学会外语教学专业委员会秘书长李娜女士，教育部中小学教材审查委员会英语组组长刘道义教授，以及全国各地的教研系统和一线骨干教师共 1,300 余人出席了会议。[16]

2015 年 8 月 3 日至 5 日，"中国教育技术协会外语专业委员会第 21 届学术年会"在中南大学举行。学术年会上，代表们就慕课、翻转课堂与教育改革、信息化教学新常态下的外语教育技术、基于网络的交互式大学英语综合改革等议题作了 16 场报告。[17]

2015 年 10 月 16 日至 17 日，由中国外语教育研究中心与外语教学与研究出版社联合主办的"微课与翻转课堂在外语教学中的应用：理念、设计和评价"研修班在北京举办，共有来自全国 25 个省、市、自治区 139 所学校 300 余位教师参加了研修。研修班旨在帮助教师理解微课与翻转课堂在外语教学应用中的理念、设计原则和评价，提高其微课与翻转课堂的教学设计能力，并促进教师的职业发展能力。[18]

2015 年 11 月 27 日至 30 日，由亚洲计算机辅助语言学会主办的"第十四届亚洲计算机辅助语言学习国际研讨会"在西安航空学院召开，来自 11 个国家和地区及国内部分高校的教师进行了论文宣讲。会议相关论题包含：新技术与外语教育、计算机辅助外语教学的基础设施和环境构建、计算机辅助外语教学与外语教师教育、计算机辅助外语教学与网络教育、计算机辅助外语教学的课件等内容。[19]

2015 年 12 月 4 日，"中国教育技术协会外语专业委员会西南分会第十届年会"在四川外国语大学重庆南方翻译学院召开。与会人员围绕年会主题"新技术与外语教学"，分别从数据时代的外语教学、外语教育技术的应用与实践、资源库的建设与应用等方面进行讨论。[20]

3. 信息化教学比赛

2015 年 4 月 8 日至 9 日，由中国高等教育学会与高等教育出版社联合主办的第一届中国外语微课大赛（中职组）暨 2014 年全国中等职业学校"创新杯"英语教师信息化微课设计大赛决赛在南京举行，来自全国各地的 120 名选手和

200余名观摩教师分享交流了中职英语教学的创新经验与改革设想。[21]

2015年11月7日至9日，由教育部主办的"2015年全国职业院校信息化教学大赛"在南京举行，来自各省、市、自治区以及新疆生产建设兵团和军事职业教育组的989件参赛作品参加了信息化教学设计、信息化课堂教学、信息化实训教学等3个项目的比赛。比赛旨在推动职业教育教学改革创新，提高教师教育技术应用能力和信息化教学水平，促进信息技术在教育教学中的广泛应用。[22]

2015年12月11日，由教育部大外教指委、教育部外指委和外语教学与研究出版社共同举办的"2015外研社教学之星大赛"全国总决赛在北京举行，大赛主题为"微课在翻转课堂中的应用"。22位优秀教师带着22个微课，突破校级初赛、全国复赛和决赛的重围来到全国总决赛。微课与翻转课堂的结合，充分体现了课上与课下的有效融合，代表了大学外语教学的发展趋势。[23]

4. 语料库技术相关研讨与研修

2015年6月6日至7日，北京外国语大学中国外语教育研究中心举办"语料库语言学：方法、技术与应用"研讨会。话题涵盖汉语、外语和民族语言等不同语种；涉及口笔语、大型通用和专题语料库，以及翻译语料库；既有对语料库语言学研究的理论探讨，也有对具体语言翻译现象的分析，还有语料加工处理和检索应用等技术性交流。共有来自全国各地十余所高校的20余名奋斗在语料库研究一线的中青年学者莅会演讲。[24]

2015年6月29日至30日，由天津市外文学会主办的主题为"新角度、新挑战"的"语料库语言学国际研讨会"在天津科技大学举行。来自英国伯明翰大学、日本东京外国语大学、新加坡国立大学、北京外国语大学等多名国际知名学者，以及来自全国30多所大学的40多名学者参会。与会学者就语料库文体学、语料库翻译学、学习者语料库、语料库与话语分析、语料库与语言教学、语料库与语言理论等主题进行了分组报告和研讨。[25]

2015年7月28日至8月5日，由中国社会科学院语言研究所、英国兰卡斯特大学、上海交通大学联合主办的"第2届中英语料库语言学暑期讲习班暨第 2 届中英语料库语言学论坛"在上海交通大学举行。课程由兰卡斯特大学 Tony McEnery、谢菲尔德大学 Roger K. Moore、社会科学院顾曰国教授、以及上海交通大学胡开宝和丁红卫教授主讲，包括语料库语言学基础理论、多模态语料库构建技术、语料库在人文社科中的应用、语料库与翻译等多项内容。[26]

2015 年 8 月 3 日至 5 日，由北京市教育委员会主办，中国外语教育研究中心和外语教学与研究出版社承办的"语料库在外语教学与研究中的应用研修班"在外研社国际会议中心举办。研修班邀请了北京外国语大学梁茂成教授、李文中教授和许家金教授，与来自全国 145 所高校的近 260 名教师一起就语料库语言学发展历程、基本概念、研究工具、具体操作、案例分析等进行了深入交流与探讨。[27]

2015 年 12 月 16 日至 18 日，"语料库语言学及语言科技发展国际会议"在香港教育学院举办，会议就语料库与语言习得及教学、语料库与对比及翻译研究、基于语料库的多模态话语分析等主题进行了探讨。[28]

四、外语教育技术研究发展态势

2015 年，外语资源建设工作快速推进，外语教育技术相关会议接踵召开，与外语教育技术相关的研究也取得了稳步发展，下文将介绍本年度获得国家和教育部立项的科研项目，以及外语教育热门技术——语料库技术的相关进展。

1. 科学研究项目

2015 年度国家社科基金项目及青年项目共立项语言学项目 244 项，其中与外语教育技术相关的主要有以下六项：1）语料库驱动的二语隐性、显性知识调查与实验研究；2）信息化时代的外语课堂教学有效性研究；3）文本声音构建与 EFL 学术写作能力发展研究；4）移动互联环境下的外语学习效能评估与提升路径研究；5）中国英语课堂小组互动口语语料库建设与应用研究；6）中国英语学生词汇联想表征与语料库分布的句法—语义耦合研究。

教育部人文社科研究规划基金及青年基金项目共立项语言学项目 218 项，

其中与外语教育技术相关的主要有以下十项：1）基于微课的大学英语项目式翻转课堂资源建设与拓展研究；2）中式英语还是中国英语？——一项基于涉华英语语料库的研究；3）中国 MTI 学习者翻译语料库的建设与应用研究；4）基于文本挖掘的中国英语学习者英语写作能力评估研究；5）中国大学生英语口语语体特征多维度研究；6）二语动词结构意义—句法加工图式研究：基于大数据分析技术；7）交替传译中学生译员与职业译员口译策略对比研究——基于语料库的考察；8）基于语料库的甘肃藏汉中学生英语书面语对比研究；9）中小学英语课堂多模态话语有效性建构研究；10）大学英语微移动学习融入形成性评价模式的研究。

2. 语料库技术研究

1）基于网络的第四代语料库分析工具 BFSU CQPweb 新增子库

BFSU CQPweb 是利用开源的 CQPweb 架设的多语种在线语料库检索平台，可按规定的文本格式不断增加语料库的种类和数量。该平台既可对单词、短语进行简单查询，也可使用正则表达式对词性赋码、类联接等形式进行复杂检索，还可实现生成词表、计算主题词等多项功能 [29]。2015 年，BFSU CQPweb 新增多个子库，如对外经济贸易大学商务英语语料库 [30]、PATTIE 儿童读物及视听材料英语语料库 [31]、TECCL 中国学生万篇英语作文语料库等，为外语研究者与教师提供了便利的在线检索平台。

2）语料云平台建设

在大数据时代，语料库的规模不断扩大，有的语料库已经突破了几十亿词，使得传统语料库软件难以满足需求，大数据语料的检索挖掘成为亟需解决的问题。2015 年，汇智明德教育科技有限公司与柯林斯出版集团、北京外研在线教育科技通力合作，推出了集语料库建设与共享、语料库检索与挖掘、语料库科研支持与服务于一身的大数据语料库平台——语料云（Corpus Cloud）。平台包含 BNC、BROWN、FROWN、CROWN 等多种免费语料库及学习者语料库，并引进了 Bank of English、Collins Corpus 等多种大型商用语料库。

　　该平台是对现有语料库技术的汇总及拓展，功能全面、强大[2]：第一，在检索上，内置 Smart Query 检索引擎，支持词汇、语码、句法结构和抽象符号混合的检索表达式，支持索引行智能归类、语义驱向分析和语义韵分析；第二，在统计上，支持针对抽象结构的统计、重要性统计、变量标记、对比分析、智能报表，以及柱状图、折线图、饼状图、词云等多种数据可视化手段；第三，在搭配上，支持针对单词、语码、短语、句法结构、混合抽象表达式的搭配计算，支持针对非连续结构搭配强度、逆向搭配强度的计算，还支持 MI、MI3、T-Score、Z-Score、Chi-Square、Revised Log-likelihood Ratio 等多种搭配强度计算方式；第四，支持词表、关键词功能，支持包括计算 TTR、词汇难度、语义空间在内的各种文本分析；第五，支持用户自建语料库，用户只需将语料上传至语料云平台，便可轻松使用语料云的全部功能和服务，这是对第四代语料库分析工具的明显改进。

[1]　新华网，2015，习近平致国际教育信息化大会的贺信 [OL]，http://news.xinhuanet. com/2015-05/23/c_1115383959.htm（2016 年 2 月 1 日读取）。

[2]　教育部，2015，刘延东副总理在第二次全国教育信息化工作电视电话会议上的讲话 [OL]，http://www.moe.gov.cn/jyb_xwfb/moe_176/201601/t20160122_228616.html（2016 年 2 月 1 日读取）。

[3]　全国人民代表大会，2015，关于修改《中华人民共和国教育法》的决定 [OL]，http://www.npc.gov.cn/npc/xinwen/2015-12/28/content_1957553.htm（2016 年 2 月 1 日读取）。

[4]　教育部办公厅，2015，《2015 年教育信息化工作要点》[OL]，http://www.moe.edu. cn/publicfiles/business/htmlfiles/moe/s3342/201503/184892.html（2016 年 2 月 1 日 读取）。

[5]　教育部高等教育司，2015，《教育部关于加强高等学校在线开放课程建设应用与管理的意见》[OL]，http://www.moe.gov.cn/srcsite/A08/s7056/201504/t20150416_189454.html（2016 年 2 月 1 日读取）。

[6]　教育部办公厅，2015，《关于"十三五"期间全面深入推进教育信息化工作的指导意见（征求意见稿）》[OL]，http://www.moe.edu.cn/srcsite/A16/s3342/201509/t20150907_

2　感谢中国外语教育研究中心毕业生、语料云平台团队带头人贾云龙老师为本部分内容提供信息。

206045.html（2016 年 2 月 1 日读取）。

[7] 陈琳、黄蔚，2016，2015 年度教育信息化十大新闻评出 [N]，《中国教育报》，2016-1-13。

[8] 黄蔚，2016，木铎金声，教育发展更均衡 [N]，《中国教育报》，2016-3-14。

[9] 教育部科技司，2016，2015 年 12 月教育信息化工作月报 [OL]，http://www.moe.gov.cn/s78/A16/s5886/s6381/201601/t20160128_229048.html（2016 年 2 月 1 日读取）。

[10] 于世洁，2016，慕课大学先修课助推教育改革 [N]，《光明日报》，2016-1-5。

[11] 人民网，2015，全国教育信息化应用展览会亮点：翼课网智能化同步教学平台 [OL]，http://qd.people.com.cn/n/2015/0527/c190439-25029166.html（2016 年 2 月 20 日读取）。

[12] 人民网，2015，全国高职英语 MOOC 平台和资源建设启动 [OL]，http://edu.people.com.cn/n/2015/0624/c1053-27202080.html（2016 年 2 月 20 日读取）。

[13] 上海外国语大学，2015，上海市外语教育技术协会第 30 届年会在上外召开 [OL]，http://news.shisu.edu.cn/teachnres/2015/2015,teachnres,025647.shtml（2016 年 2 月 20 日读取）。

[14] 李晨、陈美华，2015，新技术环境下的中国外语教育政策思考——第五届国际语言教育政策学术研讨会启示，《外语电化教学》（162）：78-80。

[15] 宋述强、董晓梅，2015，首都大学英语教师研讨信息化教育 [N]，《中国教育报》，2015-5-5。

[16] 中青在线，2015，第二届全国中小学英语学科与信息化教育高级研讨会闭幕 [OL]，http://edu.cyol.com/content/2015-07/17/content_11499987.htm（2016 年 2 月 20 日读取）。

[17] 中南大学，2015，我院成功承办中国教育技术协会外语专业委员会年会 [OL]，http://sfl.csu.edu.cn/SeconMain.aspx?strid=7ef82585-66e0-4fb5-afde-d597beeb18fb&id=121e88af-6b66-4795-8ace-1b8b30d15bf0（2016 年 2 月 20 日读取）。

[18] 外语教学与研究出版社，2015，从"微"聚焦，以"翻"促效——记外研社"微课与翻转课堂在外语教学中的应用：理念、设计和评价"研修班 [OL]，http://teacher.unipus.cn/workshop/detail.php?WorkshopID=235（2016 年 2 月 20 日读取）。

[19] 西安航空学院，2015，第十四届亚洲计算机辅助语言教学国际研讨会在我校举行 [OL]，http://www.xihangzh.com/info/1048/7272.htm（2016 年 2 月 20 日读取）。

[20] 四川外国语大学，2015，我校成功举办中国教育技术协会外语专业委员会西南分会第十届年会 [OL]，http://www.tcsisu.com/xwzx2015/28647.html（2016 年 2 月 20 日读取）。

[21] 高等教育出版社，2015，第一届中国外语微课大赛暨 2014 年全国中等职业学校"创新杯"英语教师信息化微课设计大赛决赛报到通知 [OL]，http://weike.cflo.com.cn/news/html/2015-3-13/20153131338311.htm（2016 年 2 月 20 日读取）。

[22] 教育部办公厅，2015，关于公布 2015 年全国职业院校信息化教学大赛获奖名单的通知 [OL]，http://www.nvic.com.cn/FrontEnd/ZZBMDS/NewPaper.aspx?NewID=9d76ecae-5ed8-4c4c-9aa8-6f7a3241d065（2016 年 2 月 20 日读取）。

[23] 外语教学与研究出版社，2015，2015 外研社"教学之星"大赛全国总决赛冠军揭晓 [OL]，http://star.unipus.cn/2015/news/431900.shtml（2016 年 2 月 20 日读取）。

[24] 中国外语教育研究中心，2015，"语料库语言学：方法、技术与应用"会议召开 [OL]，http://www.sinotefl.org.cn/a/zhongxinxinwen/20150616/2085.html（2016 年 2 月 20 日读取）。

[25] 天津科技大学，2015，我校成功举办"语料库语言学"国际研讨会 [OL]，http://news.tust.edu.cn/kdxw/54223.htm（2016 年 2 月 20 日读取）。

[26] 语料库语言学，2015，第 2 届中英语料库语言学暑期讲习班暨第 2 届中英语料库语言学论坛通知 [J]，《语料库语言学》（1）：110-111。

[27] 外语教学与研究出版社，2015，解语料库之谜，探 e 语言之秘——记"语料库在外语教学与研究中的应用"研修班 [OL]，http://teacher.unipus.cn/workshop/detail.php?WorkshopID=191（2016 年 2 月 20 日读取）。

[28] 香港教育学院，2015，语料库语言学及语言科技发展国际会议 [OL]，http://corpus.ied.edu.hk/colta2015/（2016 年 2 月 20 日读取）。

[29] 许家金、吴良平，2014，基于网络的第四代语料库分析工具 CQPweb 及应用实例 [J]，《外语电化教学》（5）：10-15。

[30] 江进林、许家金，2015，基于语料库的商务英语语域特征多维分析 [J]，《外语教学与研究》（2）：225-236。

[31] 吉洁，2015，PATTIE 儿童读物及视听材料英语语料库的创建 [J]，《语料库语言学》（1）：87-97。

第二节 信息技术与外语教育

一、大学 [1]

过去的几年里，移动互联网爆发式增长。相对于个人电脑，这是一个更具想象空间的时代。可以说，当今最大的两个变革应该是 Mobile（移动智能工具）和 Social（社交网络），显然，我们的生活方式相比过去已经彻底被颠覆了。当前教育正处于信息化创新与变革的大数据时代，中国的外语教育继续在新技术带来的挑战和机遇中探索前行。

本部分的关键文献来源包括 2015 年 CSSCI 期刊（含扩展版）（《外语教学与研究》、《外语与外语教学》、《现代外语》、《现代教育技术》、《外语教学》、《外语电化教学》）和教育类核心期刊《中国远程教育》以及常设"网络与远程教育"专栏的《中国电化教育》、《电化教育研究》、《现代教育技术》等教育技术专业期刊，作者统计得出信息技术在教学中的应用上升为本领域的热点，详见表 7.3。

表 7.3　信息技术在大学英语教学中的应用相关论文主题分类及数量

类别	数量	比例
信息技术影响下的理论，趋势和资讯	20	21%
现代信息技术在教学中应用的实证研究	42	45%
现代信息技术对于大学英语学习者的影响	12	13%
现代信息技术对于授课教师的影响	6	6%
其他	14	15%
合计	94	100%

本年度论文总数比 2014 年度增加 9 篇，其中"实证研究"的文章数量明显增加，在实证研究中研究"信息技术在写作教学中的应用"文章共 11 篇，占到实证应用总数的 26%。这符合 2015 年教育部《2015 年教育信息化工作要

1　本部分作者：胡晓娜、崔伟，北京外国语大学。

点》中提到教育信息化工作思路的核心"围绕重大问题，全面深化应用"。[1]

本部分将围绕表 7.3 介绍 2015 年度信息技术与大学英语教学，具体为：信息技术在大学英语教学应用的概况和研究成果，本年度领域内重点科研立项项目和学术活动，总结全篇并指出今后研究的方向。

1. 信息技术与大学英语教学

教育部《国际教育信息化发展报告 (2013—2014)》指出"高等教育信息化的重点在于推进信息技术与高等教育的深度融合、培养创新人才、探索新型科研组织和社会服务模式。[2] 因此，"现代教育技术所带来的方法手段的变化将成为外语教育现代化的突破口 [3]"。

1）国际和国内的研究热点

郑春萍[4] 等检索了计算机辅助教学（CALL）领域最具代表性的 5 本国际学术期刊（*Language Learning & Technology*，*ReCALL*，*Computer-Assisted Language Learning*，*System* 和 *CALICO Journal*）中近五年的 434 篇有效文献，发现基于计算机的沟通技术是最受关注的新兴技术（如图 7.1 所示），通过分析 28 类关键词丛频次，

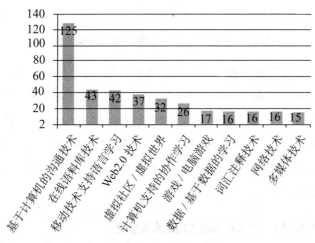

图 7.1 CALL 与新兴技术关键词丛频次图 [4]

结合文献分析，作者总结（1）学习者自主学习能力个体差异已成为 CALL 领域的研究重点（如图 7.2 所示）；（2）研究者最关注的是学习者词汇与写作能力的提升 [5]（如图 7.3 所示）。

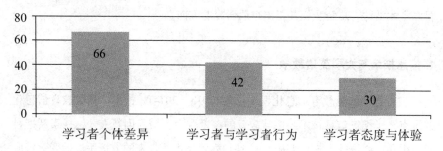

图 7.2　CALL 与学习者关键词丛频次图 [4]

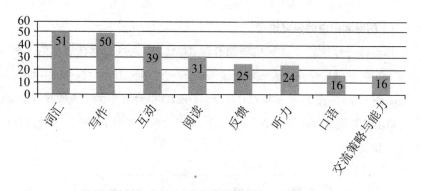

图 7.3　CALL 与语言习得关键词丛频次图 [4]

国内研究人员如董静娟 [5] 等使用词频分析法，对比了 2000—2014 年间《外语电化教学》杂志和 *Computer Assisted Language Learning* 上的 1,240 篇文献，发现国内外（1）共同关注大学阶段的语言学习；（2）对课程的关注不断上升；（3）计算机技术、多媒体技术已属常态，不再被特别强调；（4）基于语料库的研究近期受到较高的关注；（5）对写作研究的关注度不断上升；（6）对听力研究的关注降低。

2）"互联网 +" 和大数据时代的教育信息化

大数据（或称巨量资料）正在开启一次重大的时代转型，国务院近日发布的《促进大数据发展行动纲要》指出"大数据成为推动经济转型发展的新动力，成为重塑国家竞争优势的新机遇[6]"。王承博等[7]认为碎片化学习是大数据时代获取知识的一种重要途径。如何将碎片化知识与已有的知识融合,建构新的知识体系,需要学习者把握碎片知识的整体性(如图7.4所示)。

图7.4 知识碎片、知识点、知识体系之间嬗变的过程[7]

《人民日报》将"互联网+"时代的教育总结为四个方面——促进教育公平、便利学生自助学习、用大数据服务教育、学习不再有时空限制[8]。"互联网+"同时也不可避免地带来许多严峻挑战,中国高等教育学会会长瞿振元曾警告我们:在"互联网+"时代发展在线教育,必须重视教育的本质[9]。更好地让"互联网+"为我们所用,而不被它控制。

3)课堂教学实践

微课是慕课时代重要的教学资源[10]。在微课资源建设的实践中,西北师范大学以《英国文学史》为例,将翻转课堂作为培养学生主动学习的场域,形成了模块化、结构化、立体化的教学模式。实现了以教师为主导、学习者为主体、教学资源为支撑的相互融合的教学环境(如图7.5所示)。

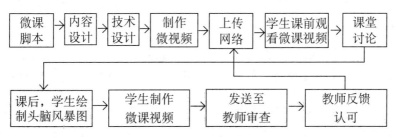

图7.5 微课与翻转课堂结合模式图

赵冰[11]等以西部某少数民族大学非英语专业硕士研究生两个英语教学班的100名学生为研究对象，A班是普通硕士班，B班少数民族骨干生班，英语基础相对薄弱。20周的翻转课堂实践后，两个班的后测均值都有提高，P值的变化说明B班在各个方面进步明显。

李晓东等[12]利用云技术搭建公共影视英语学习平台，对影视英语实施了基于微课的翻转课堂教学，再辅以数字化评估机制（如图7.6所示），一个学期的翻转教学后，通过对比学生在开课前和课程结束后的综合听力测试及文化议题分析测试的成绩，发现学生的综合听力水平成绩提高了11.73%；文化议题分析成绩提高了12.24%（如表7.4所示）。

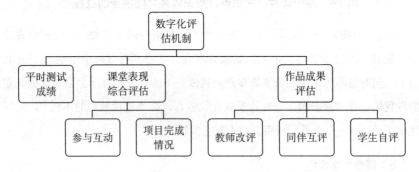

图7.6　数字化评估机制

表7.4　综合水平测试对比

时间 ＼ 类型	综合听力测试		文化议题分析	
	平均值	标准差	平均值	标准差
第一周	79.63	4.78	80.04	5.78
第十六周	88.97	5.01	89.84	6.03

有学者探索构建在线大学英语写作形成性评价模型[13]（Online College English Writing Formative Assessment, OCEWFA）。OCEWFA模型以包含初稿、修改稿和定稿3个阶段、9次评价，每个阶段都包括即时评价、随机两两互评及教师综合评价。经过一个学期的教学实验发现"三阶九评"模型有利于提高学生英语写作水平。

此外，《基于 Amos 的大学生英语应试技巧研究》[14] 一文通过问卷形式探究了大学生英语应试技巧的类型、使用频率及其对英语考试成绩的影响，结果说明不要迷信市场上所谓的"应试秘籍"。邹甜甜等 [15] 通过数据分析，发现口语课堂中视频拍摄的方法能够被能够帮助学生对口语能力进行合理的自我评价，提高了学生的自信心，激发了学习兴趣。

4）对学习者的影响

胡学文 [16] 发现，在网络自动作文批改系统的支持下，通过自我修改，学生的作文质量在作文分数、长度、词汇丰富度、平均词长、从句数量等指标上均有显著提高，但修改次数的多少与成绩的提高不存在相关关系。

《翻转大学英语课堂：基于现状调查的冷思考》[17] 中发现 5 所高校的受访学生（80.5%）很少利用学校的网络学习资源和学习平台，接近一半的受访学生在自主学习中存在自律性差、自主学习目标不明确等问题，但超过一半的学生对现代教育技术的运用非常感兴趣，渴望尝试翻转课堂的教学模式。

基于慕课的翻转课堂有效凸显了"以学生为中心"的核心教育理念，学生实现了从"被动，虚拟与认同"的学习方式向"主动，体验与问题"的现代学习方式转变；这种模式可以复制到任何一个课堂，且不需要更多金钱的投入。在线课程的多少和优劣，将直接决定翻转课堂的实效，决定能否实现学生的自主个性化学习 [18]。

本年度，弹幕视频以其独特的视频互动交流形式深受视频用户中学生群体的欢迎，《弹幕视频：在线视频互动学习新取向》[19] 一文作者通过感官体验、交互体验、情感体验和功能体验探究，认为弹幕视频能够实现及时交互，缓解学习孤独感，并增强学习临场感，期待它发展成为 MOOC 等远程在线视频学习平台中的一项主要功能。

5）对教师的影响

在大数据背景下，大数据和慕课（MOOC）给外语教学带来了什么样的机遇和挑战？陈坚林 [20] 引用了陈冰冰的慕课课程模式与传统课堂模式的比较表（表 7.5）[21]，可以看出慕课课程有其独特的优势。

表 7.5　慕课课程模式与传统课堂模式的比较 [20]

名目	慕课课程	传统课堂
授课人数	不受限制，动辄上万人	几十人或几百人
课时长度	微课程，十分钟左右	四十五分钟
学习动机	以需求、兴趣为导向选择课程	规定课程
学习时空	随时随地在线学习	受课堂时间 / 空间 / 地域限制
学习主体	学生为中心，学生主动性强	教师主导，学生被动完成
交互方式	多维度，多层面互动	面对面交流，在场感强
课程设计	精巧	创造性差
课程呈现	短视频播放，可反复观看	教师授课，一次性完成
课程评价	系统、同伴和教师评价	教师为主

　　基于以上分析，陈坚林指出，外语教学研究者应关注大数据带来的挑战：（1）大数据揭示了样本无法揭示的细节，我们不再依赖随机采样；（2）当我们拥有海量即时数据时，应以效率而不是精度为目标。（3）寻找事物之间的相关关系而非因果关系，这会给我们提供非常新颖且有价值的观点。[20]

　　为了解国内高校大学英语教学现状及翻转课堂教学的实施情况，张杰 [17] 等研究人员对 5 所高校的 300 名大一学生和 50 名大学英语教师进行了调研。结论是，很多教师（68.3%）认为中国学生的自主学习能力差，学校开展的自主学习活动和网络学习平台更多地流于形式，因此对翻转课堂教学模式的信心不足。[22]

　　有研究者 [11] 认为翻转课堂的教学模式对民族院校的教师有一定的挑战性。除专业知识外，教师要掌握现代教育技术手段，并结合多元教学理念，才能在自己的教学中更好地应用此模式，而翻转课堂之所以在高校得不到大力推广，是因为教师把大量精力用于科研，要让教师花费时间和精力去实施翻转课堂，教学主管部门应该在工作量、职称评审等核定上有所考虑，提供制度上的保障。[17]

本年度对于教师教育和发展的研究，仍然聚焦于教师角色的变化——"整合技术的学科教学知识"（TPACK）。研究发现大学英语教师利用信息技术对教学模式和内容进行深度整合的实践活动较少；在尝试使用相对复杂的技术方面也存在困难和障碍；并且教师对学生在技术环境下开展英语学习的现状和特点也不够了解，缺少引导和监督。这启示我们要在大学英语教师的培训方面突出 TPACK 的内容，激发教师开展技术整合与教学创新的热情；要建构外语教师专业学习共同体，促进 TPACK 的交流与共享；同时要建立外语教师 TPACK发展的保障机制。[23]

教育信息化时代，大学英语教师的角色已由"讲坛上的先知"转化为"学生身边的向导"[22]。教师要成为学习设计师，掌握 TPACK 知识，同时教师还需要成为反映的实践者，处理好学生需求、学科内容、教学方法、教育技术、教育目标和使命、教师自我等一系列相互缠绕的问题。

2. 信息技术辅助高等教育教学类立项课题

表 7.6　全国教育科学"十二五"规划 2015 年度立项课题与 2015 年度国家社科基金立项课题

序号	主持者	所属院校或基地	项目名称	项目类别
1	罗儒国	武汉大学	教师网络生活方式的理论构建与实践研究	国家一般
2	杜志强	郑州师范学院	"互联网 +"背景下个性化教师培训研究	国家一般
3	洪建中	华中师范大学	在线教学视频个性化应用模式研究	国家一般
4	张立新	浙江师范大学	学生个人网络学习空间的有效应用研究	国家一般
5	罗生全	西南大学	基于大数据技术分析的教研员胜任力水平模型建构研究	国家一般

（待续）

（续表）

序号	主持者	所属院校或基地	项目名称	项目类别
6	张伟	中国人民大学	大学教师参与大规模开放在线课程（MOOCs）的专业能力需求、阻碍因素与因应策略	国家一般
7	曾玉珍	重庆交通大学	云教育环境下学习模式变革研究与实践	国家一般
8	杨春梅	北京理工大学	研究型大学翻转课堂有效教学实证研究	国家一般
9	刘忠宝	中北大学	云环境下基于兴趣图谱的个性化学习资源推荐方法研究	国家青年
10	郭建鹏	厦门大学	翻转课堂学习机制及在高校教学中的有效性研究	国家青年
11	陈富	山西师范大学	数字化环境下大学生混合式学习研究	国家青年
12	冷静	湖北警官学院	基于云平台的翻转课堂模式在高校教学中的实践研究	国家青年
13	徐晓慧	北京邮电大学	基于大数据处理的智能学习系统的研究与实践	教育部重点
14	王凯丽	沈阳师范大学	教师信息技术应用能力培训中个性化网络学习活动推送研究	教育部重点
15	张萍	北京师范大学	借鉴与创新：哈佛大学翻转课堂教学模式与创新应用的实证研究	教育部重点
16	苗佳	东北大学	微学习模式下大学生外语学习投入的实证研究	教育部重点
17	张云霞	江南大学	以微课为契机的我国高校教学模式变革研究	教育部重点

（待续）

（续表）

序号	主持者	所属院校或基地	项目名称	项目类别
18	贾非	吉林财经大学	微课设计与翻转课堂在高校教学中的"双适应"问题及其应用研究	教育部重点
19	刘红霞	东北师范大学	大数据时代基于学习分析的自我调节学习测量与干预研究	教育部青年
20	张宗虎	喀什大学	"互联网+"：新疆南疆高校课堂教学重构个案研究	教育部青年
21	颜磊	海南大学	基于学习分析技术的大学生深度学习策略研究	教育部青年
22	赵慧娟	北京经济管理职业学院	"互联网+"时代的高职教育课堂教学重构与创新	教育部青年
23	杨庆云	北京师范大学	基于语料库的英汉反讽对比研究	国家社科基金一般项目
24	杨炳钧	上海交通大学	基于语料库的英汉非限定小句的功能类型研究	国家社科基金一般项目
25	王福祥	曲阜师范大学	基于翻译过程语料库的汉英翻译单位认知研究	国家社科基金一般项目
26	黄立波	西安外国语大学	基于语料库的毛泽东著作英译中外对比研究	国家社科基金一般项目
27	李清平	中南大学	基于计算机中介交流的跨文化交际能力发展研究	国家社科基金一般项目
28	陆军	扬州大学	语料库驱动的二语隐性、显性知识调查与实验研究	国家社科基金一般项目
29	徐锦芬	华中科技大学	中国英语课堂小组互动口语语料库建设与应用研究	国家社科基金一般项目

（待续）

（续表）

序号	主持者	所属院校或基地	项目名称	项目类别
30	马冬梅	东南大学	我国大学生英语口语能力动态诊断评价体系研究	国家社科基金一般项目
31	黄开胜	中南财经政法大学	中国英语学习者短语能力的评测与诊疗系统研究	国家社科基金一般项目
32	范娇莲	北京邮电大学	信息化时代的外语课堂教学有效性研究	国家社科基金一般项目
33	袁平华	南昌大学	基于 CBI 的大学生认知学术英语能力培养研究	国家社科基金一般项目
34	郭继荣	西安交通大学	移动互联环境下的外语学习效能评估与提升路径研究	国家社科基金一般项目
35	刘剑	衡阳师范学院	多模态汉英口译语料库的创建与应用研究	国家社科基金一般项目
36	刘宏刚	东北师范大学	高校外语教师专业发展动机及其影响因素的生态模型构建研究	国家社科基金一般项目
37	倪锦诚	上海理工大学	英语阅读记忆系统的交互性研究	国家社科基金一般项目

3. 信息技术辅助外语教学的学术活动

2015 年 4 月 3 日至 5 日，由东南大学外国语学院、上海外国语大学中国外语战略研究中心和美国威斯康星大学麦迪逊分校国际语言教育政策研究会联合主办，东南大学外国语学院承办的"第五届国际语言教育政策学术研讨会"在东南大学召开。来自中国、美国、澳大利亚、哈萨克斯坦等多个国家的一百多位注册代表参加了会议，并紧紧围绕"教育技术研究与语言教育政策研究的融合以及中国外语战略与规划研究的未来走向"等议题进行了分析研讨。

2015 年 4 月 24 日，为期两天的"2015 年高等教育信息化创新论坛"在东北大学闭幕。论坛由教育部科技发展中心主办、《中国教育网络》杂志和东北大学共同承办，逾 500 人参会。大会以"智慧校园与大数据"为主题，会议设主论坛——"未来大学信息化战略规划"和高端论坛"十三五高校信息化规划"以及"智慧校园规划与管理"、"高校大数据技术与应用"、"高校信息化发展状况与趋势展望"三个分论坛。配合高等教育信息化发展状况调查研究工作，还召开了"首届高校网络调研员培训工作会议"，众多高校代表 100 余人参加了本次培训并进行了现场互动研讨。

2015 年 6 月 23 日上午，教育信息技术协同创新中心和英特尔（中国）有限公司于在北京师范大学联合举行了教育部—英特尔信息技术专项科研基金项目"国际教育信息化发展研究"暨教育部哲学社会科学发展报告项目"中国教育信息化发展报告"成果发布会，来自国内外高校、中小学、教育主管部门和新闻媒体的 300 多位代表参加了发布会。发布会上，黄荣怀教授代表项目团队发布了三大研究成果：《国际教育信息化发展报告 (2014—2015)》、《国际教育信息化典型案例 (2014—2015)》、ICT in Education in Global Context: Comparative Reports of Innovations in K-12 Education (2014—2015)。

2015 年 8 月 17 日至 20 日，"第十三届教育媒体国际会议（ICoME 2015）"在东北师范大学净月校区召开。ICoME（International Conference for Media in Education，教育媒体国际会议）始于 2003 年，由韩国教育信息与媒体协会和日本教育媒体研究协会共同发起并组织。我国于 2012 年首次承办，之后采取在中、日、韩三国轮流举办的模式，现已成为亚洲地区具有广泛影响力的关于学习和媒体及信息技术的国际会议。

2015 年 9 月 27—28 日，由教指委主办，陕西师范大学教育学院承办，教育部全国高校学习科学教学指导分委员会、西安教育技术与网络学会协办的"第十四届教育技术国际论坛（IFET2015）"在陕西师范大学隆重举行。来自美国、澳大利亚、日本、中国等多个国家的 97 所院校 680 多名专家学者、师生代表参加了论坛。国际论坛研讨了翻转课堂与 MOOC 建设的实践与反思、数字化学习资源与环境建设、"互联网 +"时代下的有效学习研究、信息技术与教育的深度融合研究、信息技术环境下的教师专业发展研究和新技术、新媒体、新理论支持的有效学习研究等六大主题。

"2015 国际远程教育发展论坛"于 2015 年 10 月 10 日至 11 日在北京召

开。论坛以"引领、前瞻、发展、践行"为主题，与会者包括来自英国、美国、加拿大、德国、新加坡以及中国等国家和地区的远程教育知名专家和来自全国近百家高校网络教育学院的工作者。论坛共包括六场主题发言，"在线教学的创新理念与实践"、"在线学习资源建设与应用"、"互联网思维与行业人才培养"、"互联网环境与学生支持"、"技术发展与在线教育变革"和"在线教学评估与质量保证"六场分论坛，以及"生存与灭亡——MOOC 大潮冲击下网络教育机构的发展之道"和"投入与效率——'互联网+'时代在线教育发展之魂"两场尖峰对话。

2015 年 10 月 24 日至 25 日，为期两天的"第十五届中国教育信息化创新与发展论坛"在杭州召开。论坛由教育部教育管理信息中心、国家数字化学习工程技术研究中心、浙江省教育厅共同主办，杭州市教育局、《中国教育信息化》杂志社、中国教育发展战略学会教育信息化专业委员会、杭州市滨江区人民政府共同承办。业界 2000 余人参加论坛。在高等教育领域，设置了"'互联网+'时代的智慧校园"和"MOOC 与混合式教学"两个主题论坛，为信息化产品企业、相关教育部门搭起了一个互相交流、合作发展的平台。

2015 年 12 月 11 日，"第三届中国教育信息化（教育技术）行业新年论坛暨 2015 国际智慧教育展览会学术峰会"在北京国家会议中心召开，北京外国语大学网络教育学院等权威教育机构、业内资深教育专家和一线教师受邀参与了论坛。峰会展示了中国教育信息化发展进程中的优秀范例，为信息化时代中的智慧教育型企业提供了专业的展示平台。

2015 年 7 月 28 日至 8 月 5 日，由"中国多语言多模态语料库暨大数据研究中心"（该中心由北京外国语大学与中国社会科学院语言研究所共建。北京外国语大学网络教育学院为该中心在北外的执行单位）、中国社会科学院语言所"语料库暨计算语言学研究中心"与英国兰卡斯特大学"语料库研究中心"联合主办的"中英语料库语言学暑期讲习班暨论坛"在上海交通大学闵行校区外语楼举办。来自国内各高校和教学单位的教师和研究生 100 余人参加此次讲习班与研讨会。

4. 结语

随着科学技术的快速发展以及经济水平的日益提高，信息技术作为一项足以改变人们生活方式、学习方式以及娱乐方式的技术，正逐渐融入社会领域的方方面面。特别是移动互联网和智能手机的快速普及与升级使教育处于信息化创新与变革的大数据时代，学习和教授的内容及方式都在发生显著改变。

信息技术在大学英语教学中的应用研究更加深入，越来越多的学者利用MOOC、微课、翻转课堂、微信、QQ 平台等探索出将信息技术整合到大学英语教学当中的创新教学手段。例如，慕课与微课在促进翻转课堂的效果中相辅相成，优质的微课是优质慕课的基础，教师愿意进行慕课教学，学校声誉对慕课的影响巨大，领导、资金、技术等的支持是慕课成功的关键[24]。同时，云平台、云存储等使教育资源可以随时随地为学生所用，在大数据支撑下可以揭示国人学习规律，实现全过程可视化监控并提供智能化支持服务[25]，基于大数据的综合评价体系，也为实现精准管理与科学决策提供了可能。作为教育信息技术的一种，移动英语学习也是研究热点，有分析指出，近年来，移动英语学习研究量多质少，迈入理性发展阶段。[26]

在"互联网 +"的大环境下，大数据辅助外语教学正面临新的发展机遇。因为基于大数据的外语教学能够真正践行以学生为中心的理念，不仅使个性化学习成为可能，而且使新型课程设计与混合式教学成为可能，并促进教师专业发展与团队建设。

综上，在社交媒体日益普及的今天，外语教师应该积极探索如何将其应用到自己的外语教学之中，让社交媒体发挥其在外语教学中的优势，相关研究人员应重视社交媒体辅助外语教学这一新兴的研究领域，尽早开展相关的理论与实证研究，以指导和改善我国的外语教学。[27]

[1] 杜占元，2015，全面深化应用，全面实现"十二五"教育信息化发展目标——在2015 年全国电化教育馆馆长会议上的讲话 [M]，《中国电化教育》(5)：1-5。

[2] 张进宝、黄荣怀、吴砥，2014，国际教育信息化发展报告：内容与结论 [J]，《开放教育研究》(4)：76-83。

[3] 冯媛，2014，外语教育技术学初建背景下高校外语课程的机遇与挑战——2013 第

十届全国教育技术与外语教学学术研讨会述评 [J]，《外语电化教学》155：76-80。

[4] 郑春萍，2015，计算机辅助语言学习的国际动态与研究热点——2010—2014 年 CALL 论文关键词分析 [M]，《现代教育技术》(7)：75-81。

[5] 董静娟、闫明等，2015，十五年来外语电化教学研究的热点与趋势——基于两权威期刊主题词的分析 [M]，(7)：67-73。

[6] 百度百科，2015，促进大数据发展行动纲要 [OL]，http://baike.baidu.com/link?url= adnmezK6Kjw6FCFnF9OFfqZl6zXjok8njK_NTJ3r7PbK8zTv2hr8OrhIbZz2acvPEdjzO 3lCZ4HbYZ6BFM1T6IYqM1IlGeTZK2G5_K_e32uiVYTi4W7eTtRH0ptkkgBW8UCE Newgx9R-YTFYEqF2Mm_iiZR8KSp9TLGAKzVjnRuZ1bU5YWmiDhI8j3TI2jpDwnA G23640Nz1o1z2En_LqK（2016 年 9 月 8 日读取）。

[7] 王承博、李小平等，2015，大数据时代碎片化学习研究 [M]，《电化教育研究》(10)：26-30。

[8] 张烁，"互联网＋"时代，教育什么样 [N]。人民日报，2015-04-16。

[9] 胡乐乐，2015，论"互联网＋"给我国教育带来的机遇与挑战 [M]，《现代教育技术》12：26-32。

[10] 靳琰、胡加圣、曹进，2015，慕课时代外语教学中的微课资源建设与翻转课堂实践 [J]，《现代教育技术》25：84-88。

[11] 赵冰、何高大，2015，翻转课堂在民族院校研究生英语教学中的探索 [J]，《外语电化教学》166：76-80。

[12] 李晓东、曹红辉，2015，基于微课的翻转教学模式研究——以大学影视英语课堂为例 [J]，《现代教育技术》(9)：70-76。

[13] 黄红兵，2015，在线大学英语写作形成性评价模型构建研究 [J]，《现代教育技术》25：79-86。

[14] 肖巍、倪传斌，2015，基于 Amos 的大学生英语应试技巧研究 [J]，《现代教育技术》(8)：74-80。

[15] 邹甜甜、杨跃，2015，通过视频拍摄方法帮助学习者进行英语口语能力自我评价的探索 [J]，《外语电化教学》164：58-62。

[16] 胡学文，2015，在线作文自我修改对大学生英语写作结果的影响 [J]，《外语电化教学》163：45-49。

[17] 张杰、李科、杜晓，2015，翻转大学英语课堂：基于现状调查的冷思考 [J]，《现代教育技术》(7)：68-74。

[18] 崔校平、王兰忠，2015，基于 MOOC 的大学英语网络教学系统探析 [J]，《现代教育技术》25：59-64。

[19] 李海峰、王炜，2015，弹幕视频：在线视频互动学习新取向 [J]，《现代教育技术》6：12-17。

[20] 陈坚林、张迪，2015，外语信息资源的整合与优化建设——一项基于部分高校信息资源建设的调查研究 [J]，外语学刊，2014（5）。

[21] 陈冰冰，2014，MOOCs 课程模式：贡献和困境 [J]，《外语电化教学》[J]，（157）：38-43。

[22] 蒋学清、张玉荣，2015，教育信息化时代大学英语教师作为反映性实践者的角色嬗变研究 [J]，《外语电化教学》161：31-36。

[23] 张凤娟、林娟、贺爽，2015，大学英语教师 TPACK 特点及其发展研究 [J]，《中国电化教育》340：124-129。

[24] 许涛、禹昱、姚中锐，2015，基于 SWOT 分析的慕课教学发展研究 ——某大学外国语学院问卷调查分析 [J]，《现代教育技术》25：51-57。

[25] 陈坚林，2015，大数据时代的慕课与外语教学研究——挑战与机遇 [J]，《外语电化教学》，161：3-8。

[26] 朱晖，2015，论社交媒体在我国外语教学中的应用 [J]，《外语电化教学》164：47-51。

二、中小学[1]

1. 政策调研

随着整个社会信息化进程的不断深入，在 2011 年发布的《国家中长期教育改革和发展规划纲要（2010—2020 年)》（以下简称《纲要》）及 2012 年发布的《教育信息化十年发展规划（2011—2020 年)》两个纲领性文件的引领之下，教育信息化也正在从基础建设、实验尝试走向普及应用，教育信息化成为教育发展的重要组成部分。

2015 年是《纲要》发布的第五年，也是教育信息化十年发展的关键之年。这一年是"十二五"规划收尾和"十三五"规划开局的衔接之年。本年度，一系列教育信息化政策文件相继出台，彰显政府、教育相关部门对于教育信息化的重视，对于学校、企业的积极参与也起到了指导和促进的作用。

2015 年 2 月，教育部发布《2015 年教育信息化工作要点》（以下简称《工作要点》），针对中小学教育信息化，将"基本完成全国中小学互联网接入，基本实现每校至少拥有一套多媒体教学设备"以及"优质教育资源开发与应用深入推进"作为核心目标，其目的是使中小学基本实现互联网覆盖，并拥有网络教学和学习环境，同时推动各地方和学校的资源建设，促进数字资源在课堂教学的常态化、普遍性应用。

《工作要点》中提到 23 项教育信息化重点工作，针对中小学教育信息化工作，将"推进农村中小学'宽带网络校校通'、深入推进'一师一优课、一课一名师'活动以及总结、展示、交流信息技术与教育教学融合的新技术、新方法和新成果，推动信息技术在教育教学中的合理有效应用、扩大实施中小学教师信息技术应用能力提升工程等"都作为重点工作，为各相关部门开展教育信息化工作明确任务、指引方向，保证年度目标的实现。

2015 年 4 月，全国电化教育馆馆长会议召开，主题是"围绕深化应用，促进教育资源公共服务平台互联互通，构建数字教育资源共享服务机制"，其目标和措施与上述文件相呼应。

---

1 本部分作者：宋杰青，外语教学与研究出版社；唐莹，首都师范大学大兴附属中学。

2015 年 9 月，教育部发布《关于"十三五"期间全面深入推进教育信息化工作的指导意见（征求意见稿）》，该征求意见稿中强调，"十三五"期间，融合应用将成为教育信息化的重大发展课题。

在国家层面的政策引领下，各地方也相继出台了教育信息化的相关政策、文件，例如深圳市出台《深圳市教育信息化发展规划（2015—2020 年）》，强调"以教育信息化引领深圳教育现代化，促进教育公平，推动深圳教育国际化"的原则，提出"资源多样化、教学个性化、师生智慧化、管理智能化、环境泛在化、发展可持续化"的"六化"目标。这些政策的出台是教育信息化进一步深入落实到教育教学的有力保障。

综上所述的国家以及地方相关政策，2015 年教育信息化的主题仍关注信息技术与教育教学的进一步融合。中小学外语教学与信息技术的深度融合也在这一过程中不断推进和发展。

2. 课题研究及活动

在政策引领以及教育实践的推动之下，信息技术在中小学外语教学中的应用正逐步走向深层次、具体化，相关的研究和活动逐步增多。

课题方面，2015 年全国教育科学"十二五"规划本年度立项课题以及本年度国家社会科学基金教育学课题、语言类课题立项当中，尚没有以信息技术在中小学外语教学中的应用为主要研究对象的课题。但随着信息技术在教育教学领域应用的愈加广泛，外语学科与信息技术的融合日渐深入，以此为研究对象的科研课题已呈常态化分布。

在全国教育信息技术研究"十二五"规划 2015 年度立项课题中，信息技术与中小学外语教学相结合的相关课题在绝对数量上没有增长，但所占比重相比 2013 年和 2014 年都有所提高。在本年度全部 482 项课题中，以信息技术与中小学外语教学相结合为主题的课题有 16 项（2013 年 16 项，2014 年 23 项），占课题总量的 3.3%（2013 年占 2.7%，2014 年占 3.0%）。这些课题研究的内容和类型如表 7.7 和表 7.8：

表 7.7　全国教育信息技术研究"十二五"规划 2015 年度立项课题（单位申报）

序号	主持者	所属院校或基地	项目名称	项目类别
1	李建民	广东省中山市杨仙逸中学	基于翻转课堂的高中英语学科高效课堂的实践与研究	重点
2	奚亚英	江苏省武进清英外国语学校	数字化环境下小学英语阅读能力提升的理论与实践研究	重点
3	何燕	广东省广州市培正中学	新高考模式下高中英语数字化教学资源的建设与应用研究	专项
4	滕绍华	青海省西宁市第七中学	初中英语以学生为主体的课堂活动微课教学案例研究	专项
5	曹毅	重庆市第 110 中学校	基于畅言与电子书包融合在"双课堂"初中英语的应用研究	专项
6	张小卫	陕西省户县第一中学	现代教育技术与高中英语学科整合实践应用的个案研究	青年

表 7.8　全国教育信息技术研究"十二五"规划 2015 年度立项课题（个人申报）

序号	主持者	所属院校或基地	项目名称	项目类别
1	梁宝珊	广东省佛山市三水区白坭镇白坭中学	教育资源"学乐云教学平台"在初中英语教学中的有效应用研究	专项
2	董立鹏	广东省深圳市南山区教育科学研究中心	区域网络作业在小学生英语学习中的应用研究	专项
3	陈伟文	广东省江门市农林小学	教育信息化环境下的小学英语语块教学模式的研究	专项
4	黄娟	广东省江门市江华小学	基于网络的小学英语作业设计与管理的应用研究	专项

（待续）

（续表）

序号	主持者	所属院校或基地	项目名称	项目类别
5	李杏莲	广东省佛山市狮山高级中学	借信息技术手段，创英语特色课程	青年
6	郑明瑜	广东省三水中学附属初中	基于微课的翻转课堂在初中英语教学中的应用研究	青年
7	邓洪耿	广东省佛山市三水区白坭镇白坭中学	信息技术与农村中学英语词句篇教学有效整合研究	青年
8	李泳仪	广东省佛山市三水区白坭镇白坭中学	借助微课，优化农村初中英语听说课教学策略研究	青年
9	戴雄梅	广东省茂名市第十九小学	在信息技术环境下小学英语潜能生学习策略的研究	青年
10	黎慧颖	江西省赣县中学	应用微课提高初中生英语协作学习效率的实践研究	青年

以上课题研究列表中，课题的关注点与教学实践紧密结合，既包括将网络和信息技术应用作为一种背景的外语教学模式、学习策略、资源建设等方面的探索，也包括网络、微课以及具体的数字产品在教学中的应用观察与研究，研究涉及高效课堂、协作学习等角度，也包括阅读能力提升、语块教学、词句篇教学、听说教学等具体教学场景。从这些课题研究方向中可以看出，信息技术在中小学外语教学中已进入实际应用的阶段，并对教学产生了不可忽视的影响。

从各地方教育科学"十二五"规划立项课题中也可以看到类似的特点，表7.9 为部分地方 2015 年立项课题的列表。

表 7.9　部分省级行政区教育科学"十二五"规划 2015 年立项课题中"信息技术与中小学英语教学相结合"相关课题列表

编号	主持者	所属院校或基地	项目名称	地区
1	郭艳辉	北京市第七十一中学	翻转课堂在农村中学英语中的实践研究	北京

（待续）

（续表）

编号	主持者	所属院校或基地	项目名称	地区
2	肖秀花	明溪县第一中学	高中英语多模态教学促进个性化学习课堂的实践研究	福建
3	李彬阳	泉州科技中学	中学英语微课教学的优化与探究	福建
4	庄萍萍	泉州市第六中学	网络环境下初中英语写作教学的策略与研究	福建
5	曾晓强	酒泉第五中学	英语微课的开发与教学环节设计研究	甘肃
6	曹生翠	平川区大水头学校	"翻转教学"模式在英语课堂中的运用	甘肃
7	王建国	白银市第八中学	敏特英语在高中英语教学中的作用和影响	甘肃
8	郑艳芳	临洮县明德初级中学	多媒体技术与初中生英语听说能力发展策略研究	甘肃
9	秦晓林	嘉峪关市文殊中心小学	微课辅助于小学英语课堂教学的实践探索	甘肃
10	张金秋	金昌市第四中学初中	英语微课在英语阅读课中的设计与应用研究	甘肃
11	宋晓萍	酒泉第六中学	初中英语微课设计与制作的有效策略研究	甘肃
12	刘春花	酒泉市第三中学	多媒体交互式电子白板在英语教学中的运用	甘肃
13	杨海丽	西北师大第二附属中学	翻转课堂在初中英语教学中的行动研究	甘肃
14	李生仁	张掖市山丹县城关小学	畅言交互式信息技术与小学英语课堂教学有效整合的研究	甘肃
15	丁浩	张掖市山丹县第二中学	微课在初中英语语法教学中的应用研究	甘肃

（待续）

（续表）

编号	主持者	所属院校或基地	项目名称	地区
16	张寸丹	平顶山市第二高级中学	慕课视角下高中英语翻转课堂教学模式	河南
17	张锦霞	汤阴县第一中学南校	翻转课堂与高中英语语法教学有效性的研究	河南
18	尚毅英	南阳市教育科学研究所	利用移动学习模式提高英语课堂效率的策略研究	河南
19	包聚广	洛阳外语实验高中	多媒体条件下英语教学策略研究	河南
20	秦弄军	平顶山市实验高中	英语教学巧用多媒体强化词汇记忆的研究	河南
21	杜俊桃	灵宝市教育体育局教研室	新媒体（微课、微信、QQ群等）在初中英语教学中的应用研究	河南
22	闫福翠	大庆实验中学	高中英语教学与现代教育技术深度融合研究	黑龙江
23	张健	襄阳市第一中学	翻转课堂在高中英语教学中的运用研究	湖北
24	张彤	长春教育学院	基于MOODLE平台的长春地区中小学英语教师学科培训模式改革研究	吉林
25	丁克威 陆震环	无锡市青山高级中学	基于翻转课堂的高中英语微课程资源开发与应用研究	江苏
26	殷志琴 郭胜利	盐城市田家炳实验小学	基于情境创设的小学英语微课程教学实践研究	江苏
27	宋德龙	常州市教育科学研究院	多模态语料库辅助的高中英语校本课程开发与应用	江苏
28	陈霞	靖江市斜桥中学	英语课堂教学策略实施中微课的运用研究	江苏

（待续）

（续表）

编号	主持者	所属院校或基地	项目名称	地区
29	胡德兰	无锡市第六高级中学	基于翻转课堂的高中英语词汇教学研究	江苏
30	方胜 王中莉	江苏省邗江中学（集团）北区校维扬中学	基于"微课"建设的初中英语大课堂教学方式的探索与研究	江苏
31	林杏平	句容市实验高级中学	翻转课堂模式下中学英语教学研究	江苏
32	周林	江苏省镇江第一中学	基于语料库的高中英语语块教学研究	江苏
33	施涛	淮阴师范学院附属中学	精致教育理念下翻转课堂在初中英语教学中的应用研究	江苏
34	邢文骏 张文娟	南京市教学研究室	初高中衔接英语教学的微型课程的开发及应用的研究	江苏
35	王晓青	江苏省泗洪县青阳小学	MOOC环境下利用微课程优化小学英语教学的实践研究	江苏
36	曹燕	常州市雕庄中心小学	基于微课的小学英语导学实践研究	江苏
37	朱平	南京东山外国语学校	微课在初中英语教学中的应用研究	江苏
38	郑云 蒋剑华	靖江市实验学校	"微课程"支持下的初中英语教学模式的实践研究	江苏
39	杨津秀 蔡斌	盐城市初级中学	初中英语微课程开发和实施的研究	江苏
40	孙立新	苏州国际外语学校	慕课（MOOCs）教学模式研究	江苏
41	迟铁梅	大连市金州新区教育科学研究	区域初中英语教研组网络教研的实践研究	辽宁

（待续）

（续表）

编号	主持者	所属院校或基地	项目名称	地区
42	聂鹏杰	阜新市阜蒙县泡子学校	翻转课堂提高初中英语教学效率的实践研究	辽宁
43	冷玉顺	朝阳市第四高级中学	微课在普通高中英语课堂教学中的应用研究	辽宁
44	徐庆仰	日照市教育科学研究中心	利用初中英语在线学习平台培养学生自主学习能力的研究	山东

（注：因公开资料有限，本表格只列举了部分省级行政区的立项课题。）

　　从表7.9中能够看到，"翻转课堂"、"慕课"、"微课"、"新媒体"、"移动学习"等在中小学外语教学当中已成为普遍辨识和应用的概念，并已引起教师和研究者的普遍研究兴趣，这同样是信息技术与中小学外语教学相融合正逐步深入的例证。

　　除了以上所述的课题以外，2015年教育信息化相关的大型活动较多，其中2015年5月，教育部和联合国教科文组织合作在青岛举办了"国际教育信息化大会"，会议通过了体现各国教育信息化智慧结晶的《青岛宣言》；2015年10月，"第十五届中国教育信息化创新与发展论坛"召开，围绕"互联网＋教育"的主题，从基础教育、高等教育、职业教育、学前教育、特殊教育、教育管理信息化等多个角度，探讨互联网技术如何与教育更好地融合；2015年12月，教育部在广东佛山南海召开基础教育信息化应用现场会，旨在推动信息技术在中小学校广泛应用，推进信息技术与教育理念、教学内容和教学方法的逐步深度融合。在这些大型活动中，关于信息技术与中小学外语教学相结合的诸多产品和案例也进行了展演，显示了中小学外语教学中信息化的成果。

　　此外，由教育部和财政部联合启动于2012年底的"教学点数字教育资源全覆盖"项目至2015年取得了阶段性进展，全国6.4万个教学点全面完成"教学点数字教育资源全覆盖"项目建设任务，实现通过卫星或网络接收并应用数字教育资源，目前已经形成覆盖小学8个学科1个教材版本的资源系列，这8个学科当中就包括英语学科。这个项目为农村边远地区教学点提供设备和资源，帮助这些地区开齐开足国家规定的课程。

而由各地教育信息化部门推动的"一师一优课、一课一名师"活动则得到了全国各地区的积极响应，它极大调动了包括英语学科在内的各学科广大教师在课堂教学中应用信息技术的积极性和创造性，已经初步形成"人人用资源、课课有案例"的教学应用环境，促进了优质教育资源的共建共享。目前以及未来，盘活这些资源并使之真正助力广大一线教师和在校学生，是教学部门和教育信息化部门共同探索和实践的课题。

3. 学术著作和论文

《2015 年教育部工作要点》的第 19 条指出"以教育信息化扩大优质资源覆盖面"，强调"充分发挥市场作用、调动社会各方面力量，加快促进信息技术和教育教学的深度融合"。2015 年 3 月，教育部发布《2015 年教育信息化工作要点》，"扩大优质教育资源覆盖面"和"加大教育信息化培训力度"是其中两项重要工作。正是由于相关政策的引导和落实，2015 年与信息化在中小学教学中应用相关的研究硕果累累。

这些研究既有基于对硬件设施如多媒体设备、交互式白板、平板电脑等与英语教学相结合的角度，也有针对软件系统对教学的影响和支持的研究，如网上自动评价系统，批改网研究，微课、慕课、翻转课堂等与教学的结合，信息技术与英语课程资源的整合，信息技术与教师专业化发展相结合，还有综合运用现代信息技术和多媒体资源与英语教学的结合角度。

2015 年，在外语和电化教育类核心期刊（如《外语教学与研究》、《外语界》、《外语与外语教学》、《外语教学》、《外语电化教学》、《外语教学理论与实践》、《电化教育研究》）中共收录与信息化与教学相结合相关的论文 36 篇，与信息化与中小学英语教学相结合相关的论文 12 篇，主要发表在《外语电化教学》以及《中小学电教》两类期刊上。这 12 篇论文从多个角度阐述了信息化在中小学外语教学中的应用。这些论文呈现出以下几个特点：研究仍以理论性研究方法为主；以教师为研究对象的少；将信息技术与听说读写具体相结合的论文也较少，研究的主题可以概括为以下几个方面。

第一，信息技术影响英语教学。这类研究论文，共有 3 篇，从理论方面论证了信息技术对于英语课堂教学的巨大促进作用。《充分利用现代信息技术优化英语课堂教学》[1] 一文阐释了信息技术的不断发展和突破，为教育提供了更多、更优的技术支持，尤其是对英语教学提供了极大的方便。信息技术使英语学科在教学内容呈现方式、教师教学方式以及学生学习方式上都发生了根本性的变化。英语课程与现代信息技术整合是将现代信息技术与英语课程结构、课程内容、课程资源以及课程实施等融合为一体，成为英语课程和谐自然的有机组成部分，提高了学习效率。利用现代信息技术手段，实现一种理想的学习环境和全新的、能充分体现学生主体作用的学习方式，从而彻底改革传统的教学结构和教育本质，达到培养创新人才的目的。《多媒体技术在英语教学中的应用》[2] 指出，媒体英语教学具有激发学生学习兴趣、有助于学生记忆、提高学生口语水平及提高教学效率等作用。但在具体实施过程中，多媒体教学仍然存在教师不够重视、课件制作水平低、人机交互性低及管理不到位等问题，这就需要各学校与教师加强重视、提高培训力度、加强人机交互等，使多媒体英语教学更好地起到应有的作用，提高教学的效率，完成英语教学目标。《现代教育技术在英语教学中的作用》[3] 一文从整体上阐述了利用现代教育技术培养学生听说读写的能力，激发学生的学习兴趣，调动学生学习积极性，提高学习效率。但是该文没有提出具体的结合方法供读者借鉴。

第二，信息化环境下外语教学及模式的尝试与改变。这类论文有 6 篇。《信息技术精彩英语课堂》[4] 一文介绍了多个信息技术与英语课堂教学相结合的实例，如运用信息技术学习方位介词 "in" "on" "under" "in front of" 等。这些课堂实例展示了信息技术与英语课堂教学相结合的四个角度。1）运用多媒体技术激发兴趣，发挥学生的认知主体作用；2）运用现代信息技术，培养学生听说能力；3）运用信息技术，优化教学，化解难点；4）利用网络资源，开阔学生视野，有机地输入文化意识。《信息技术在英语教学中的运用研究》[5] 一文从课堂实例出发，研究信息技术如何有助于打造英语课堂的魅力、提高英语课堂的有效性。该文认为信息技术的作用主要体现在以下两个方面。首先，理想的教育软件有助于开阔视野，多媒体的运用大大提高了课堂效率；其次，创新的教学服务于有效的课堂，其中白板和投影仪就发挥了不可替代的作用。《有效利用信息技术，优化小学英语教学》[6]指出由于小学阶段英语教学缺乏外语环境，孩子们学习的兴趣势必受到影响，因此小学英语教学不能仅仅局限于课本教学，要利用多媒体辅助教学才能收到更好的教学效果。研究者主要从以下4个方面来阐述。1）巧用多媒体，激发兴趣。作者以人教版新目标英语七年级下册 Unit 8 When is your birthday? 为例来具体作研究；2）创设情境，操练对话。作者以"What are you going to do ..." "I am going to ..."为例来说明；3）巧妙运用，营造氛围。将课前几分钟作为熏染学生的"前奏曲"，充分唤起学生学习英语的欲望和学习兴趣，吸引学生的注意；4）巧妙运用，突破难点。作者以辨析go 和 goes 为例进行说明。《关于"英语课堂教学模式异化"的学科思辨》[7]从英语学科的独特属性进行分析论证，指出"先学后教"、"学案导学"、"自学—展示"等模式化要求并不符合英语课堂教学的基本规律，对英语课堂教学存在诸多负面影响。研究者希望英语教师在英语课程标准的指导下，遵循英语教学的规律进行教学，提高课堂教学效率，实现英语课程的培养目标。但是研究者只是从理论的角度阐述了这种教学模式所存在的问题，并没有提出比较好的提高课堂教学效率的方法。《应用信息技术优化初中英语课堂教学设计方法》[8]一文提出了4个问题：1）信息技术的定位是什么？2）如何将信息技术有效应用到课堂教学中？3）在信息技术环境下教学设计该怎样进行？4）评价信息技术优化教学效果优劣的标准是什么？作者给出了一个"信息技术优化教学"思路指导下的教学设计案例，以案例来回答上述问题，更直观清楚。该研究为英语课堂教学提供了很好的借鉴。《电子书包环境下的小学英语智慧课堂构建及案例研究》[9]通过分析智慧课堂的概念、特征及其课堂教学特点，根据目前小学英语课堂教学现状与电子书包环境对课堂的支撑作用分析结果，试图构建电子书包环境下的小学英语智慧课堂，提出课堂教学的设计思路及活动流程，并以北师大版小学五年级教材为案例进行研究，为促进小学英语"智慧课堂"的构建提供借鉴。《信息技术与高中英语开放式作文教学整合探究》[10]探讨利用信息技术的优势，创设良好的习作情境，为学生提供丰富的素材，有效调动学生的写作积极性，促进学生认知结构的构建，强化学生的内心体验，从而有效实现作文教学的目标。研究者以教学必修2 "Wildlife Protection" 的写作为例，阐述了如何将信息技术运用到英语开放性作文当中，对实际的写作教学具有很好的借鉴作用。

第三，信息化与教师专业化发展。从这一角度出发进行研究的论文有 1 篇。《教师临场感与中小学教师网络研修行为的关系研究》[11]一文中，作者以上海初中英语网络研修为例，采用量化研究方法，通过调查问卷和 Web 日志分别采集了上海初中英语教师进行网络研修时的教学临场感与网络研修行为，然后使用 SPSS 进行了统计分析。分析显示，教学临场感对于部分而非全部网络研修行为有显著影响；教学临场感具有境脉性，它在不同工作坊间存在差异，并受到教师职务、平台体验的显著影响，但是年龄、性别及婚配与否对其影响不显著；教学临场感是导致网络研修行为产生的必要而非充分条件。针对研究结果，作者对中小学教师网络研修及助学队伍建设提出了一些建议。

第四，英语网络教学的现状研究。曹文教授等深入研究了当前中小学英语网络教学的现状。《中国中小学英语网络教学的现状研究》一文介绍了"中国中小学英语网络教学模式研究课题"[12]的研究背景、研究目标和问题、研究方法和步骤、样本基本情况以及各子课题研究成果，描绘了中国中小学英语网络教学的生态。该文以中小学、英语教学、信息化为研究领域，以实证性研究为主要研究方法，以英语教师为主要研究对象，从研发、教学和教师发展 3 个层面，探究了中国中小学英语网络教学模式的现状、存在的问题及可能的解决方案。

2015 年，中国期刊网上还收录了 4 篇硕士论文，这些研究都与信息技术在中小学英语教学中的应用紧密相连。研究主要从两个角度出发：一是信息技术在听、说和写作等英语专项技能学习方面所起到的作用，包括《信息技术支持下的农村初中英语听说教学策略研究》[13]以及《信息技术在小学英语写作训练中的价值研究》[14]；二是交互式白板在英语教学中的巨大作用，如《交互式白板在小学英语词汇教学中的应用研究》[15]以及《交互是白板环境中激发小学生英语学习动机的研究》。

如上所述，2015 年关于信息化在英语教学方面的应用相关探索很多，但信息化与中小学英语教学相结合的研究相对较少，特别是针对农村中小学英语教学信息化方面的研究更少，这些方面还有待广大教育工作者和研究者加强观察、思考和研究，为优化信息化时代的中小学英语教学起到推动作用。

[1] 王学文，2015，充分利用现代化信息技术优化英语课堂教学 [J]，《中小学电教》(8)：93。

[2] 李斌，2015，多媒体技术在英语教学中的应用 [J]，《中小学电教》(2)：137。

[3] 魏淑芳，2015，现代教育技术在英语教学中的应用 [J]，《中小学电教》(1)：89。

[4] 黄诗颖，2015，信息技术精彩英语课堂 [J]，《中小学电教》，(17)：48。

[5] 宋春雨，2015，信息技术在英语教学中的运用研究 [J]，《中小学电教》(6)：28。

[6] 吴美玲，2015，有效利用信息技术，优化小学英语教学 [J]，《中小学电教》(9)：39。

[7] 平克虹，2015，关于"英语课堂教学模式异化"的学科思辨 [J]，《课程·教材·教法》(10)：92-97。

[8] 谷镇，2015，应用信息技术优化初中英语课堂教学设计方法研究 [J]，《中小学电教》(7)：58-60。

[9] 庞敬文等，2015，电子书包环境下小学英语智慧课堂构建及案例研究 [J]，《中国电化教育》(9)：63-84。

[10] 金丽，2015，信息技术与高中英语开放式作文教学整合探究 [J]，《中小学教学研究》(6)：37-38。

[11] 张怀浩，2015，教师临场感与中小学教师网络研修行为的关系研究——以上海初中英语网路研修为例 [J]，《中国电化教育》(6)：51-58。

[12] 曹文等，2015，中国中小学英语网络教学的现状研究 [J]，《外语电化教学》(7)：41-46。

[13] 宋芹芹，2015，信息技术支持下的农村初中英语听说教学策略研究 [M]，硕士学位论文。山东：山东师范大学。

[14] 金炜，2015，信息技术在小学英语写作中的价值研究 [M]，硕士学位论文。长春：东北师范大学。

[15] 吴雪莹，2015，交互式电子白板在小学英语词汇中的应用研究——以银川市某小学为例 [M]，硕士学位论文。宁夏：宁夏大学。

[16] 张玲，2015，交互式电子白板环境中激发小学生英语学习动机的研究 [M]，硕士学位论文。天津：天津师范大学。

第三节　网络外语学历教育[1]

2015 年是"十二五"收官之年，也是网络教育发展不平凡的一年。《中华人民共和国国民经济和社会发展第十三个五年规划纲要》提出："加快学习型社会建设。大力发展继续教育，构建惠及全民的终身教育培训体系。推动各类学习资源开放共享，办好开放大学，发展在线教育和远程教育，整合各类数字教育资源向全社会提供服务。"李克强总理在十二届全国人大四次会议上代表国务院所作的政府工作报告提出要"发展更高质量更加公平的教育"，并围绕着这一核心问题提出了一系列任务举措，其中之一为"加快推进远程教育，通过教育信息化扩大优质教育资源覆盖面"。

在此背景下，网络外语学历教育的规模有什么变化？网络外语学历教育的教师专业素养培养、教学、助学等方面如何提高质量？这些问题是本次年度报告要重点回答的内容。

一、网络外语学历教育发展规模

据教育部的统计数据显示，我国网络本专科教育招生规模稳定保持在 200 万左右、在校生规模已经超过 630 万。图 7.7 是根据 2011 年至 2014 年网络学历教育招生规模形成的折线图[1]。可以看出，整个网络学历教育招生规模在 2014 年略有下降但基本保持稳定。

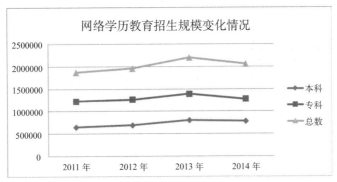

图 7.7　网络学历教育招生规模变化情况

1　本节作者：陈丽萍、唐锦兰，北京外国语大学。

网络外语学历教育主要是指各个外语语种的高起本、高起专、专升本等三类网络教育。从本科教育的招生规模和在校生规模来看，网络外语教育的绝对规模和相对比重都是逐年下降的。网络外语本科教育 2014 年招生数仅有 6,789人，所占比重不到网络学历本科教育招生总数的 0.9%。

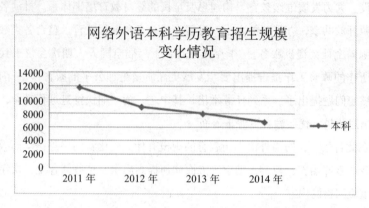

图 7.8　网络外语本科学历教育招生规模变化情况

二、网络外语学历教育的改革和研究

2015 年度，网络外语学历教育的改革和研究主要聚焦教师专业素质培养、学生辍学干预及教学改革等几个方面。本报告主要通过检索中国知网数据库（尤以 CSSCI 期刊论文为主）来筛选各高校的网络学历教育改革和研究。

1. 教师的专业素养研究

现代远程教育英语教师的专业素养与远程教育英语教学质量密切相关。远程学习赋予学习者更多的选择和自主学习的空间，使教学重心从教师向学生转移，这意味着教师责任的变化和角色的转型。如何以学习者为中心，理解并重构教师角色，成为远程教育工作者面对的重要课题。

浙江大学是国内第一批经教育部批准的现代远程教育试点高校，其远程教育英语专升本专业自 2004 年开始招生以来，积累了丰富的教学实践经验。学习者分布于各地学习中心，通过网络课件自主学习，并由学习中心安排辅导教师定期组织面授辅导。该专业的学生多为在职学习，主要在企业工作，其中近一半的学生在大专层次学习了英语类专业，其他学生就读管理、文秘、法学和工科类专业，均通过了入学英语测试，可视为具有一定英语学习基础。研究者对浙江大学远程教育学院下属的 12 个学习中心的学生进行了一项关于远程学习者英语学习信念的问卷调查。研究者通过学习中心在学生面授时集中发放调查问卷，共发放问卷 400 份，收回有效问卷 380 份。排除无效和无关隐喻后，研究者共收集到可供开展本项研究的 313 份问卷。通过对 313 项有效隐喻以及所提供的理由进行解读，研究者发现同样的语言喻体可能基于不同的语言喻底，对应不同的概念隐喻。[2]

　　研究者结合受访者所给出的理由，分析其语言隐喻表述并进行分类，总结出远程学习者关于英语教师角色的 9 项主要的概念隐喻，具有一定的普遍性，分别是交流者、指引者、培育者、鼓励者、施救者、知识传授者、知识发送者、合作型领袖和督促者等 9 项主要的概念隐喻。进一步总结上述的隐喻分析，研究者认为远程学习者对英语教师角色的期待包含了四个维度：社交维度、职业维度、认知维度和情感维度。社交维度上，学习者希望与教师开展人际交往，培养师生关系。职业维度上，学习者希望英语教师具有专业素养，具备深厚的语言文化知识和全面的语言应用能力，是可靠的知识来源和权威专家；具有敬业精神，不计得失，甘于奉献；具有领导力，能有效地组织教学活动。认知维度上，学习者希望英语教师提供资源、开展教学、进行评估、诊断困难、提供指导、激发学习动力、培养元认知策略等。情感维度上，学习者希望教师平等对待他们，营造良好的学习环境，培养积极感情，消除消极情绪。本项研究结果揭示了远程教育中英语教师角色的复杂性，远程学习者心目中的英语教师绝不仅仅是传统的知识灌输者或信息提供者，而是承载着多重角色。本研究应用隐喻分析法来剖析远程学习者对教师角色的信念，深化了对远程学习者信念与期待的认识，对远程学习模式下的英语教学与管理具有一定的借鉴价值。[2]

　　除此之外，常德广播电视大学的杨朝娟[3]和齐齐哈尔市广播电视大学的吴妍[4]对远程教育外语教师专业发展途径及素养要求进行分析，并提出了提升现代远程教育外语教师专业素养的有效途径。教师专业素质是从事教师职业所应必备的基本素质要求，是在个体一般素质的基础上形成和发展起来的教师职业的基础性和通识性素养和品质，是基本胜任教学工作的教师必备的专业品质。

杨朝娟提出，远程教育教师的专业素养包括教师的责任心及投入度、教研能力、远程教育技能、远程教育理论水平及学科基础。她认为：第一，远程教育英语教师不仅是英语学科知识的传授者与英语教学的研究者，也是远程教育教学理论的实践者与宣传者，身上肩负的重任要求远程教育英语教师以高度的责任心去完成自己的使命；第二，由于远程教育英语教师具有多重身份，担任多种角色，因此在从事教研工作时可以不局限于英语学科教学研究，研究领域涉及远程教育和成人教育、教育与教学管理、现代信息技术等；第三，随着社会的进步与远程教育事业的发展，教师们努力提高专业水平，如进行学历提升和出国深造。根据以上分析，提出四条提升现代远程教育英语教师专业素养的途径。第一，通过制度建设为提升专业素养提供保障。远程教育英语教师在教研工作和远程教学技能的掌握和运用上如果有外部制度的标准和回报，那么教师们必然将其内化为自身职责而认真履行。第二，通过团队建设为提升专业素养营造氛围。为提升教师专业素养，目前团队建设有必要在原有团队建设的基础上根据需要分级分层建立新团队、细化团队功能、增强团队活力，满足所有英语教师提升专业素养的需求。第三，通过多种渠道为提升专业素养创造条件。如经常召开实地或远程的多媒体教学资源培训会议，加强信息技术团队建设并经常开展活动，经常或定期组织信息技术应用能力培训等。第四，通过激发个人潜能为提升专业素养提供原动力。远程教育英语教师应该明白，专业素养提升是自己的事情，是远程教育发展的需要，不提升自己的专业素养终将被淘汰。有了这样的认识，教师会树立专业素养发展的意识，努力提高自我发展的内驱力，这是提升教师专业素养内在的、也是更为根本的原动力。[3]

吴妍对远程教育外语教师专业发展途径及信息素养要求进行了解析。她提出，在现阶段外语课程教学的过程中，通过远程教学体系的建立，要想逐渐提升教师的专业素养，提高教学的整体质量，就应该改变原有的教学体系，提高教师的专业竞争意识，而且教师要建立适合自身发展的目标，从而为整个教育事业的建立奠定良好的基础。与此同时，也应该逐渐提升教师远程教育的认知，通过培训提高教师的远程技术应用能力，通过现代技术与传统教学理念的融合，优化原有的教学体系，从而为整个教育事业的优化提供充分性的保证。[4]

2. 远程教育 MOOCs 模式研究

2015 年度以网络外语学历教育为主题、其成果发表在 CSSCI 期刊的另外一项研究是浙江广播电视大学徐薇完成的。该项研究客观分析了 MOOCs 的优势特点，继而论述了 MOOCs 模式应用于英语远程教育的可行性，在此基础上，充分揭示了实际应用中所可能遇到的种种难点问题；最后提出了英语远程教育应用 MOOCs 模式所必须的可操作性路径。[5]

自 2012 年美国《纽约时报》发表《大规模在线公开课程元年》一文以来，以大规模在线公开课程（以下简称 MOOCs）为代表的全新的远程教育模式开始风靡全球，并迅速成为推动世界高等教育特别是远程教育高等教育改革与创新的一种重要力量。MOOCs 之所以能够引起社会特别是教育界的极大热情，最主要的魅力在于它为人类的教育理想，诸如有教无类、自主化学习、个性化教育、优质教育资源共享的实现增添了无限的生机与活力。中国远程教育应该积极行动起来，在远程教育的实践中，充分发挥和利用 MOOCs 的优势，不断创新和改进远程教育教学方式和方法，真正解决远程教育所存在的一系列瓶颈问题。

概括地说，MOOCs 主要具有以下优点：前所未有的开放性、全面的自主性、广泛的互动性、深刻的思维碰撞性及个性化教育实现的可能性。毫无疑问，MOOCs 这样一种集诸多优点的远程教育模式必然会引发人们对传统教育模式特别是远程教育模式进行改革与创新的热情。但是，MOOCs 模式之应用不是一个简单的机械复制过程，而是一个研究、消化和创新的过程，这是任何教育模式应用所必须遵循的应然逻辑。具体而言，对英语远程教育来说，MOOCs 模式应用首先应以英语教育与学习的独特规律为前提，分析应用的可行性问题；其次必须明确英语远程教育所存在的问题和应用过程中可能存在的难点；最后研究 MOOCs 模式应用的具体可操作路径。徐薇认为，MOOCs 模式之所以能够有效应用于英语远程教育，这是由两者之间所存在的天然的吻合性关系所决定的。具体地说，这种天然的吻合性主要表现在以下四个方面。第一，两种模式在性质归属、教学理念、教学目标等方面的多重一致性。远程教育作为人类 20 世纪的最重要的教育创造，以开放、共享、自主等先进的教学理念和不断发展的信息多媒体技术为基础，创造了一种前所未有教育新模式，为传统教育和现代教育问题的解决提供全新的思路和方法。MOOCs 模式作为远程教育发展的最新实践成果，和英语远程教育一样，都是远程教育不同发展阶段的具体成果，因此，两者在性质归属、教学理念等方面具有天然的多重一致性。由此看来，英语远程教育应用 MOOCs 模式不仅可行，而且理所当然。第二，MOOCs 模式所营造的学习文化环境有效弥补了远程英语教育中文化环境不足问题。MOOCs 模式不仅生源极其广泛，而且英语文化资源丰富多样，其优质资源包含着巨量的体现英语文化的素材。这些素材和教师的英语授课方式、师生特有思维方式等显性、潜在因素等相汇合，创造了一个良好的英语学习文化环境，为英语远程学习者亲身体验英语文化带来了极大的便利。因此，我们有充分的理由相信，将 MOOCs 模式应用于英语远程教学，不仅会极大地充实英语教学内容，而且有利于创设良好的英语学习文化情境。第三，MOOCs 的教与学方式更好地体现了远程英语教育与学习的规律。英语作为一种工具，其最重要的功能在于交流思想。MOOCs 将论坛、博客、微博等信息传播及时的时尚社交平台都用作教与学工具和方式，不仅增加了英语教学的直观性、交流性和趣味性，而且为学习者创造了语言学习所必须的社会临场感，给予学习者一个自我抒发的空间。不仅如此，它同时方便师生随时随地利用碎片时间交流答疑，从而有效解决教学中的针对性问题。实践证明，网络社交工具是非常有效的英语运用、训练平台，是使英语教学走进生活的好方法。第四，MOOCs 学习评价方式更好地迎合了远程英语学习者的多样化学习需求。MOOCs 吸收并运用最新的后现代教育评价理论，其教学目标不是预设的，而是动态的、生成的、开放的。所以，它非常注重的学习者在学习过程中表现出来的整体变化和自我生成与成长，特别关注学习者英语基本素养的提高，并以此为标准促进学生成长，反对把一次性考试成绩或检验结果单一评价学习者的传统评价方法。这种过程性评价方式也是我们英语远程教育所必须重视和改进的。另外，MOOCs 还可根据不同学习者需求，为部分课程设置学分或提供修业证明。同时，还有利于敦促教师和学校不断提升课程资源制作的质量。

尽管 MOOCs 模式的优势特点与英语远程教育的天然吻合为模式应用提供了现实的可能，但正如理论不能简单、直接地应用于实践一样，MOOCs 模式在英语远程教学的具体应用还面临着一系列现实难点。研究认为，这些难点的存在既与 MOOCs 自身的不足相关，也与远程英语教育教师观念、素质、能力因素相关，同时还与英语远程教育的现行教育制度紧密相关。在此背景下，徐薇提出 MOOCs 模式应用于英语远程教育的六条具体路径。第一，积极跟踪远程教育前沿最新动态，辩证认识 MOOCs 模式之优势，熟练掌握 MOOCs 模式各个环节。第二，学习 MOOCs 资源建设宝贵经验，并加以中国化的创新，使英语远程教育资源建设富有中国本土特色。第三，综合运用以 MOOCs 为代表的最新远程教育发展成果。第四，大胆改革现行英语远程教育具体制度，使之符合 MOOCs 模式应用各项要求，适应学习者多样化英语学习需求。第五，以"优势者"带动"弱势者"，培养学习者合作学习等良好学习习惯。第六，制订详细而严格的保证 MOOCs 应用质量各个环节规范流程，使 MOOCs 模式具体应用有章可循，如师生互动环节的规范流程、资源建设流程等。[5]

3. 远程学习者学习动机及干预研究

远程学习者以自主学习为主要学习方式，与远程教育教师经常处于时空分离状态，远程学习者自身特点及素质是影响远程教育质量很重要的一个因素。有鉴于此，远程教育研究者就相关主题做了深入研究。山东大学外国语学院苏琪[6] 以远程学习者为研究对象，探析远程学习条件下导致学习者外语学习动机衰竭的影响因素以及学习者应对动机衰竭采取的调节策略，以期为远程教育外语教师和管理人员提供改进教学和管理的依据，尽可能规避或减少学习者动机衰竭。青岛广播电视大学的孙治国等以远程教育外语专业辍学现象为例，研究辍学产生的原因并给予积极的干预，以期更好地帮助学员完成学业，同时也能进一步提高远程教育机构的办学效益，更好地实现教育公平的目标。

苏琪采取整群随机抽样的研究方法，从山东 3 所高校的网络教育学院中随机抽取 380 名学习者作为受试。共发放问卷 380 份，回收有效问卷 302 份，其中入学一年的受试 192 人，入学两年的 110 人。研究工具由两部分组成。第一部分是开放式问卷，用于考察受试的动机衰竭状况和动机调节策略。第二部分是自编的结构式问卷。研究结果显示：远程学习者外语学习动机衰竭主要由"外语学能低"等内部因素引发;"外语学习策略缺乏"成为学习动机衰竭的影响因子之一;学习者的外语学习动机调节策略包括学习兴趣提升、学习价值唤起、自我效能提升、学习目标唤起和情绪提升。研究也为远程教育师生及管理人员缓解和克服外语学习动机衰竭提出了相应建议,包括加强归因训练,提高远程学习者的学习效能感;改善外语学习环境,激发远程学习者的学习兴趣;指导远程学习者掌握有效的学习策略等。[6]

另一个关于远程学习者的研究是青岛广播电视大学的孙治国和赵铁成[7]对远程教育外语专业辍学现象的研究。辍学问题是中外远程教育中一个无法回避的问题。自 1999 年以来,我国远程教育发展迅速,相应的辍学问题也引起了学界的重视。然而对于辍学的干预措施,目前仍然乏善可陈。远程教育的开放性、社会化等特点,决定了其入学门槛较低,学员个性差异也较大,辍学在所难免。据调查,在远程教育诸多专业中,外语专业的辍学率一直居高不下,位居前列。研究针对远程教育成人学习者的特征,提出了"两个维度六个指标"的学习基础范畴。知识结构维度包括知识背景、职业背景和认知背景三个指标内容;学习能力维度由自学能力、管理能力和评价能力三个指标内容构成。远程教育学员学习基础的两个维度、六个指标,共同制约着学员是否能够完成学业。研究目的是分析学员学习基础薄弱与辍学现象发生之间的关联性,并具体到联结点,进而为保持学员的在学率,乃至提高毕业率提出切实有效的方法措施。研究采取访谈与调查问卷相结合的方式。研究对象为青岛广播电视大学2010 年春季招收的英语专业(专科)截止 2011 年 6 月发生辍学的 60 人。研究结果表明:第一,知识结构维度下的基础薄弱与辍学之间呈正相关。在学习难度有所增加的情况下,学习要求与学员自身知识结构之间的矛盾就会暴露无遗、无法调和。无论远程教育机构和学员如何努力,学员的学习也无法继续,因而出现中断。第二,学习能力维度下的基础薄弱与辍学关系紧密。辍学学员学习中的自我管理能力不乐观,辍学学员对于今后的学习展望评价能力明显不足。第三,辍学与知识结构和学习能力双维度的关联。针对以上问题,教育机构需要采取必要措施,进行积极的干预:第一,改善知识结构。远程教育机构有必要在学员入学之后,对其知识结构进行测量研判,对学习基础薄弱的学员,实施针对性强的个性化辅导。第二,提高学习能力。提高学员的学习能力，改变其薄弱的学习基础，从三个项目指标入手：即自学能力、管理能力和评价能力。[7]

三、网络外语学历教育的重要活动

2015 年，我国网络外语学历教育的各个机构加强沟通和联系，举办了各项会议和活动。

第一，北京外国语大学"外国语言学及应用语言学专业（英语教育方向）课程研修班"于 2015 年 5 月启动。该项目由北京外国语大学中国外语教育研究中心与网络教育学院承担。北京外国语大学网络教育学院运用其多年来在远程教学、体系建设、平台建设等方面所积累的经验，在高层次人才培养模式上实现突破。该项目采取面授和网络助学相结合的授课方式，创新了非全日制研究生人才培养方式，对人才培养质量将产生积极的影响。

第二，北京市教委于 2015 年秋季学期举行了"2015 年北京高校成人高等学历教育英语口语竞赛"（初赛和决赛分别于 6 月 28 日和 9 月 20 日举行）。共有 53 所院校、102 个代表队、306 名选手参赛，是北京高校成人高等学历教育迄今为止重视程度最高、组织规模最大、参加人数最多、持续时间最长、影响范围最广的一项专业竞赛活动之一。

第三，2015 年 11 月 26 日至 27 日，"中国国际远程教育大会"在北京召开。在中国教育学会、中国高等教育学会、教育部在线教育研究中心、全国高校现代远程教育协作组、国家开放大学的指导下，《中国远程教育》杂志社在北京举办了第十四届大会。大会以"学习的革命：突破口与制高点"为主题，聚焦"互联网＋"带来的学习革命，把脉"互联网＋"发展趋势以及对行业的影响，重点研讨寻找突破口的路径和抢占制高点的方式。

第四，北京外国语大学网络教育学院获中国标准化研究院招标课题"远程教育服务质量评价要求"国家标准研制项目立项。2015 年 12 月 15 日下午，课题开题会在北京外国语大学举行。来自国家标准技术审查部、全国高校远程教育协作组、中国标准化研究院等机构的专家学者出席会议。项目主持人为北京外国语大学网络与继续教育学院副院长唐锦兰教授。课题旨在通过对国内外远程教育服务现状和评价标准进行广泛调研和深入研究，提出统一的、先进的、全国普适的远程教育服务质量标准，形成《远程教育服务质量评价要求》国家标准草案稿，为规范全国范围内远程教育服务行为、提升其整体质量水平奠定技术依据。

四、总结

2015 年是中国高等教育开启综合改革之年，同时也是网络教育改革转型之年。面临严峻的生存与发展形势，网络外语学历教育主动谋求转型升级，以教学质量和服务质量为根本，实现教育质量的内涵提高，努力服务国家战略，服务学习型社会建设，服务经济社会发展。

[1] 中华人民共和国教育部，2015，各级各类学历教育学生情况 [OL]，http://www.moe.gov.cn/s78/A03/moe_560/jytjsj_2014/2014_qg/201509/t20150902_205106.html（2016 年 4 月 8 日读取）。

[2] 陈颖、马羽安，2015，远程学习者视角下的英语教师角色———一项基于隐喻分析的实证研究 [J]，《中国远程教育》(8)：45-52。

[3] 杨朝娟，2015，现代远程开放教育英语教师的专业素养 [J]，《吉林广播电视大学学报》(10)：72-74。

[4] 吴妍，2015，远程教育外语教师专业发展途径及信息素养要求解析 [J]，《理论观察》(11)：153-154。

[5] 徐薇，2015，泛在学习视域下的英语远程教育 MOOCs 模式研究 [J]，《中国成人教育》，(7)：126-130。

[6] 苏琪，2015，远程学习者外语学习动机衰竭与调节策略研究 [J]，《外语界》(2)：53-60。

[7] 孙治国、赵铁成，2015，远程开放教育辍学现象与学员学习基础间的关联分析及对策———以开放教育英语专业（专科）为例 [J]，《现代远距离教育》(1)：8-14。